3력

어휘력 + 독서력 + 국어력

교육 R&D에 앞서가는
Key 키출판사

이 책을 집필한 안인숙 선생님을 소개합니다!

안인숙 선생님은요. 수능 국어 베스트셀러 『매3비』를 비롯하여 믿고 보는 '매3' 국어 시리즈를 집필하신 분이에요. 항상 독자를 최우선으로 생각하며, 지면에 단 한 글자도 허투루 쓰지 않는 분으로 유명하답니다. 독자에게 최선의 것을 제공하기 위해 다듬고 또 다듬으며 정말 양심적으로, 정직하게 집필하는 점이 매우 인상적인 분입니다. 어느새 국어의 정석으로 자리잡은 『매3비』, 『매3문(학)』도 이 덕분에 가능했고요. 무엇보다도, 그런 책을 알아봐 준 독자 덕분입니다! 매3비 저자 선생님이 쓴 이 책으로 어휘력은 물론이고 독서력, 국어력 등 『매3력』의 매력에 풍덩 빠져 보길 바랍니다. 『매3력』은 중고등 학생뿐만 아니라 이 시대를 살아가는 현대인이라면, 두고두고 봐야 하는 시대 필독서라고 할 수 있습니다.

지은이 안인숙	**발행일** 초판 11쇄 발행 2024년 7월	
펴낸이 김기중	**펴낸곳** (주)키출판사	**창립일** 1984년 7월 7일
전화 1644-8808	**팩스** 02)733-1595	**주소** (06258) 서울시 강남구 강남대로 292, 5층
가격 15,000원	**ISBN** 979-11-89719-59-3 (13710)	

머리말

매일 3개 비문학 지문으로 수능 국어 영역 비문학을 대비하는 『매3비』를 출간한 지 10년이 되었다. 매3비 공부법으로 국어 공부 방향을 잡았고, 성적이 오른 학생들의 요청으로 『매3문』, 『매3문법』, 『매3화법과작문』, 『매3어휘』 등 수능 대비 문학, 문법, 화법과 작문, 어휘 등의 교재도 펴냈다. 그리고 학생들의 궁금증을 해결하는 데 도움을 주기 위해 카페(cafe.daum.net/anin95)를 개설하여 국어 공부법과 '매3' 교재에 대한 질문에 일일이 답을 해 주었다. 이 과정에서 국어 과목에서 학생들이 특히 어려워하는 부분을 더 잘 알게 되었고, 학생들은 비문학이 어렵다, 문학 공부 방법을 모르겠다, 문법이 어렵다고 하지만, 세부적으로 짚어 보면, 어휘가 약했고, 어렴풋이 아는 것을 확실하게 안다고 생각하고 넘긴 어휘들로 인해 지문을 독해하는 데 어려움을 겪을 뿐만 아니라 질문의 핵심도 놓치는 경우가 많다는 것을 알게 되었다. 그래서 내린 결론은, 어휘력과 독해력을 기르면 국어력이 생긴다는 것이다.

학생들의 어휘력을 근원적으로 길러 주기 위해!

- 수능, 내신 공무원 시험 등을 심층 분석하여,
- 중학교와 고등학교 교과서에서 중요 어휘를 선별하였고,
- 외워서 익히는 어휘책이 아니라 어휘를 구성하는 낱글자를 통해,
- 어휘의 의미를 살리는, 익히 알고 있는 다른 말로 뜻을 익힐 수 있게 하였다.

어휘력과 함께 독서력도 쌓을 수 있게 하기 위해!

- 해당 어휘가 포함된, 새기면 좋은 '독서 사례'를 제시하고,
- 비문학 어휘 공부의 핵심인 '압축 훈련'(앞뒤 문맥을 통해 어휘의 뜻을 새길 수 있는 중심 문장 간추리기)을 적용하여,
- 어휘력 향상은 물론 배경지식을 넓히고 비문학 지문 독해를 돕게 하였다.

수능, 내신, 공무원 시험 등 국어 시험의 해결력을 높이기 위해!

- 함께 알아 두면 도움이 되는 동음이의어와 구분해서 익혀 두어야 하는 어휘들을 제시하였고,
- '문제 훈련'을 통해 어휘의 쓰임과 뜻을 확실하게 익힐 수 있게 했으며,
- 매일 복습, 주간 복습, 끝내기 복습을 통해 복습의 효과를 거둘 수 있게 하였다.

학생들이 잘못 알고 있거나, 그 의미를 이해하지 못해 쉬운 문제를 놓치는 점을 감안하여 '국어 과목 필수 개념어'에서는!

- '매3力 풀이'를 적용하여 개념어의 의미를 정확하게 이해하게 하였고,
- 개념을 대표하는 '대표 예시'와, 관련하여 함께 익히면 좋은 '연관 개념'도 제시하였다.

국어 시험뿐만 아니라 일상생활에서도 헷갈리는 맞춤법이 많은 점을 감안하여 '헷갈리는 한글 맞춤법'에서는!

- 맞는 표기와 틀린 표기, 앞뒤 문맥을 통해 구분해서 써야 하는 어휘를 일목요연하게 정리하였고,
- 단순히 암기하는 공부법이 아니라, '한글 맞춤법 규칙'과 '독서 사례'를 접목하여 익히게 하였다.

『매3力』이 국어 공부의 기초이자 핵심인 어휘력과 독서력을 길러 주고, 국어 실력을 탄탄하게 해 줄 것을 믿고 기대해 본다. 또, 이 책을 통해 다양한 배경지식과 교양을 쌓을 수 있길 바라며, 이 책을 내는 데 도움을 준 '매3' 독자들에게 다시 한 번 깊은 감사의 마음을 전한다.

2019년 8월

1

실생활과 시험에 다 통하는

국어 어휘를 매3습관으로 · · · · · 매3력 향상!

매일 3장씩

독서 사례와 함께 매일 복습과 주간 복습,

끝내기 복습 시스템에 따라

– 교과서 한자어 – 국어 시험 빈출 한자 성어
– 국어 과목 필수 개념어 – 헷갈리는 맞춤법

으로 매3력(어휘력, 독서력, 국어력)을 높일 수 있게 구성함.

❶ 주차 교과서 한자어

		빈출 어휘	독서 훈련 제재
첫날	01	간과	실패한 비누 광고
	02	경시	펄 벅의 자서전
	03	기우	에디슨과 아인슈타인
	04	남발	점묘화
	05	도용	스위스 시계의 디자인권
	06	맹종	알렉산더 왕
	07	묵과	커피에 반한 교황
	08	문외한	「논어」의 명언
	09	박복	샤넬 화장품의 창업자

2

외우지 않고 낯선 어휘를 이해하는

매3力 풀이 적용 · · · · · · · · · · · 어휘력 UP!

암기해서는 잘 늘지 않는 어휘력을

어휘(회한)를 구성하는 음절(회, 한)이 포함된

친숙한 어휘(후회, 한탄)를 떠올려 익힐 수 있게 구성함.

매3力 풀이 **후**회하고 한**탄**함.

3

상식과 배경지식을 키우는

독서 훈련 사례와 압축 훈련으로

· · · · · · · · · · · · · · · · · 독서력 UP!

쉽게 이해할 수 있고 깨달음을 주는 독서 훈련 사례에서

문장을 압축하여 어휘의 뜻을 새김으로써

어휘력과 함께 독서력을 키울 수 있게 구성함.

독서 훈련	1909년 10월 26일은 안중근 의사가 암살한 날이다. 이듬해 2월 14일, 에 중국 뤼순 감옥 사형장에서 32 에서 대부분의 사람들은 회한의 눈 의사는 사형이 집행되기 직전 마지 만 시간을 달라고 했다는 일화가 '하루라도 책을 읽지 않으면 입안이 이다.
압축 훈련	죽음 앞에서 대부분의 사람들은 회한

4 어휘력을 다지고 확장할 수 있는

확인 문제 제시 · · · · · · · · · · · 어휘력 확장!

매3力 풀이, 독서 훈련, 압축 훈련을 통해 익힌 어휘의 뜻을
확인 문제(문제 훈련)를 통해 다시 익히고
문제 적응력도 기를 수 있게 구성함.

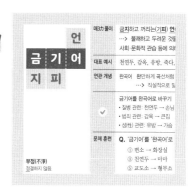

> 만 시간을 달라고 했다는 일호
> '하루라도 책을 읽지 않으면 입
> 이다.
>
> | 압축 훈련 | 죽음 앞에서 대부분의 사람들은 |
> | 문제 훈련 | Q. '회한'의 의미와 거리가 먼 |
> | | ① 뉘우치다 |
> | | ③ 원망하다 |
> | | ⑤ 회개하다 |

5 사전을 참고해도 잘 이해되지 않는

개념어를 연관 개념과 함께 · · · · · 국어력 UP!

매3力 풀이로 개념어를 이해한 후
대표 예시로 국어 시험에 적용되는 사례를 익히고,
연관 개념까지 챙겨 국어 실력을 높일 수 있게 구성함.

╋ 국어 과목 필수 개념과 관련하여 학생들이 많이 질문한 내용과 답변

> **금 기 어**
> **지 피** **언**
>
> | 매3力 풀이 | 금지하고 꺼리는(기피) 언
···▷ 불쾌하고 두려운 것들
사회·문화적 관습 등에 의 |
> | 대표 예시 | 천연두, 감옥, 유방, 죽다. |
> | 연관 개념 | 완곡어 완만하게 곡선처럼
···▷ 직설적으로 말 |
> | ✓ | 금기어를 완곡어로 바꾸기
• 질병 관련: 천연두 → 손님
• 범죄 관련: 감옥 → 큰집
• 성(性) 관련: 유방 → 가슴 |
> | 문제 훈련 | Q. '금기어'를 '완곡어'로
① 변소 → 화장실
③ 천연두 → 마마
⑤ 교도소 → 형무소 |
>
> 부정(不淨)
> 깨끗하지 않음.

6 쓸 때마다 헷갈리는

맞춤법도 독서 사례와 함께

· · · · · · · · · · · · · · · **맞춤법 실력 UP!**

무작정 암기가 아니라
매3力 강의에서 규칙을 익히고 예시로 이해한 후
독서 훈련 사례 속에서 그 쓰임을 정확하게 파악하고,
문제 훈련으로 맞춤법 실력을 쌓을 수 있게 구성함.

✔ 맞는 표기와 틀린 표기   ✔ 구분해서 써야 하는 어휘   ✔ 앞뒤를 살펴 써야 하는 어휘

> | O 삼가다 | 매3力 강의 | '(말이나 행동을) 조심하다'는 뜻을
O 삼가며 삼가야 해 삼가면
✗ 삼가하며 삼가해야 삼가한다 |
> | ✗ 삼가하다 | 독서 훈련 | 율곡 이이는 '자경문(自警文)'에서 '
었다. 신독은 홀로 있을 때에도 도리 |
> | 가르치다 teach | 매3力 강의 | 가르치다 '배우다'의 반의어.(가르치
가리키다 손가락으로 지시하는 것 특! |
> | VS | | 가르치다
▶ 지식을 전수하다.
▪ 선생님이 학생을 가르친다. |
> | 가리키다 지시하다 | | |
> | -던지 과거 | 매3力 강의 | 과거의 의미가 담겨 있을 때에는 '-던
-던지 |
> | VS | | 지난 일과 그때를 나타내는 경우
▶ 얼마나 춥던지 춥다는 소리가 절로 나왔 |
> | -든지 선택 | 독서 훈련 | 작가이자 성공적인 호텔 경영자였던 |

3

차례

❶ 주차 교과서 한자어

❸ 주차 국어 과목 필수 개념어

 개 념

④ 주차 헷갈리는 맞춤법

매3력 100배 활용법

1

매일 3장씩(6쪽씩) 익힌 후, '매일 복습'
(1차 복습)까지!

••••> 매일, 꾸준히, 4주 만에 책거리!

▶ 1주차 '교과서 한자어'부터 시작!

2

'매3力 풀이'처럼 어휘의 의미를 살리는,
익히 알고 있는 다른 말로 뜻 익히기!

••••> '맹종'은 '맹목적' 할 때 맹! '복종' 할 때 종!
맹목적으로 복종한다는 거네.
덮어놓고 무조건 따르는 것이 맹종이군.

매3力 풀이

맹	복
목	종
적	

맹목적으로 복종함.

3

'독서 훈련'을 읽은 후, 색으로 표시된 어
휘의 뜻을 문맥을 통해 이해하기! 그런 다
음, 문맥 속에서 어휘의 의미를 살리는 문
장을 압축해 보고, 압축한 문장을 통해 어
휘의 의미를 한 번 더 새기기!

••••> 신하 된 입장에서, 왕이 아무것도 가지지
않은 채 다 나누어 주라고 한 말을 **맹목적**
으로 **복종**하긴 어렵지!

독서 훈련	페르시아(지금의 이란)를 정복한 알렉산더 왕이 갑자기 자기가 갖고 있던 것들을 모두 사람들에게 나눠 주라고 하자, 신하들은 그 말에 맹종할 수 없었다. 왕의 명령을 따라 다 나눠 주면 왕은 가진 것이 없게 되기 때문이다. 하지만 알렉산더는 자신은 희망을 가질 것이라 했다고 한다.
압축 훈련	신하들은 알렉산더의 말에 맹종할 수 없었다.

4

함께 알아 두면 좋은, 관련하여 익혀 두면
좋은 내용도 챙겨 보기!

••••> '맹종, 복종, 굴종'에서 '종'은 모두 '복종'하
는 것이군. 복종하되, **맹목적으로(덮어놓고)**
복종하는 것이 '맹종'이고, 굴복하여(굽혀)
복종하는 것은 '굴종'이군.

맹종	옳고 그름을 가리지 않고 맹목적으로 복종함.
복종	남의 명령이나 의사에 그대로 따름(추종).
굴종	제 뜻을 굽혀(굴복) 남에게 복종함.

5

'문제 훈련'을 통해 어휘의 쓰임과 뜻을 확
실하게 이해하되, 정답은 스스로 찾기!

••••> 맹목적으로, 덮어놓고, 무조건, …
'무턱대고'가 딱이네!

문제 훈련	**'맹종'의 의미와 가까운 것은?** ① 명령에 따름. ② 마지못해 따름. ③ 즐거이 따름. ④ 순순히 따름. ⑤ 무턱대고 따름.

6

7일째에는 '주간 복습'(2차 복습)에서 복습 문제 풀기!

••••> 앗, 형태/ 잘못 읽었군.
　　　실수도 실력이고, 또 틀릴 수 있으니 체크체크~

▶ **2주차와 3주차도 1주차와 같은 방법으로 공부하되,**
　암기하려 하지 말고 '매3力 풀이'를 떠올리며 익힐 것!

7

3주차 '국어 과목 필수 개념어'에서는 개념어의 정확한 의미를 '매3力 풀이'로 이해한 후, '대표 예시'와 '연관 개념'을 꼭 챙겨 보고 'Q&A'까지!

••••> 삽화 형식과 액자식 구성,
　　　나도 헷갈렸는데, 이제 알겠음!

연관 개념 (삽화 형식)	**액자식 구성** 액자 안에 그림이 있는 것처럼 바깥 이야기 안에 또 다른 이야기가 있는 구성을 말함 (안 이야기가 작가가 하고자 하는 이야기임). 삽화(揷話) vs. 삽화(揷畫)

삽화 揷話	에피소드. 이야기 속에 삽입된 짤막한 토막 이야기(話, 이야기 화).
삽화 揷畫	일러스트. 신문·잡지 등에 삽입된 그림 (회화, 수채화).

8

4주차 '헷갈리는 맞춤법'에서는 ○, ×와 VS에 주목!

••••> '-던지/-든지', 항상 헷갈렸는데,
　　　앞뒤 말을 살펴 써야 하는 거군.

▶ p.171

▶ p.213

9

'끝내기 복습'(3차 복습) 후 '색인'에 제시된 어휘와 개념어를 보며 뜻 떠올리기!

••••> 2차 복습 때 확실하게 알았다고 생각했는데,
　　　또 헷갈리다니. 어휘는 복습을 한두 번에 그쳐서는 안 되겠군. 낯선 어휘와 맞닥뜨려도
　　　'매3力 풀이'를 떠올리며 익혀야겠다.

10

독서 훈련 자료를 다시 읽으며 배경지식 쌓기!

••••> 독서 훈련 자료, 상식도 넓어진 듯!

	빈출 어휘	독서 훈련 제재
01	간과	실패한 비누 광고
02	경시	펄 벅의 자서전
03	기우	에디슨과 아인슈타인
04	남발	점묘화
05	도용	스위스 시계의 디자인권

💬 '매3력' 하다 궁금한 점은 질문하기!　→ 안인숙 매3국어 클리닉 Daum 카페

매3력 어휘 빨리 찾기

안인숙
매3국어클리닉
cafe.daum.net/anin95

13

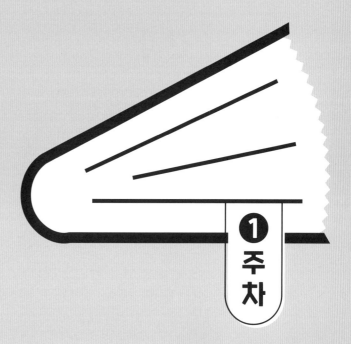

교과서 한자어

① 주차

보고寶庫

교과서는 지식의 **보고**요,
한자어는 어휘력의 **보고**다!

창
보 고
물

01 간과

看 過
볼 간 | 지날 과

매3力 풀이 (그렇다고) **간주**하고 **통과**해 버림. ┄> 대강 보아 넘김.
여기다, 생각하다 | 대수롭지 않게

통
간 과
주

독서 훈련 1970년대 미국의 한 비누 회사가 새로운 비누를 개발하여 사우디아라비아에 수출하면서 광고를 제작하였다. 제일 왼쪽에는 때 묻은 빨래를 쌓아 놓았고, 가운데에는 새로 개발한 비누를, 맨 오른쪽에는 이 비누로 세탁한 깨끗한 세탁물을 배치하여 보여 주었다. 그런데 이 광고는 실패하였다. 사우디아라비아 사람들은 글자를 오른쪽에서부터 왼쪽으로 읽는다는 것을 간과했기 때문이다.

압축 훈련 광고가 실패한 이유는 사우디아라비아 사람들은 글자를 오른쪽에서부터 왼쪽으로 읽는다는 것을 **간과**했기 때문이다.

문제 훈련 **Q.** 밑줄 친 '간과'의 의미와 거리가 먼 것은?

국어 공부할 때 간과해서는 안 될 것은 아는 것처럼 보이는 어휘의 뜻도 다시 챙겨 보아야 한다는 것이다.

① 경시하다 ② 등한시하다 ③ 중시하다
④ 무시하다 ⑤ 도외시하다

02 경시

輕 視
가벼울 경 | 볼 시

매3力 풀이 **경솔**하게 여기고 **무시**함. ┄> 가볍게 여김.
㈜ 깔봄, 얕봄, 업신여김 ㈜ 중시, 중요시

무
경 시
솔

독서 훈련 대하소설 「대지」로 노벨 문학상과 퓰리처상을 수상한 작가 펄 벅은 「자라지 않는 아이」란 자서전에서 그의 딸 캐롤에 대해 서술하였다. 캐롤은 6세에 자폐증 진단을 받았는데, 펄 벅은 캐롤이 없었다면 자신보다 못한 사람을 경시하는 오만한 태도를 버리지 못했을 것이라고 고백했다.

압축 훈련 자신보다 못한 사람을 **경시**하는 오만한 태도

✓ '특정 과목이나 분야의 특기자들이 한곳에 모여 실력을 겨루는 대회'를 뜻하는 '경시대회'는 '競試大會'로 적는다. 이때의 '경시(競試, 다툴 경, 시험 시)'는 **경**쟁하는 **시**험인 것이다.

문제 훈련 **Q.** 다음 중 '경시'와 바꿔 쓸 수 없는 말은?

멸시, 질시, 천시, 무시, 등한시, 깔봄, 얕봄, 업신여김

03 | 기우

杞 憂
기나라 **기** 근심 **우**

기 우
나라

려

매3力 풀이	**기나라** 사람의 **우려**(근심,걱정). ···▷ 쓸데없는 걱정.
독서 훈련	에디슨은 어린 시절 바보로 불렸다. 초등학교 때 그의 선생님은 에디슨이 너무 바보 같아서 가르칠 수가 없다고 했으나, 그는 1,000개가 넘는 특허를 받은 발명가가 되었다. 그리고 아인슈타인은 4살 때까지 말을 제대로 하지 못했다. 10세 때 아인슈타인이 다닌 학교의 교장 선생님은 아인슈타인이 제대로 성장하지 못할 것이라고 했지만, 그는 세계 최고의 과학자가 되었다. 에디슨과 아인슈타인의 사례를 통해 성장이 늦고 성적이 좋지 않다고 해서 미리부터 쓸데없는 걱정을 하는 것은 **기우**라는 것을 알 수 있다.
압축 훈련	미리부터 쓸데없는 걱정을 하는 것은 **기우**이다.
✔	'기우'는 옛날 중국의 기나라 사람이 만일 하늘이 무너지면 어디로 피해야 좋을 것인지를 걱정하며 잠자는 일과 먹는 일을 잊었다는 데서 유래한다.
문제 훈련	**Q.** '기우'는 '노파심'과 바꿔 쓸 수 있다. (○ , ×)

04 | 남발

濫 發
넘칠 **람** 필 **발**

남 발

용 행

매3力 풀이	**남용**하여 **발행**함. ···▷ 마구 냄. 자꾸 함부로 함.
독서 훈련	점묘화는 선을 쓰지 않고 물감으로 점을 찍어 그린 그림이다. 신인상주의 화가 쇠라가 그린 점묘화는 가까이서 보면 수많은 점들을 **남발**하듯 찍어 놓아 무엇을 표현했는지 알기 어렵지만 한 발 떨어져 바라보면 대상의 윤곽을 알 수 있다. 마찬가지로 국어 문제에서 밑줄 친 부분을 질문하는 경우, 밑줄 친 부분만 보면 정답을 쉽게 찾을 수 없거나 오답을 정답으로 답하게 되는 경우가 많으므로, 밑줄 친 부분의 앞뒤 내용과 지문 전체의 흐름을 바탕으로 밑줄 친 부분을 살펴봐야 한다.
압축 훈련	수많은 점들을 **남발**하듯 찍어 놓은 점묘화
✔	다음에 쓰인 '남'은 '마구, 함부로, 지나치다'의 의미를 지닌다. 남발(마구 냄), 남용(마구 씀), 남획(마구 잡음)
문제 훈련	**Q.** 밑줄 친 '남발'과 바꿔 쓸 수 있는 말은? 온라인상의 신조어, 특히 뜻을 알 수 없는 과도한 줄임말의 남발은 국어 규칙을 파괴하고 의사소통에서도 문제가 되므로 자제해야 한다. ① 개발 ② 남용 ③ 남획 ④ 범람 ⑤ 유발

17

05 | 도용

盜 用
도둑 도 | 쓸 용

사
용

도 용

둑 질

매3力 풀이 <u>도둑질</u>하여 <u>사용</u>함. ···> 남의 것을 몰래 사용함.

독서 훈련 스위스의 기차역에 걸려 있는 시계는 런던의 디자인 박물관과 뉴욕 현대 미술관에서도 전시될 정도로 디자인의 우수성을 인정받았다. 이 디자인의 특허권을 가지고 있는 스위스 연방철도는 애플사가 이 시계의 디자인을 **도용**했다며 소송을 제기하였고, 그 결과 애플사는 막대한 배상금을 물어 주었다. 이는 디자인권의 중요성을 인식하게 한 사건이었다.

압축 훈련 애플사가 스위스 시계의 디자인을 **도용**하다.

도용	오용	악용
몰래(**도**둑질하여) 사용함.	잘못(과**오**) 사용함.	나쁘게(최**악**) 이용함.
⑩ 계정을 <u>도용</u>하다.	⑩ 우리말을 <u>오용</u>하다.	⑩ 법을 <u>악용</u>하다.

문제 훈련 **Q.** 밑줄 친 '도용'의 쓰임이 적절하지 <u>않은</u> 것은?

> 대학 입시에서 자기 소개서를 <u>도용</u>하거나 표절하면 불합격 처리되거나 합격 이후에라도 입학이 취소될 수 있다. 자기 소개서의 <u>도용</u>과 표절 여부는 기업 입사 시에도 검사하므로 주의해야 한다.

① 상표를 <u>도용</u>하다.   ② 아이디어를 <u>도용</u>하다.
③ 이름을 <u>도용</u>하다.   ④ 개인 정보를 <u>도용</u>하다.
⑤ 유명인을 <u>도용</u>하다.

06 | 맹종

盲 從
눈멀 맹 | 좇을 종

복

맹 종

목 적

매3力 풀이 **맹**목적으로 **복종**함. ···> 옳고 그름을 따지지 않고 덮어놓고 무조건 따름.

독서 훈련 페르시아(지금의 이란)를 정복한 알렉산더 왕이 갑자기 자기가 갖고 있던 것들을 모두 사람들에게 나눠 주라고 하자, 신하들은 그 말에 **맹종**할 수 없었다. 왕의 명령을 따라 다 나눠 주면 왕은 가진 것이 없게 되기 때문이다. 하지만 알렉산더는 자신은 희망을 가질 것이라 했다고 한다.

압축 훈련 신하들은 알렉산더의 말에 **맹종**할 수 없었다.

맹종	복종	굴종
옳고 그름을 가리지 않고 **맹**목적으로 복**종**함.	남의 명령이나 의사에 그대로 따름(추**종**).	제 뜻을 굽혀(굴복) 남에게 복**종**함.

문제 훈련 **Q.** '맹종'의 의미와 가까운 것은?

① 명령에 따름.   ② 마지못해 따름.   ③ 즐거이 따름.
④ 순순히 따름.   ⑤ 무턱대고 따름.

07 | 묵과

默 過
잠잠할 묵 | 지날 과

통
묵 과
인

매3力 풀이 **묵**인(**침묵**)하고 **통과**시킴. ···> 모르는 체하고 그대로 넘김. ㉨ 묵인

독서 훈련 17세기 초 교회의 지도자들은 커피를 사탄의 음료라고 여겼다. 이에 일반인들이 커피를 마시는 것을 **묵과**할 수 없다며 교황에게 커피를 금지해 달라고 했다. 이에 당시 교황이었던 클레멘트 8세는 판결을 내리기 전 커피를 시음해 보는데, 이 과정에서 커피 맛에 반해 커피를 사탄의 음료로 여기는 것은 안타까운 일이라며 커피에 세례를 베푼다. 이후 커피는 일반인들에게도 널리 사랑을 받게 되었고, 1645년 베네치아에 유럽 최초의 커피 하우스가 문을 열게 된다.

압축 훈련 17세기 초 교회의 지도자들은 일반인들이 커피를 마시는 것을 **묵과**할 수 없다며 커피를 금지해 달라고 했다.

문제 훈련 **Q.** '묵과하다'의 의미로 가장 적절한 것은?
① 납득하다　　　② 못 본 체하다
③ 용인하다　　　④ 대강 보아 넘기다
⑤ 간섭하다

08 | 문외한

門 外 漢
문 문 | 바깥 외 | 사람 한

전 제 괴
문 외 한
적

매3力 풀이 **전문적**인 것에서 벗어나(**제외**) 있는 사람(**괴한**).
···> 어떤 일에 전문적인 지식이 없는 사람.

독서 훈련 『논어』에, '지지위지지 부지위부지 시지야(知之爲知之 不知爲不知 是知也).'라는 말이 있다. '아는 것을 안다고 하고, 모르는 것을 모른다고 하는 것, 이것이 아는 것이다.'라는 뜻이다. 자신의 전공 분야가 아닌 것에서는 **문외한**일 수 있다. 그러므로 모르는 것에 대해 부끄러워하지 않아도 된다. 중요한 것은 모르는 것을 지나치지 않고 탐구하고 질문해서 궁금증을 해결하는 것이다.

압축 훈련 전공 분야가 아닌 것에서는 **문외한**일 수 있다.

✓ '문외한'에서 '-한(漢)'은 주로 부정적인 의미를 갖는 말 뒤에 붙어 '그러한 사람'을 뜻한다. ㉰ 괴한, 치한, 무뢰한, 파렴치한 등

문제 훈련 **Q.** '문외한'의 반의어로 적절한 것은?
① 애호가　　② 교육자　　③ 무뢰한
④ 전문가　　⑤ 초보자

19

09	박복	薄 福
		엷을 박 / 복 복

희박

박복

매3力 풀이	복이 없음(희박). 働 홍복. 유복(有福, 복이 있음.)
독서 훈련	샤넬 화장품의 창업자이자 세계적인 패션 디자이너인 샤넬은 12세 때 어머니가 죽자 아버지에 의해 고아원에 맡겨졌고, 18세 때에는 밤무대에서 노래를 부르는 등 **박복**한 성장 과정을 겪었다. 하지만 어렸을 때 배운 바느질 솜씨로 여성용 승마바지를 최초로 만드는 등 세계적인 패션 디자이너로 성공한다. 그뿐만 아니라 1910년 모자 가게로 시작하여 향수, 의류 등에서 명품 브랜드로 자리 잡은 샤넬을 세계적인 회사로 발돋움하게 했다.
압축 훈련	샤넬은 12세 때 고아원에 맡겨지는 등 **박복**한 성장 과정을 겪었다.
문제 훈련	**Q.** 밑줄 친 '박복'의 쓰임이 자연스러우면 ○, 어색하면 ✕로 표시하시오.
	자손들이 이만큼 번성한 것을 보니, 그는 참 <u>박복</u>한 사람이다.

10	반증	反 證
		돌이킬 반 / 증거 증

반증

대명

매3力 풀이	반대되는 근거를 들어 증명함. 반대되는 증거.
독서 훈련	모차르트는 자신에게 음악을 배우러 오는 사람에게 음악을 배운 적이 있는지를 질문한 다음, 음악을 배운 적이 있는 사람에게 배운 적이 없는 사람 수업료의 두 배를 받았다고 한다. 음악을 배운 적이 있는 사람의 수업료가 더 적어야 하는 것이 아니냐고 따져 묻는 사람에게 모차르트는 이미 배운 적이 있는 사람의 잘못된 습관을 바꾸게 하는 것이 훨씬 더 어려웠던 자신의 경험을 들어 그 생각이 잘못되었음을 **반증**해 보였다고 한다.
압축 훈련	경험을 들어 그 생각이 잘못되었음을 **반증**해 보이다.

	반증	방증
✓	반대되는 근거를 들어 증명하는 (것). 働 반대편 주장을 뒤집을 만한 <u>반증</u>을 찾았다.	간접적으로(방조: 옆에서 도와줌.) 증명하는 (것). 働 1등급 컷 점수가 낮다는 것은 시험이 어려웠다는 것을 <u>방증</u>한다.

문제 훈련	**Q.** 밑줄 친 '반증'의 의미로 적절한 것은?
	검지 않은 까마귀가 발견된다면, 검지 않은 까마귀는 '모든 까마귀는 검다.'의 <u>반증</u> 사례가 된다.

① 거짓 증거   ② 주장을 뒷받침하는 증거
③ 참고가 될 만한 증거   ④ 주장을 뒤집을 만한 증거
⑤ 사실임을 입증해 주는 증거

11 | 방관

傍 곁 방　觀 볼 관

매3力 풀이
근방에서 관**찰**하기만 함.
···> 직접 나서서 관여하지 않고 곁에서 보기만 함. ㉤ 수수방관*, 방치

독서 훈련
글을 읽거나 쓸 줄 모르는 것을 '문맹'이라고 한다. 문맹을 없애기 위해 유네스코는 '세계 문해의 날'(9월 8일)을 제정했다. '문해(文解)'는 글을 읽고 이해하는 것을 말한다. '문해'를 위해, '문맹'을 **방관**하지 않고 이를 없애기 위해 노력한 대표적인 사람이 세종대왕이다. 유네스코는 세종대왕이 만든 한글의 우수성을 인정하여 문맹자를 없애는 데 공헌한 기관 또는 개인에게 '세종대왕 문해상(King Sejong Literacy Prize)'을 주고 있다.

압축 훈련
'문맹'을 **방관**하지 않고 이를 없애기 위해 노력하다.

✓

방(傍)	• 곁(옆). → 직접 ✕ • 방관(傍觀): 곁(근방)에서 구경하듯 관찰만 함. → 직접 관여하지 않음. • 방증(傍證): 간접적으로 증명함. → 직접 증명하지는 못함.
방(放)	• 내버려 둠. 돌보지 않음. • 방기(放棄) = 방치(放置) = 방임(放任)　　　※ 방목(放牧): 풀어 놓고 기름.

문제 훈련
Q. '방관'과 의미가 통하는 관용구는?
① 발 벗고 나서다
② 강 건너 불 보듯
③ 목구멍에 풀칠하다
④ 눈 뜨고 볼 수 없다
⑤ 닭 쫓던 개 지붕 쳐다보듯

수수방관(袖手傍觀)
손(수족)을 소매(袖: 소매 수)에 넣고 곁(근방)에서 관찰함. ···> 간섭하지 않고 그대로 버려둠.

12 | 배제

排 밀칠 배　除 덜 제

매3力 풀이
배**척**하고 제**외**함.

독서 훈련
영국 신문에 인간의 평균 수명을 80년으로 볼 때 일생 동안 소비하는 시간을 비교한 기사가 실렸다. 이 기사에 따르면, 인간은 일하는 데에 26년, 잠자는 데에 25년, TV 보는 데에 10년, 먹는 데에 6년, 전화 받는 데에 4년을 소비한다고 한다. 또 화내는 데에 쓰는 시간은 2년이었는데, 미소 짓는 시간은 88일에 불과했다. 영국 사람들을 대상으로 한 조사라는 점에서 우리와 다를 수 있고, 삶에서 분노를 **배제**할 수는 없지만, 화내는 시간이 웃는 시간보다 많다는 것은 시사하는 바가 크다.

압축 훈련
삶에서 분노를 **배제**할 수는 없지만, 화내는 시간이 웃는 시간보다 많다는 것은 시사하는 바가 크다.

문제 훈련
Q. '배제'와 바꿔 쓰기에 가장 적절한 것은?
① 경시　② 공제　③ 배반　④ 안배　⑤ 제외

21

Q1~12. '매3力 풀이'로 익히기

1. 간과	(그렇다고) ① 하고 ② 해 버림. ···> 대강 보아 넘김.
2. 경시	① 하게 여기고 ② 함. ···> 가볍게 여김.
3. 기우	기**나라** 사람의 . ···> 쓸데없는 걱정.
4. 남발	하여 발**행**함. ···> 마구 냄. 자꾸 함부로 함.
5. 도용	① 하여 ② 함. ···> 남의 것을 몰래 씀.
6. 맹종	① 으로 ② 함. ···> 덮어놓고 무조건 따름.
7. 묵과	하고 **통**과시킴. ···> 모르는 체하고 그대로 넘김.
8. 문외한	**전문적**인 것에서 벗어나( ) 있는 사람(漢., 사람 한). ···> 전문성이 없는 사람.
9. 박복	복이 함. ···> 복이 없음.
10. 반증	① 되는 근거를 들어 ② 함.
11. 방관	**근**방(곁)에서 하기만 함. ···> 곁에서 보기만 함.
12. 배제	① 하고 ② 함.

Q13. 다음 단어의 반의어를 쓰시오.

전문가　〈…〉　(　　　　　　)

Q14~16. 왼쪽에 제시된 어휘와 유사한 의미를 지닌 말을 오른쪽에서 찾아 서로 줄로 이으시오.

14. 방관 •

　　　　　　　　　　　　　• ㉮ 묵인

　　　　　　　　　　　　　• ㉯ 방증

15. 묵과 •

　　　　　　　　　　　　　• ㉰ 방치

　　　　　　　　　　　　　• ㉱ 배치

　　　　　　　　　　　　　• ㉲ 제외

16. 배제 •

　　　　　　　　　　　　　• ㉳ 침묵

Q17. '강 건너 불 보듯' 하는 태도와 관계있는 말을 <보기>에서 고르시오.

> ✓ **보 기**
>
> 간과, 기우, 남발, 도용, 맹종, 문외한, 박복, 반증, 방관, 배제

Q18. 다음 중 그 뜻이 ㉠으로 풀이될 수 있는 단어는? 1994학년도 제1차 수능

> 현대 기업은 기업과 소비자와의 호혜적 관계를 무시할 수 없는 처지에 놓여 있다. 이런 점에서 기업은 소비자가 추구하는 가치를 적극적으로 고려해야 하는 시대가 도래한 것이다. 그동안 기업과 소비자가 추구하는 가치가 양립할 수 없다는 비판이 제기되어 왔다. 기업들이 환경 문제나 사회 복지 등과 관련된 요인을 ㉠ 잘 살피지 않고 지나쳐 버렸다는 것이다.

① 경시(輕視)했다　　　② 간과(看過)했다　　　③ 몰각(沒却)했다
④ 무시(無視)했다　　　⑤ 묵과(黙過)했다

13 | 범상

凡 常
무릇 범 | 항상 상

매3力 풀이   <u>평범</u>하고 <u>일상적</u>임. ㈜ 평범, 보통 ㉑ 탁월

독서 훈련   『삼국유사』의 「연오랑과 세오녀 설화」에서 연오랑은 바다에서 해초를 따다가 바위에 실려 일본으로 갔다. 일본 사람들은 그를 범상한 인물이 아니라고 여겨 왕으로 모셨는데, 남편이 벗어 놓은 신을 보고 바위에 올라간 세오녀도 일본으로 갔다. 그러자 신라에서는 해와 달이 빛을 잃었는데, 세오녀가 짠 비단으로 제사를 지냈더니 해와 달이 옛날처럼 빛났다고 한다.

압축 훈련   범상한 인물이 아니라고 여겨 왕으로 모셨다.

문제 훈련   **Q. 밑줄 친 '범상치 않은'과 바꿔 쓰기에 적절한 것은?**

> 그는 범상치 않은 인물이었다.

① 괴팍한   ② 녹록한   ③ 소심한   ④ 출중한   ⑤ 평범한

평 일
범 상
적

---

14 | 보고

寶 庫
보배 보 | 곳집 고

매3力 풀이   <u>보물 창고</u>. ┈> 귀중한 것이 있는 곳.

독서 훈련   1992년 스페인 바르셀로나 올림픽에서 금메달을 따 한국 마라톤의 위상을 크게 높인 황영조 선수는 고등학교 1학년 때부터 은퇴할 때까지 하루도 빠짐없이 일기를 썼다고 한다. 일기에는 그날의 날씨와 달린 곳, 먹은 것, 마라톤 기록 등을 자세하게 적었는데, 이 기록이 후배 선수들을 지도할 때 참고하는 보고가 되었다고 한다.

압축 훈련   황영조 선수의 일기는 후배 선수들을 지도할 때 참고하는 **보고**가 되었다.

보고(寶庫)	보고(報告)
보물 창고 ㈜ 보물고	보도(통보)하고 신고(고지)함. → 알림. ㈜ 보고서

문제 훈련   **Q. 밑줄 친 '보고'의 의미가 나머지 넷과 <u>다른</u> 하나는?**

① 지식의 <u>보고</u>로서의 책
② 문화유산의 <u>보고</u>, 박물관
③ 학계에 <u>보고</u>된 연구 결과
④ 자연 생태계의 <u>보고</u>인 비무장 지대
⑤ 새로운 자원의 <u>보고</u>로 알려진 남극 빙하

창 고
보 고
물

15 | 복원

復 原 元
회복할 복　근원 원　으뜸 원

회
복 원
래

매3力 풀이	<u>원래</u>대로 **회복**함. ···▷ 원래의 모습(상태)으로 되돌려 놓음.
독서 훈련	페이퍼(paper, 종이)는 파피루스에서 유래한 말이다. 파피루스는 원래 풀이름으로, 고대 이집트인들은 이를 종이처럼 사용하여 기록을 남겼다. 신기한 것은 파피루스 문서에 남겨진 기록을 **복원**하여 해독(풀어서 읽음)한 결과, 기원전 2,500년부터 암이라는 존재를 인식하고 있었고, 고대 이집트인들의 수학 수준이 현대 수학에 버금갈 정도였다는 것이다. 그리고 직장 상사 때문에 힘들다는 일기 내용은 고대 이집트인들의 고민이 현대인과 다르지 않다는 것을 보여 주었다.
압축 훈련	파피루스 문서에 남겨진 기록을 **복원**하다.
문제 훈련	**Q.** 밑줄 친 '복원'의 쓰임이 적절하지 <u>않은</u> 것은?

> 　경복궁이 <u>복원</u>되면서 조선 시대 임금의 수라를 준비하던 부엌인 소주방(수라간)이 100년 만에 원래 모습대로 지어졌다. 경복궁 수라간은 드라마 '대장금'의 무대가 되기도 했다.

① 인간의 삶을 <u>복원</u>하다.　　　　② 입력 데이터를 <u>복원</u>하다.
③ 원래의 업무에 <u>복원</u>하다.　　　④ 변형된 유전자를 <u>복원</u>하다.
⑤ 훼손된 문화재를 <u>복원</u>하다.

16 | 본위

本 位
근본 본　자리 위

기 단
본 위

매3力 풀이	<u>기본</u>으로 삼는 **단위**(기준). 예 자기 본위, 능력 본위, 흥미 본위, 남성 본위
독서 훈련	한자 '米(쌀 미)' 자를 자세히 보면 八十八(팔십팔)로 이루어져 있다. 그래서 쌀 한 톨이 만들어지기까지 농부의 손(노력)이 88번이나 들어간다고 해석하여 '米' 자에는 한 톨의 쌀도 소중하게 여겨야 한다는 뜻이 담겼다고도 한다. 조선 시대 여성들의 가정 살림에 필요한 정보를 담은 책인 『규합총서』에서도 이와 유사한 내용을 찾아볼 수 있다. '규합(閨閤)'은 여성들이 거처하는 공간을 가리키고, '총서(叢書)'는 책을 말하는데, 이 책에서는 음식을 먹을 때의 예법을 제시하면서, 맛있는 음식을 대하면 먹는 것에서 오는 즐거움 **본위**로만 생각하지 말고, 이 음식이 얼마나 어려운 과정을 거쳐서 여기에 놓였는지를 생각해야 한다고 했다.
압축 훈련	먹는 것에서 오는 즐거움 **본위**로만 생각하다.
문제 훈련	**Q.** 다음 중 '본위'와 바꿔 쓸 수 있는 말은? ① 근원　　② 바탕　　③ 위치　　④ 중심　　⑤ 직위

17 | 비견

比 견줄 **비** 肩 어깨 **견**

매3力 풀이
어깨(肩, 어깨 **견**)를 견줄(**비교**할) 만큼 서로 비슷함.
···▷ 비교할 만함. 위 대등

독서 훈련
2002년 한일 월드컵 개막전에서 월드컵에 처음 출전한 세네갈은 지난 대회 우승국인 프랑스와 **비견**할 만한 경기를 펼쳤고 마침내 승리함으로써 골리앗을 이긴 다윗이라는 평가를 받았다.

압축 훈련
비견할 만한 경기를 펼치다.

✔ '비견할 만하다'와 의미가 통하는, 대등함을 나타내는 한자 성어

- 백중지간: **백**(伯, 첫째)과 **중**(仲, 둘째), 즉 우열을 가리기 힘든 사이(間, 사이 **간**).
- 막상막하: **상**(上, 위)과 **하**(下, 아래), 즉 낫고 못함의 차이가 없음(莫, 없을 **막**).
- 난형난제: **형**과 아우(弟, 아우 **제**), 즉 낫고 못함을 정하기 어려움(**난**해).
- 호각지세: 서로(상**호**) 뿔(角, 뿔 **각**)의 길이나 굵기에 차이가 없는 비슷한 위**세**.

문제 훈련
Q. 밑줄 친 말과 뜻이 같은 말은?　　　　　　　1998학년도 수능

> (정보 사회의 변화들은) 18세기 산업 혁명과 어깨를 나란히 할 수 있을 정도의 변화로 받아들여지고 있다.

① 대립(對立)할　　② 대조(對照)할　　③ 비견(比肩)할
④ 비교(比較)할　　⑤ 상대(相對)할

18 | 비범

非 아닐 **비** 凡 무릇 **범**

매3力 풀이
평범하지 않음. ···▷ 뛰어남.

독서 훈련
효종이 한밤중에 이완 대장을 부른다. 이에 이 대장이 예복을 입고 집을 나서려고 하자, 아내가 무관의 복장으로 바꿔 입고 갈 것을 권한다. 덕분에 어디선가 화살이 날아왔지만 투구에 꽂혀 목숨을 구한다. 또한 집으로 돌아올 때 임금이 귀한 것이라며 붓을 주었는데, 이 대장의 아내는 그 말을 듣고 붓을 이리저리 살피다 다듬잇돌에 붓을 놓고 방망이로 내리친다. 붓 속에 종이쪽지가 있었고, 여기에는 임금의 뜻(북벌 계획)이 담겨 있었다. 이완 대장은 **비범**한 부인 덕분에 목숨을 건지고 임금도 잘 보필할 수 있었던 것이다.

압축 훈련
이완 대장은 **비범**한 부인 덕분에 목숨을 건졌다.

✔ '비(非), 불·부(不), 부(否), 미(未)' 등은 부정(아니다)의 의미를 나타낸다.

문제 훈련
Q. '비범하다'는 의미를 지니는 말이 아닌 것은?
① 뛰어나다　　② 범상하다　　③ 비상하다
④ 출중하다　　⑤ 탁월하다

19	산재	散 在
		흩어질 **산**　있을 **재**

존
산 재
만

매3力 풀이 **산만**하게 흩어져 **존재**함. ···> 여기저기 흩어져 있음.

독서 훈련 비염, 천식 등 각종 알레르기 질환을 일으켜 혐오 곤충으로 불리는 바퀴벌레는 전 세계적으로 약 4천 종이 있는데, 우리 주변에서 볼 수 있는 것은 대략 30여 종이라고 한다. 지구상에 출현한 것은 약 3억 5천만 년 전이고, 번식력이 뛰어나 지금도 지구 곳곳에 **산재**해 있으면서, 인류가 멸망해도 살아남을 유일한 생명체라고 불릴 정도로 바퀴벌레는 생명력이 강하다.

압축 훈련 바퀴벌레는 지금도 지구 곳곳에 **산재**해 있다.

	산재	혼재	내재
✓	산만하게 존재함.	혼합되어 존재함.	내부(안)에 존재함.
	→ 흩어져 있음.	→ 뒤섞여 있음.	→ 안에 들어 있음.

문제 훈련 **Q.** 밑줄 친 '산재해'와 바꿔 쓸 수 있는 것은?

> 신라의 수도였던 경주에는 신라 천 년의 역사와 신라인의 생활 문화를 한눈에 파악할 수 있을 만큼 다양한 유물과 유적들이 산재해 있어 도시 전체가 유네스코 세계문화유산으로 등재되어 있다.

① 모여　　② 숨어　　③ 쌓여　　④ 뒤섞여　　⑤ 흩어져

20	속단	速 斷
		빠를 **속**　끊을 **단**

신 판
속 단

매3力 풀이 **신속**하게(서둘러) **판단**함. ※ 속단은 금물(신중할 것)!

독서 훈련 기부왕으로 알려진 앤드루 카네기에게 기부를 요청하러 온 사람이 있었다. 그때 카네기는 서재에서 책을 읽고 있었는데, 방문객이 들어오자 촛불 하나를 꺼 버린다. 이에 방문객은 기부를 받지 못할 것으로 여겼는데 뜻밖에도 카네기는 선뜻 기부금을 내놓았다. 기부를 받지 못할 것으로 **속단**했던 방문객이 의아해하며 촛불을 끈 이유를 묻자, 카네기는 책을 읽을 때가 아니면 촛불은 하나만으로도 충분하기 때문이라고 했다. 검소한 생활이 몸에 배어 있었던 것이다.

압축 훈련 기부를 받지 못할 것으로 **속단**했던 방문객

문제 훈련 **Q.** 밑줄 친 '속단'의 의미로 적절한 것은?

> 국어 문제에서 답지의 앞부분이 맞는 설명이면 적절한 답지로 속단하여 오답에 체크하는 경우가 많다. 답지를 끝까지 읽고, 또 세부적으로 나누어 꼼꼼하게 체크하라고 하는 이유가 여기에 있다.

① 지레짐작함.　　② 정확하게 판단함.　　③ 옳고 그름을 판단함.
④ 혼자서 판단함.　　⑤ 딱 잘라서 결정함.

21 | 신이

神 귀신 신　異 다를 이

매3力 풀이　**신기***하고 **이상**함.

독서 훈련　제2차 세계대전을 승리로 이끈 윈스턴 처칠은 어렸을 때 물에 빠져 죽을 뻔 하였다. 이때 처칠을 구해 준 이는 가난한 시골 소년 알렉산더 플레밍이었다. 플레밍 덕분에 목숨을 구한 처칠은 그를 런던으로 데려와 공부하게 해 주었고, 플레밍은 처칠 덕분에 그의 꿈인 의과 대학에 진학하여 훗날 페니실린을 발견하여 노벨상을 받게 된다. 이후 처칠은 전쟁 중에 당시 불치병이었던 폐렴에 걸렸는데 플레밍이 발견한 페니실린 덕분에 목숨을 구할 수 있었다. 두 사람의 신이한 인연으로 한 사람은 목숨을 구하고, 또 한 사람은 꿈을 이룰 수 있었던 것이다.

압축 훈련　두 사람의 **신이**한 인연

문제 훈련　**Q.** 밑줄 친 '신이한'과 바꿔 쓸 수 <u>없는</u> 것은?

> 고전 소설의 주인공들 중에는 부모가 <u>신이한</u> 꿈을 꾼 후 태어나 비범한 능력을 지녔으나 시련과 고통을 겪다 고난을 극복하는 인물들이 많이 등장한다.

① 괴이한　② 기이한　③ 신비한　④ 신선한　⑤ 이상한

신기(神奇)
신비롭고 기이함.
新: 새 신 ✕
神: 귀신 신 ○

---

22 | 악용

惡 악할 악　用 쓸 용

매3力 풀이　**악하게**(나쁘게, 악독, 사악) **이용**함.

독서 훈련　배를 이용해 만든 다리인 배다리는 고려 정종 때는 임진강에, 조선 시대 연산군과 정조 때는 한강에 만들어졌다. 정조가 한강에 배다리를 만든 것은 아버지인 사도세자의 무덤에 가기 위해서였던 반면, 연산군은 청계산에 사냥을 가기 위해 만들었고, 이때 동원된 배가 무려 800척이나 되었다고 한다. 사냥이라는 놀이를 위해, 그것도 민간인 선박을 이용해 배다리를 만든 것은 권력을 **악용**한 사례라 할 수 있다.

압축 훈련　권력을 **악용**한 사례

문제 훈련　**Q.** 밑줄 친 '악용'의 반의어로 적절한 것은?

> 개인 정보가 유출되면 본인도 모르는 사이에 특정 사이트에 가입되어 범죄의 도구로 <u>악용</u>되기도 한다. 따라서 공공장소에서 PC를 사용한 경우 반드시 로그아웃을 하는 습관을 길러야 한다.

① 도용(盜用)　　② 선용(善用)　　③ 오용(誤用)
④ 전용(轉用)　　⑤ 차용(借用)

23 연대

連 帶
잇달을 연 / 띠 대

혁
연 대
결

매3力 풀이 (여럿이) 띠(**혁대**)를 두른 것처럼 **연결**되어 함께 움직이는 것.
⑪ 단결 ⑩ 연대감, 연대 의식

독서 훈련 연암 박지원은 과거 시험에 환멸을 느껴 당시 유일한 출세 수단이었던 과거 시험을 포기한다. 이후 안팎의 따가운 시선으로 인해 우울증에 걸리기도 했는데, 연암은 시장에 가서 일반 서민들과 스스럼없이 어울리면서 우울증에서 벗어날 수 있었다고 한다. 그뿐만 아니라 서민들의 삶을 체험하고 그들과 **연대**한 경험을 통해 연암은 당대 하층민의 삶을 소재로 한 「광문자전」, 「마장전」 등과 같은 작품을 후대에 남길 수 있었다.

압축 훈련 서민들의 삶을 체험하고 그들과 **연대**한 경험을 통해 당대 하층민의 삶을 소재로 한 작품을 남기다.

문제 훈련 **Q.** 밑줄 친 '연대'의 쓰임이 적절하면 ○, 적절하지 않으면 ✕로 표시하시오.

> 우리말에서는 '우리나라, 우리 남편' 등 '나' 대신에 '우리'를 더 즐겨 쓴다. '말은 겨레의 얼'이라고 하는 관점, 즉 한 나라의 말은 그 나라의 민족의식을 드러낸다는 관점에서 보면, 이것은 우리 민족이 개인보다는 공동체의 연대 의식을 중시한다는 것을 보여 준다고 할 수 있다.

24 예속

隸 屬
종 예 / 무리 속

노 소
예 속

매3力 풀이 **노예**처럼 (남에게) **소속**됨.
····▷ 남의 지배나 간섭을 받음. ⑪ 종속, 부속 ⑫ 독립, 자율

독서 훈련 루이 11세 때 불길한 예언으로 민심을 어지럽히는 예언자가 있었다. 신하들은 이구동성으로 그를 체포해 사형에 처해야 한다고 하였다. 체포되어 온 예언자에게 황제는 당신이 체포될 줄을 미리 알고 있었냐고 물었다. 황제의 질문에 예언자는 그것까지는 몰랐지만 황제가 죽기 사흘 전에 자신이 죽을 것이라는 것은 안다고 했다. 이 말을 들은 황제는 그를 사형하지 못했다고 한다. 예언자는 자신의 말에 황제가 **예속**되게 기지를 발휘한 덕분에 사형을 당하지 않게 된 것이다.

압축 훈련 예언자는 자신의 말에 황제가 **예속**되게 기지를 발휘했다.

문제 훈련 **Q.** 밑줄 친 '예속'의 뜻과 거리가 먼 것은?

> 스마트폰을 잘 쓰면 약이 되지만 스마트폰에 예속되고 중독되면 독이 된다.

① 매이다 ② 지배를 받다 ③ 간섭을 받다
④ 종속되다 ⑤ 상처를 받다

29

Q1~12. '매3力 풀이'로 익히기

1. 범상	☐하고 **일상적**임.
2. 보고(寶庫)	① ☐ ② ☐. ┄> 귀중한 것이 있는 곳.
3. 복원	**원래**대로 ☐함. ┄> 원래의 모습으로 되돌려 놓음.
4. 본위	☐으로 삼는 **단위**.
5. 비견	어깨(肩, 어깨 견)를 견줄(☐할) 만큼 서로 비슷함.
6. 비범	☐하지 않음. ┄> 뛰어남.
7. 산재	☐하게 흩어져 **존재**함. ┄> 여기저기 흩어져 있음.
8. 속단	① ☐하게 ② ☐함.
9. 신이	① ☐하고 ② ☐함.
10. 악용	**악하게**(나쁘게) ☐함.
11. 연대	**혁대**(띠)를 두른 것처럼 ☐되어 함께 움직임.
12. 예속	☐처럼 남에게 **소속**됨. ┄> 남의 지배나 간섭을 받음.

정답 1. 평범 2. ① 보물 ② 창고 3. 회복 4. 기본(근본) 5. 비교 6. 평범 7. 산만 8. ① 신속 ② 판단 9. ① 신기 ② 이상 10. 이용 11. 연결 12. 노예 13. 복원 14. 비견 15. 보고(寶庫) 16. 속단 17. 연대 18. ㉠ 19. ㉲ 20. ㉺ 21. ㉺ 22. ②

Q13~17. 다음의 의미를 지닌 말을 <보기>에서 고르시오.

13. 사물을 본래의 상태로 되돌림.

14. 낮고 못함이 없이 정도가 서로 비슷함.

15. 귀중한 것이 많이 나거나 간직되어 있는 곳.

16. 신중하게 생각하지 않고 서둘러 결정을 내림.

17. 여럿이 함께 무슨 일을 하거나 함께 책임을 짐.

> ✓ **보 기**
>
> 범상, 보고(寶庫), 복원, 본위, 비견, 비범, 산재, 속단, 신이, 악용, 연대, 예속

Q18~21. 왼쪽에 해당하는 말을 오른쪽에서 찾아 서로 줄로 이으시오.

18. '평범(하다)'의 유의어 •   • ㉮ 범상

                                                    • ㉯ 복원

19. '단결'의 유의어 •   • ㉰ 비범

                                                    • ㉱ 속단

20. '독립'의 반의어 •   • ㉲ 신이

                                                    • ㉳ 연대

21. '분열'의 반의어 •   • ㉴ 예속

Q22. ⓐ의 문맥적 의미와 가장 가까운 것은?   1996학년도 수능

> 한자와의 밀착을 특징으로 하는 전통적 방법을 떨쳐 버리고 새로운 어원 연구를 개척한 학자는 권덕규였다. 지난 1920 년대에 그가 논한 단어는 모두 합해야 여남은에 불과하지만, 중세어(中世語)와 고대어(古代語)의 연구에서 '시내'를 '실'과 '내'의 복합어로 보고 『삼국유사』에 나타나는 인명 표기와 지명 표기의 예를 들어 '실'이 골짜기를 뜻한 고대어 단어라고 한 것은 탁견(卓見)*이었다. 그 뒤에 충청, 전라, 경상 지역의 속지명에 '밤실(栗谷)', '돌실(石谷)' 등이 ⓐ 겅성드뭇하게 흩 어져 있음이 확인됨으로써 '실(谷)'의 존재가 확증되었다.
>
> *탁견(卓見): 탁월한 견해(의견).

① 개재(介在)   ② 산재(散在)   ③ 실재(實在)   ④ 잠재(潛在)   ⑤ 편재(偏在)

25	오판	誤	判
		그르칠 오	판단할 판

과오류 / 오판단

매3力 풀이
잘못 판단함. 판단을 잘못함.
과오. 오류   과오. 오류

독서 훈련
자식 사랑이 지극하다고 알려진 칠면조는 '칩칩' 소리를 내야 새끼 칠면조로 인식하고 돌본다고 한다. 소리를 내지 않으면 철저하게 외면하고 심지어는 죽이기도 한다는 것이다. 칠면조의 천적인 족제비를 박제하고 녹음기를 내장하여 실험한 결과, 박제된 족제비에 내장된 녹음기를 켜 '칩칩' 소리를 들려 주자 어미 칠면조는 자신의 새끼로 오판하여 자식처럼 대했고, 녹음기를 끄자 공격하였다고 한다.

압축 훈련
칠면조는 박제된 족제비를 자신의 새끼로 **오판**하여 자식처럼 대했다.

오판(誤判)	오산(誤算)	오용(誤用)
잘못(과오) 판단함.	잘못(과오) 계산함.	잘못(과오) 사용함.
예 상황을 오판하다.	예 능력을 오산하다.	예 맞춤법 오용 사례

문제 훈련
Q. 밑줄 친 '오판'과 바꿔 쓸 수 있는 말은?

> 그녀는 철수를 도둑으로 오판하였다.

① 오답(誤答)   ② 오독(誤讀)   ③ 오보(誤報)
④ 오용(誤用)   ⑤ 오인(誤認)

26	위계	位	階
		자리 위	계단 계

지단 / 위계층

매3力 풀이
지위의 **단계(계층)**. ㈜ 품계, 등급 예 위계 질서

독서 훈련
1930년대 문학 작품에는 지주와 마름, 소작인이라는 계층 간의 위계가 분명하게 드러나 있는데, 자기 농토가 없이 지주(땅 주인)의 땅을 빌려서 농사를 짓는 소작인과 이를 착취하는 마름의 횡포를 다룬 작품이 많다. 이들 작품에 등장하는 마름은 소작인이 자신에게 뇌물(돈, 닭 등)을 주지 않거나 자신의 농사일을 도와주지 않으면 이듬해에는 소작인이 농사지을 수 없게 만들기도 한다.

압축 훈련
계층 간의 위계가 분명하게 드러나다.

문제 훈련
Q. 다음 설명이 적절하면 ○, 적절하지 않으면 ×로 표시하시오.

> '위계'는 '존경할 만한 위세가 있어 점잖고 엄숙한 태도나 기세'를 의미한다.

27 | 유래

由 말미암을 유
來 올 래(내)

매3力 풀이 : <u>이유</u>나 <u>내력</u>. ···> ~에서/~로부터 생겨남. ※ '유래담'을 떠올릴 것!

독서 훈련 : 제1회 아테네 올림픽 때부터 육상의 정식 종목으로 채택된, 42.195km를 달리는 마라톤은 그리스군 병사의 이야기에서 **유래**하였다. 페이디피데스라는 그리스 병사는 그리스가 페르시아와의 전쟁에서 승리하자, 쉬지 않고 달려가 아테네 시민들에게 그리스의 승리를 알린 후 쓰러져 죽었다고 전해진다.

압축 훈련 : 마라톤은 그리스군 병사의 이야기에서 **유래**하였다.

문제 훈련 : **Q.** 밑줄 친 '유래한'과 바꿔 쓰기에 적절하지 <u>않은</u> 것은?

> 중국 전국 시대의 소진은 공부하다 졸음이 오면 송곳으로 허벅지를 찌르고, 머리카락을 대들보에 매달아 잠을 쫓아낼 정도로 지독하게 공부했다고 한다. '현량자고(懸梁刺股, 매달 현·대들보 량·찌를 자·넓적다리 고)'는 여기에서 유래한 말로, 고통을 참으며 열심히 공부하는 것을 뜻한다. '대들보 량(梁)' 대신 '머리 두(頭)' 자를 써 '현두자고(懸頭刺股)'라고도 한다.

① 기인한　② 비롯된　③ 말미암은　④ 연유된　⑤ 유통된

이 (내) 유 래 력

28 | 유례

類 무리 유
例 예/보기 례

매3力 풀이 : ❶ <u>유사</u>한 <u>사례</u>. ❷ 이전부터 있었던 <u>사례</u>.

독서 훈련 : 『해리 포터』의 저자 조앤 롤링은 28세에 남편과 이혼하고 딸과 단칸방에서 정부의 보조금을 받아 생활하면서 우울증에 걸리기도 했고 자살 충동까지 느꼈다고 한다. 하지만 딸을 생각하며 위기를 넘길 수 있었고, 이후 자신의 장점인 상상력을 기반으로 아이들을 위한 이야기인 『해리 포터』를 저술했다. 여러 차례 출판사로부터 거절당하기도 한 『해리 포터』는 2016년 기준으로 5억 부 이상 판매되는 **유례**없는 대성공을 거두었다. 하버드 대학 졸업식 축사에서 그녀는 "실패가 두려워 아무 시도도 하지 않는다면 실패한 것이 없어도 삶 자체가 실패입니다."라고 했다. 이는 엄청난 실패를 겪고도 성공을 이룰 수 있었던 그녀의 말이기에 더 공감을 얻을 수 있었고, 지금도 많은 사람들 사이에 회자*되고 있다.

압축 훈련 : **유례**없는 대성공을 거두다.

회자(膾炙)
회와 구운 고기.
··· 칭찬을 받으며 사람들의 입에
자주 오르내림.

문제 훈련 : **Q.** 밑줄 친 '유례'와 바꿔 쓸 말로 가장 적절한 것은?

> 신라 문무왕의 수중 왕릉은 역사상 <u>유례</u>를 찾을 수 없다.

① 관례　② 범례　③ 실례　④ 의례　⑤ 전례

사 유 례 사

33

29 | 유인

誘 끌 유
引 끌 인

매3力 풀이

유도하고 **인도**함. ㉢ 유혹

독서 훈련

영국의 헨리 3세는 국민들의 사치를 막기 위해 황금이나 보석으로 몸을 치장하는 것을 금지하는 검소령을 법으로 공표했다. 그러나 국민들이 이 법을 따르지 않자, 헨리 3세는 고민 끝에 '매춘부나 도둑놈은 이 법을 지키지 않아도 좋다.'며 다시 법령을 내렸다. 국민들이 검소령을 지킬 수밖에 없도록 유인한 것이다. 이 전략은 통하여 검소령이 잘 지켜졌지만, 얼마 못 가 폐지되고 만다. 왕비로 맞아들인 프랑스 왕족의 딸이 이 법을 지키지 않았기 때문이었다.

압축 훈련

검소령을 지킬 수밖에 없도록 **유인**한 전략

문제 훈련

Q. 밑줄 친 '유인해'와 바꿔 쓸 수 있는 말로 적절한 것은?

> 낚시꾼은 미끼로 물고기를 유인해 잡는다.

① 가두어　　　② 도맡아　　　③ 꾀어내
④ 앞장서　　　⑤ 찾아가

유　인
도　도

---

30 | 의거

依 의지할 의
據 근거 거

매3力 풀이

의지하고 **근거**함.

독서 훈련

1960년대 미국항공우주국 나사(NASA)는 무중력 상태에서는 잉크가 흘러내리지 않아 볼펜으로 글씨를 쓸 수 없자, 우주선에서도 사용할 수 있는 볼펜을 개발했다. 개발 비용은 백만 달러(약 12억 원)가 들었는데, 당시 미국과 소련은 우주 탐험과 정복을 위해 치열한 경쟁을 벌이고 있던 때였다. 미국의 사례에 의거하면 소련도 마찬가지 문제를 해결해야 했다. 그러나 소련의 우주 비행사는 손쉽게 구할 수 있는 연필을 씀으로써 돈 한 푼 들이지 않고 이 문제를 해결했다.

압축 훈련

미국의 사례에 **의거**하다.

문제 훈련

Q. 밑줄 친 '의거해'와 바꿔 쓸 수 <u>없는</u> 말은?

> 소문에 의거해 판단해서는 안 되고 반드시 사실 확인을 거쳐야 한다.

① 따라　　　② 기대어　　　③ 근거하여
④ 맡기어　　　⑤ 기초하여

근
의　거
지

31 | 이기

利 器
이로울 이 · 그릇 기

이 기
롭 계
다

매3力 풀이 **이로운 기계**(기구).
이익이 되는, 편리한

독서 훈련 영국은 최초로 자동차를 상용화한 나라지만 자동차 산업이 발달하지 못했다. 그 이유로 '붉은 깃발법(Red Flag Act)'을 든다. 이 법은 문명의 **이기**인 자동차의 등장이 마부들의 일자리를 잃게 하면 안 된다는 취지에서 제정된, 세계 최초의 도로교통법이다. 이 법은 한 대의 자동차에는 운전수·기관원·기수 등 3명이 있어야 하고, 낮에는 기수가 붉은 깃발을 들고 자동차의 55m 앞에서 마차로 달려야 하며, 자동차의 속력을 시속 6.4km로 제한한다는 등의 내용을 담고 있었다.

압축 훈련 문명의 **이기**인 자동차

✔

이기(利器)	이기(利己)
이로운 기계(기구).	자기를 이롭게 함. 빤 이타(利他)
예 첨단 이기의 그늘	예 이기심. 이기주의

문제 훈련 **Q.** 다음의 (　　) 안에 들어갈 말로 적절하지 않은 것은?

현대 문명의 이기인 (　　).

① 컴퓨터　② 물레방아　③ 로봇
④ 세탁기　⑤ 엘리베이터

32 | 이타적

利 他 的
이로울 이 · 다를 타 · ~의 적

이 타 적
롭 인 ~하는
다 　 (것)

매3力 풀이 남(**타인**)을 **이롭게** 하는 (것). 빤 이기적(利己的)

독서 훈련 안도현의 「연탄 한 장」이라는 시는 연탄 한 장이 따스한 밥과 국을 만들어 주는 것과, 타고 남은 재가 거리에 뿌려져 사람들이 눈길에 미끄러지지 않게 하는 것에 주목하고 있다. 이 시에 담긴, 연탄처럼 **이타적**인 삶을 살지 못한 것을 돌아보는 내용은 읽는 이로 하여금 자신의 삶을 반성하게 만든다.

압축 훈련 연탄처럼 **이타적**인 삶을 살지 못한 것을 돌아보다.

문제 훈련 **Q.** 밑줄 친 '이타적인 삶'에 가까운 태도는?

슈바이처는 평생 아프리카의 원주민을 보살피는 이타적인 삶을 살았다.

① 남을 배려함.　② 예리하게 판단함.　③ 이해타산을 따짐.
④ 이익을 중시함.　⑤ 배타적으로 대함.

33 | 이해

利 害
이로울 이 해로울 해

매3力 풀이 <u>이익</u>과 <u>손해</u>.

독서 훈련 대한민국 관광 100선 중 하나인 대전 계족산 황톳길. 계족산 황톳길은 산행을 하다 뾰족구두를 신고 와 고생하는 여성을 안타깝게 여긴 어느 회장님이 자신의 운동화를 벗어 주고 맨발로 걸었는데 그날 꿀잠을 잘 수 있었던 데서 비롯되었다고 한다. 이해관계를 떠나 친절을 베푸는 과정에서 알게 된 맨발 걷기의 효능을 수많은 사람들이 경험할 수 있게 한 것이다.

압축 훈련 이해관계를 떠나 친절을 베풀다.

이해(利害)	이해(理解)
이익과 손해. ⑪ 득실	이치를 잘 해석함. ⑪ 오해
⑩ 이해를 따지다.	⑩ 원리를 이해하다.

문제 훈련 **Q.** '이해'의 의미가 나머지 넷과 <u>다른</u> 하나는?

① 독자의 이해를 돕다.
② 각국의 이해를 조절하다.
③ 개인적인 이해를 앞세우다.
④ 지역 간의 이해를 초월하다.
⑤ 이해관계가 복잡하게 얽히다.

34 | 인위적

人 爲 的
사람 인 할 위 ~의 적

행
인 위 적
간 ~하는
(것)

매3力 풀이 <u>인간</u>의 <u>행</u>위가 들어간 (것).
···▶ 자연스럽지 못한 (것). ⑪ 작위적(p.150 참조) ⑪ 자연적

독서 훈련 관동팔경은 대관령의 동쪽에 있는, 경치가 좋기로 이름난 여덟 곳이다. 이 중 삼척의 죽서루는 기초를 평탄하게 하기 위해 바위를 인위적으로 다듬지 않고 그 위에 그냥 얹듯이 세운 누각이다. 절벽 위에 우뚝 서 있는 죽서루의 모습은 겸재 정선의 그림에서도 감상할 수 있다.

압축 훈련 죽서루는 바위를 **인위적**으로 다듬지 않고 세운 누각이다.

'-적(的)'은 '~하는 (것)' 또는 '~의'로 해석할 것!
⑩ 이타적(p.35), 임의적(p.37), 자조적(p.150), 잠정적(p.37), 추상적(p.51)

문제 훈련 **Q.** '인위적'과 바꾸어 쓸 수 있는 말은?

① 위력적   ② 인간적   ③ 인공적
④ 적대적   ⑤ 천연적

35 | 임의적

任 意 的
맡길 **임** 뜻 **의** ~의 **적**

방 자
임 의 적
적 ~하는
(것)

매3力 풀이   임의(**방임**, **자의적**)로 하는 (것).
   …▶ 마음대로 하는 (것). ㉀ 자의적, 수의적

독서 훈련   '너희는 세상의 소금이니 소금이 만일 그 맛을 잃으면 무엇으로 짜게 하리오.'는 널리 알려진 성경 구절이다(마태복음 5장 13절). 우리 인간은 소금과 같이 소중하면서 동시에 소금과 같이 소중한 사람이 되라는 의미일 것이다. 오산학교 교장을 지낸 유영모는 소금이 되라는 의미를 3%의 법칙으로 설명한다. 여기서 3%는 **임의적인** 숫자가 아니라 과학에 근거(바닷물에 함유된 소금의 비율)한 것이다. 그는 3%의 소금이 바닷물을 썩지 않게 하여 바닷속 어류들이 살아갈 수 있듯이, 우리 인간도 100명 가운데 3명이 소금의 역할을 하면 건강한 사회가 될 수 있다고 했다.

압축 훈련   3%는 **임의적**인 숫자가 아니라 과학에 근거한 것이다.

✔ **자의성(恣意性)**: 언어의 특성 중 하나로, 말소리와 의미 사이에는 필연적인 관계가 없다는 특성. ⑩ '집'이라는 의미를 가진 말을 [집](국어), [하우스](영어), [메종](프랑스어) 등 각각 다르게 말함.

문제 훈련   **Q.** '임의적으로'의 의미로 적절한 것은?

    ① 재량껏   ② 필연적으로   ③ 제멋대로
    ④ 고의로   ⑤ 임시방편으로

36 | 잠정적

暫 定 的
잠깐 **잠** 정할 **정** ~의 **적**

잠 정 적
시 하
다 ~하는
(것)

매3力 풀이   <u>잠시</u> <u>정하는</u> (것). …▶ 임시로 정하는 (것).

독서 훈련   일본에서 지은 지 3년이 된 집을 헐다 꼬리에 못이 박힌 채 움직이지 못하는 도마뱀을 발견했다고 한다. 이를 발견한 사람은 3년 동안 못에 박힌 채 도마뱀이 살아 있었다는 것은 누군가가 도움을 준 것이라는 **잠정적인** 결론을 내리고 집을 허무는 작업을 멈추고 지켜보았다. 과연 얼마 뒤 입에 먹이를 문 도마뱀 한 마리가 나타나 못에 박힌 도마뱀에게 먹이를 주었다. 무려 3년간이나 매일 그렇게 했기에 못에 박혀 움직이지도 못하는 도마뱀이 살 수 있었던 것이다.

압축 훈련   **잠정적**인 결론을 내리다.

문제 훈련   **Q.** '잠정적'과 바꾸어 쓸 수 있는 말은?

    ① 단정적   ② 부정적   ③ 영구적
    ④ 임시적   ⑤ 확정적

Q1~12. '매3力 풀이'로 익히기

1. 오판	잘못(오**류**) ☐ 함.
2. 위계	☐ 의 **단계**.
3. 유래	☐ 나 **내력**. ┄> ～에서/～로부터 생겨남.
4. 유례	유**사**한 ☐ .
5. 유인	☐ ① 하고 ☐ ② 함.
6. 의거	의**지**하고 ☐ 함.
7. 이기	**이로운** ☐ .
8. 이타적	☐ 을 **이롭게** 하는 (것).
9. 이해(利害)	☐ ① 과 ☐ ② .
10. 인위적	☐ 의 **행위**가 들어간 (것).
11. 임의적	☐ 로 하는 (것). ┄> 마음대로 하는 (것).
12. 잠정적	☐ 정**하는** (것).

정답 1. 판단 2. 지위 3. 이유 4. 사례 5. ① 유도, ② 인도 6. 근거 7. 기계(기구) 8. 타인 9. ① 이익, ② 손해 10. 인간 11. 임의 12. 잠시 13. (1) 잠정적(임시적) (2) 이타적 (3) 인위적(인공적) 14. ㉤ 15. ㉣ 16. ㉡ 17. ⑤ 18. 〈가로 풀이〉 (2) 인위적, (4) 이기 〈세로 풀이〉 (1) 유인, (3) 위계, (4) 이타적

Q13. 다음 단어의 반의어를 쓰시오.

⑴ 항구적, 영구적　〈…〉 (　　　　　)

⑵ 이기적　　　　　〈…〉 (　　　　　)

⑶ 자연적　　　　　〈…〉 (　　　　　)

Q14~16. 왼쪽에 제시된 어휘와 유사한 의미를 지닌 말을 오른쪽에서 찾아 서로 줄로 이으시오.

14. 위계(位階) •

　　　　　　　　　　　　　　• ㉮ 내력

　　　　　　　　　　　　　　• ㉯ 득실

　　　　　　　　　　　　　　• ㉰ 등급

15. 유래(由來) •

　　　　　　　　　　　　　　• ㉱ 오해

　　　　　　　　　　　　　　• ㉲ 위세

16. 이해(利害) •

　　　　　　　　　　　　　　• ㉳ 유혹

Q17. 다음 중 사전적 뜻풀이로 바르지 <u>않은</u> 것은?

① 잠정적: 임시로 정하는 것.
② 오판: 잘못 보거나 잘못 판단함.
③ 의거: 어떤 사실이나 원리 따위에 근거함.
④ 임의적: 일정한 기준이나 원칙 없이 하고 싶은 대로 하는 것.
⑤ 유례: 사물이 어떤 것으로 말미암아 일어나거나 전하여 온 내력.

Q18. 다음 '십자말풀이'의 빈칸에 들어갈 말을 완성하시오.

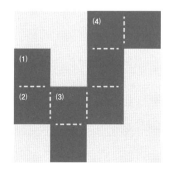

가로 풀이	⑵ 사람의 힘으로 이루어지는 (것). ⑷ 실생활을 편리하게 하는 이로운 기구나 기계.
세로 풀이	⑴ 주의나 흥미를 유발해 꾀어 이끎. ⑶ 지위나 계층 등의 단계. ⑷ 자기의 이익보다는 다른 이의 이익을 더 꾀하는 (것).

37 | 재고

再	考
두 재	생각할 고

재	고
차	려

매3力 풀이
재차(또, 거듭, 두 번) 고려함. ···> 다시 생각함.

독서 훈련
미국 제28대 대통령 우드로 윌슨에게 연설 준비 시간을 질문한 사람이 있었다. 윌슨은 '연설의 길이에 따라 준비 시간이 다르다'면서 '10분짜리 연설은 일주일을, 15분짜리 연설은 3일을, 30분짜리 연설은 이틀을 준비하고, 1시간짜리 연설은 지금 당장이라도 준비할 수 있다'고 답했다고 한다. 이는 짧은 연설일수록 준비 시간이 더 오래 걸린다는 것으로, 발표 시간이 길면 더 많은 시간을 들여 준비해야 한다는 생각을 재고하게 한다.

압축 훈련
생각을 재고하게 한다.

재고(再考)	재고(在庫)	제고(提高)
재차(다시) 고려함.	창고에 존재함.	높임(고양함).
⑩ 재고해야 할 문제	⑩ 작년 재고를 처리하다.	⑩ 이미지를 제고하다.

문제 훈련
Q. '재고'의 의미가 나머지 넷과 다른 하나는?

① 재고 실태를 조사하다.
② 타협과 재고의 여지가 있다.
③ 결론을 재고할 것을 요청하다.
④ 재고할 가치가 있는지를 살피다.
⑤ 농산물 수입 개방은 재고해야 한다.

38 | 저의

底	意
밑 저	뜻 의

저	의
변	견

매3力 풀이
저변(밑바닥)에 품은 의견. ···> 속에 품은 생각.

독서 훈련
이탈리아에 레니라는 소년이 있었다. 그의 스승 베로키오는 레니에게 달걀만 반복해서 그리게 했다. 이에 레니는 달걀만 반복해서 그리게 하는 저의를 모르겠다며 스승에게 불평했다. 그러자 스승은 '어느 달걀도 똑같이 생긴 것은 없다. 같은 달걀도 어디서 보느냐에 따라 다르게 보인다. 따라서 달걀을 반복해서 그리면 사물의 모습을 관찰하는 능력이 길러진다.'고 했다. 스승의 깊은 뜻을 깨달은 소년은 스승의 뜻을 받들어 열심히 훈련하였는데, 그가 바로 「모나리자」를 그린 레오나르도 다빈치다.

압축 훈련
달걀만 반복해서 그리게 하는 저의를 모르겠다.

문제 훈련
Q. 밑줄 친 '저의'의 의미와 거리가 먼 것은?

상대방의 저의를 잘 파악한 후 답변해야 한다.

① 호의　② 진의　③ 의중　④ 의도　⑤ 내심

39 | 적법

適 法
맞을 적 법 법

적 법
합 률

매3力 풀이 **법률**에 **적합**함. ···> 법규에 맞음. ㉜ 합법 ㉝ 불법, 위법

독서 훈련 1887년 미국은 관세법을 개정하면서 수입 관세를 채소에만 부과하고 과일에는 부과하지 않았다. 이 법에 따라 토마토에 관세가 부과되자 뉴욕의 과일 수입자는 토마토는 과일로 보아야 한다며 소송을 제기하였는데, 1893년 미국연방대법원은 토마토는 채소라고 최종 판결을 내렸다. 그 근거로 토마토는 후식으로 먹지 않고 요리에 사용한다는 점을 들었다. 이때부터 토마토는 과일이 아니라 채소로 분류됨으로써 토마토를 수입할 때에는 관세를 부과하는 것이 **적법**한 일이 되었다.

압축 훈련 토마토를 수입할 때에는 관세를 부과하는 것이 **적법**한 일

문제 훈련 **Q.** '적법'과 바꾸어 쓸 말로 적절한 것은?

① 범법 ② 불법 ③ 위법 ④ 편법 ⑤ 합법

40 | 적서

嫡 庶
정실 적 서출 서

매3力 풀이 **적자**와 **서자**.

독서 훈련 적자는 본처가 낳은 아들을, 서자는 첩이 낳은 아들을 가리킨다. 그리고 양반과 양민* 여성 사이에서 태어난 아들인 '서자'와 달리 양반과 천민 여성 사이에서 낳은 아들은 '얼자'라고 하였고, 서자와 얼자를 아울러 '서얼'이라고 했다. 고전 소설 「홍길동전」의 주인공 길동은 어려서부터 총명하였고 뛰어난 재주를 지녔으나, **적서** 차별이 심한 사회에서 양반인 아버지와 몸종이었던 어머니 사이에서 태어나 아버지를 아버지라고 부르지 못해 한탄하였다.

압축 훈련 **적서** 차별이 심한 사회

적자	서자	얼자
정실(본부인)이 낳은 아들.	양반과 양민 여성 사이에서 낳은 아들.	양반과 천민 여성 사이에서 낳은 아들.

문제 훈련 **Q.** 다음 중 '적서 차별'에 해당하는 것은?

① 아들과 딸을 차별하는 것
② 양반과 상민을 차별하는 것
③ 지연이나 학벌에 따라 차별하는 것
④ 업무 수행 능력에 따라 차별하는 것
⑤ 본처의 자식과 첩의 자식을 차별하는 것

양민
양반과 천민의 중간 신분의 백성.

41	절감	

切 끊을 절 感 느낄 감

절감
실각

매3力 풀이　**절실**하게 느낌(**감각**). ㈜ 통감

독서 훈련　도스토옙스키는 28세의 젊은 나이에 사형 선고를 받았다. 사형대에 묶인 그에게 최후의 5분이 주어졌다. 1분, 2분, … 그는 지난날을 돌아보며 후회했고, 3분 후면 죽는다는 생각에 눈물을 흘렸다. 다행히 사형 집행 직전에 그는 기적같이 풀려났고, 그 후 사형대에서 주어진 5분을 통해 시간의 소중함을 절감하며 열심히 살았다. 그 결과 「죄와 벌」, 「카라마조프가의 형제들」 등과 같은 대작을 발표하며 세계적인 작가가 되었다.

압축 훈련　사형대에서 주어진 5분을 통해 시간의 소중함을 **절감**하다.

절감(切感)	절감(節減)
절실하게 느낌(**감각**). ㈜ 통감 예 필요성을 절감하다.	**절약**하여 줄임(**감소**). ㈜ 절약 예 비용을 절감하다.

문제 훈련　**Q.** '절감'의 쓰임이 나머지 넷과 <u>다른</u> 하나는?

① 경비를 절감하다.　　② 원가를 절감하다.
③ 식대를 절감하다.　　④ 원료를 절감하다.
⑤ 가치를 절감하다.

42	조장	助 長

助 도울 조 長 길 장

보성
조장

매3力 풀이　자라나는 것을 도와줌. ┈> 부추김. ※ 부정적인 의미로 씀.
　　　　　　　성장　　　　보조

독서 훈련　발묘조장*이라는 고사가 있다. 중국 송나라 때, 모내기 후 다른 사람의 벼가 더 잘 자라는 것 같아 걱정하던 농부가 자신의 벼의 싹을 잡아 빼 늘려 주었다. 농부는 가족들에게 '벼가 <u>자라는 걸 도와주고 왔다.</u>'고 했는데, 이튿날 아들이 논에 가 보니 벼는 이미 말라 죽어 있었다. 이 이야기에서 유래한 '조장'은 서두르다 일을 망치게 되는 것을 일컫는 말로, 바람직하지 않은 일을 더 심해지도록 부추긴다는 의미로 쓰인다.

압축 훈련　조장은 서두르다 일을 망치게 되는 것을 일컫는 말

문제 훈련　**Q.** 밑줄 친 '조장'과 바꿔 쓸 수 있는 말은?

> 상품을 실제보다 부풀려 과장하는 과대광고와, 사실과 다른 자료와 정보로 광고하는 허위광고는 소비자의 구매 심리를 <u>조장</u>하는 사례로 볼 수 있다.

① 권장　　② 독려　　③ 선동　　④ 장려　　⑤ 촉진

발묘조장(拔苗助長)
모를 뽑아 길게 자라도록(성장) 돕는다(보조)는 것으로, 급하게 서두르다 오히려 일을 망친다는 뜻.

---

43 | 존속

存 續
있을 존 | 이을 속

계 속
존 속
재

매3力 풀이　**계속**해서 **존재**함. ㊤ 영속, 상존 ㊦ 단절, 폐지

독서 훈련　BC 57년에 건국된 신라는 AD 935년까지 992년을 **존속**하여 천년의 역사를
자랑한다. 역대 왕조의 **존속** 기간을 살펴보면 고구려는 705년(BC 37년
~668년), 백제는 678년(BC 18년~660년), 고려는 474년(918년~1392년),
조선은 518년(1392년~1910년)으로 유구한 역사를 실감할 수 있다.

압축 훈련　992년을 **존속**하다. 역대 왕조의 **존속** 기간

존속(存續)	존속(尊屬)
존재가 계속됨. 예 존속 기간 연장	부모 또는 그와 같은 항렬 이상에 속하는 친족. 예 직계 존속 ㊦ 비속

문제 훈련　**Q.** 밑줄 친 '존속'은 '존립(存立)'과 바꾸어 쓸 수 있다. 　(○ . ×)

> 국가가 존속하기 위해서는 무엇보다도 주권을 수호해야 한다.

---

44 | 종전

終 戰
마칠 종 | 싸움 전

종 전
결 쟁

매3力 풀이　**전쟁**이 **종결**됨. ㊦ 개전(開戰)

독서 훈련　전쟁을 잠시 중단(정지, 휴식)하는 정전·휴전과 달리 **종전**은 전쟁이 완전히
끝난(종결, 종료) 것을 일컫는다. 제2차 세계대전 때 나치 강제 수용소에서
종전 때까지 살아남은 빅터 프랭클은 자서전적인 체험 수기 『죽음의 수용소
에서』에서 죽음의 공포 속에서 깨달은 삶의 의미를 말해 주고 있다.

압축 훈련　**종전**은 전쟁이 완전히 끝난 것. 수용소에서 **종전** 때까지 살아남은 사람

종전(終戰)	종전(從前)
전쟁이 **종결**됨. 예 종전 협정, 종전 기념	(지금보다) 이전 예 종전 방식대로

문제 훈련　**Q.** 밑줄 친 '종전'의 쓰임이 적절하면 ○, 적절하지 않으면 ×로 표시하
시오.

> 종전 3일 만에 적의 수도를 점령했다.

43

45 | 주도

主 導
주인 주 | 이끌 도

인
주　도
인

매3力 풀이　<u>주**인**</u>(주장)이 되어 **인도**함. ···> 주체적으로 이끎.

독서 훈련　석유왕으로 불린 록펠러는 구두쇠였다. 그는 55세가 되던 해에 1년을 넘기지 못하고 죽을 수도 있다는 충격적인 말을 듣게 된다. 그즈음 그는 병원 로비에 적힌 '주는 자가 받는 자보다 복이 있다.'는 글귀에서 큰 깨달음을 얻는다. 마침 병원비가 없어 어린 딸을 입원시키지 못해 발을 구르는 어머니를 발견하고 몰래 병원비를 내준다. 그 아이가 자기 덕분에 목숨을 구했다는 소식을 들은 록펠러는 '이처럼 행복한 삶이 있는지 몰랐다.'고 고백했다. 이후 그는 시카고 대학과 록펠러 재단을 설립하여 자선 사업을 주도하고 나눔의 삶을 실천하였다.

압축 훈련　자선 사업을 **주도**하다.

문제 훈련　**Q.** 밑줄 친 '주도'의 의미와 거리가 먼 것은?

> 자기주도학습의 시작은 독서이고, 독해력을 키우는 핵심은 어휘력에 있다.

① 이끌다　　　② 솔선하다　　　③ 앞장서다
④ 주관하다　　⑤ 시도하다

---

46 | 중재

仲 裁
버금 중 | 마를 재

중　재
간　단

매3力 풀이　(제삼자가 쌍방의) <u>중</u>간에서 **재단**함. ···> 분쟁에 끼어들어 조정함.
　　　　　　　　　　　　　　　옳고 그름을 가려 결정함.

독서 훈련　한 나라였던 인도와 파키스탄은 1947년 영국의 식민지에서 독립하면서 힌두교를 믿는 인도와 이슬람교를 믿는 파키스탄으로 분리되었다. 이후 두 나라는 카슈미르 지역을 사이에 두고 분쟁을 벌여 왔는데, 1949년 유엔의 중재로 휴전(전쟁을 잠시 중지함.)한다. 하지만 카슈미르는 아자드카슈미르(파키스탄)와 잠무카슈미르(인도)로 나뉘면서 1965년에 다시 2차 인파(인도네시아와 파키스탄) 전쟁이 일어나는 등 크고 작은 분쟁이 끊이지 않고 있다.

압축 훈련　유엔의 **중재**로 휴전하다.

문제 훈련　**Q.** 밑줄 친 '중재'와 바꿔 쓸 수 있는 말은?

> 사소한 의견 차이로도 갈등이 있을 수 있다. 이때 중재하는 사람의 역할이 중요하다.

① 판단　　② 조정　　③ 제재　　④ 분별　　⑤ 관여

47	지향	志 뜻 지	向 향할 향

의 방
지 향

매3力 풀이	**의지**가 쏠리는 **방향**. ···▷ 어떤 목표에 뜻이 쏠리어 향함. ㈜ 쏠림. 향함
독서 훈련	일본 출판사 이와나미(岩波) 문고는 수만 부를 인쇄한 책에서 오자(잘못 쓴 글자) 한 글자를 발견하자 모두 파기해 버리고 다시 인쇄한 것으로 유명하다. 이와 같이 완벽을 지향하는 태도는 미국 출판물에서도 확인할 수 있는데, 영어로 쓰인 책에서 오타를 발견하기란 하늘의 별 따기만큼이나 어려운 일이라고 한다. 지독스러울 만큼 완벽을 추구하는 이와 같은 태도를 『매3력』을 집필하면서도 잊지 않으려고 했다.
압축 훈련	완벽을 **지향**하는 태도

✓	지향(志向)	지양(止揚)
	의**지**(뜻)가 **향**하는 것. ㉑ 목표를 지향하다.	정**지**하는 것. 그만두는 것. ㉑ 과소비를 지양하다.

···▷ '지향'은 해야 하는 것이고, '지양'은 하지 않아야 하는 것이다.

국수주의(國粹主義)
자기 나라(국가)의 전통·문화만을 뛰어난(순수한) 것으로 믿고, 다른 나라의 문물을 배척하는 입장(주의).

문제 훈련	**Q.** '지향'해야 할 것이 아닌 것은? ① 국수주의 ② 박애주의 ③ 실용주의 ④ 이타주의 ⑤ 합리주의

48	진위	眞 참 진	僞 거짓 위

허
진 위
실

매3力 풀이	**진실**과 **허위**. ···▷ 참과 거짓. 진짜와 가짜.
독서 훈련	일본 속담에 '돌 위에서도 3년(石の上にも3年.)'이라는 말이 있다. '아무리 딱딱하고 차가운 돌도 3년만 앉아 있으면 따스해진다.'는 뜻이다. 진위 여부를 떠나 무슨 일이든 참고 견디면 뜻하는 바를 이루어 낼 수 있다는 교훈을 주는 말이다.
압축 훈련	진위 여부를 떠나
문제 훈련	**Q.** 다음 중 '진위'의 쓰임이 적절하지 않은 것은? ① 진위를 추구하다. ② 진위를 가리다. ③ 진위를 판단하다. ④ 진위를 밝히다. ⑤ 진위를 확인하다.

Q1~12. '매3力 풀이'로 익히기

1. 재고	재**차**(거듭) [ ] 함. ···> 다시 생각함.
2. 저의	저**변**(밑바닥)에 품은 [ ] ···> 속에 품은 생각.
3. 적법	법**률**에 [ ] 함. ···> 법규에 맞음.
4. 적서	[①] 와 [②] .
5. 절감(切感)	[ ] 하게 느낌(감**각**).
6. 조장	[ ] 하게 도와 줌(**보조**). ···> 부추김.
7. 존속	[ ] 해서 존**재**함.
8. 종전	전**쟁**이 [ ] 됨.
9. 주도	주**인**이 되어 [ ] 함. ···> 주체적으로 이끎.
10. 중재	쌍방의 [ ] 에서 재**단**함. ···> 분쟁에 끼어들어 조정함. ※ 재단: 옳고 그름을 가려 결정함.
11. 지향	[ ] 가 쏠리는 **방**향. ···> 어떤 목표에 뜻이 쏠리어 향함.
12. 진위	[①] 과 [②] . ···> 참과 거짓. 진짜와 가짜.

정답 1. 고려 2. 의견 3. 적합 4. ① 적자, ② 서자 5. 절실 6. 성장 7. 계속 8. 종결(종료) 9. 인도 10. 중간 11. 의지
12. ① 진실, ② 허위 13. (1) 불법, 위법 (2) 개전 14. ㉯ 15. ㉰ 16. ㉔ 17. 의욕 18. ②

Q13. 다음 단어의 반의어를 쓰시오.

(1) 적법 <…> (   )   (2) 종전 <…> (   )

Q14~16. 왼쪽에 제시된 어휘와 유사한 의미를 지닌 말을 오른쪽에서 찾아 서로 줄로 이으시오.

14. 절감(切感) •

    • ㉮ 도입

    • ㉯ 절약

    • ㉰ 주관

15. 주도(主導) •

    • ㉱ 진심

    • ㉲ 진짜

    • ㉳ 통감

16. 진위(眞僞) •

    • ㉴ 허실

Q17. <보기>에서 '저의'와 바꿔 쓸 수 <u>없는</u> 말을 고르시오.

> ✓ **보 기**
>
> 본심, 진심, 내심, 의욕, 본의, 진의, 속내, 의중

Q18. <보기>와 관계 깊은 말은?

> ✓ **보 기**
>
> • 좋지 못한 행위나 습관 등이 더 심해지도록 부추김.
> • 하지 않은 것만 못함.

① 재고   ② 조장   ③ 존속   ④ 중재   ⑤ 지향

49 | 처세

處 곳 처　世 인간 세

매3力 풀이	세**상**에서 사람들과 어울려 살아가는(**거처**) 일.
독서 훈련	전광용의 소설 「꺼삐딴 리」에 나오는 주인공 이인국은 처세가 뛰어난 인물이다. 일제 강점기 때는 일제에 아부하며 철저하게 일본인으로 살고, 소련군이 주둔했을 때에는 러시아어까지 익혀 아들을 모스코바로 유학을 보내는가 하면, 6·25 전쟁 후에는 영어를 배워 승승장구한다.
압축 훈련	처세가 뛰어난 인물
✔	처세술: 세상에 거처해 사람들과 어울려 살아가는 방법(술수).
문제 훈련	**Q.** '처세에 능하다.'의 의미로 적절한 것은? ① 처신을 잘함.　　　② 세대차를 잘 극복함. ③ 세태를 대변함.　　　④ 일처리를 꼼꼼하게 함. ⑤ 출세를 지향함.

거
처 세
상

50 | 천대

賤 천할 천　待 기다릴 대

매3力 풀이	**천하게(천시) 대접**함. ⑪ 푸대접, 업신여김　⑫ 우대, 후대, 공대
독서 훈련	고려 의종 때 무신의 난이 일어난 배경에 숭문천무(崇文賤武, 높일 숭, 글월 문, 천할 천, 굳셀 무) 정책, 즉 문관(문과 출신의 관리)을 숭상하고 무관(무과 출신의 관리)을 천대한 정책이 있다. 당시 무관은 정3품인 상장군 이상의 승진이 어려웠고, 군대를 지휘하는 최고 권한조차 문신들에게 있었다. 거란의 침입을 물리친 강감찬도 문관이었고, 묘청의 난을 토벌한 총괄 책임자인 김부식도 문관이었던 것이다. 이후 100여 년간 무신들이 권력을 잡게 되었다.
압축 훈련	문관을 숭상하고 무관을 **천대**하다.
문제 훈련	**Q.** '천대하다'와 바꿔 쓸 수 <u>없는</u> 것은? ① 박대하다　　　② 괄시하다 ③ 홀대하다　　　④ 천시하다 ⑤ 환대하다

천 대
시 접

51 | 천혜

天 惠
하늘 천 은혜 혜

하늘
천 혜
은
천
天

함락(陷落)
무너짐(함몰, 추락).

축성술(築城術)
성벽을 쌓는(건축, 구축) 기술.

매3力 풀이	하늘(자연)이 베푼 **은혜**. 天, 하늘 천
독서 훈련	유네스코 세계 문화유산인 남한산성은 오랜 역사 속에서 한 번도 함락*된 적이 없는 **천혜**의 요새로 평가받는다. 남한산성이 큰 전란에도 함락되지 않은 것은 험준한 자연 지형에 적합한 축성술*로 성벽을 쌓았기 때문에 적이 공격하기 쉽지 않았기 때문이라고 한다. 남한산성의 성벽은 크기와 형태가 다양한 돌을 옥수수알 모양으로 다듬어서 이어 붙이듯이 쌓은 것이 특징이다.
압축 훈련	오랜 역사 속에서 한 번도 함락된 적이 없는 **천혜**의 요새
문제 훈련	**Q.** '천혜의 (　　)'에서 (　　) 안에 들어갈 말로 적절하지 <u>않은</u> 것은? ① 보고(寶庫)　　　　　② 자연환경(自然環境) ③ 절경(絕景)　　　　　④ 친족관계(親族關係) ⑤ 조건(條件)

52 | 철회

撤 回
거둘 철 돌아올 회

철 회
수 수

천동설(天動說)
지구가 우주의 중심에 있고 그 주위를 다른 모든 천체가 돈다(운동)는 학설.

지동설(地動說)
지구가 태양의 주위를 돈다(운동)는 학설.

매3力 풀이	**철수**하고 **회수**함. ···▶ 거두어들임.
독서 훈련	코페르니쿠스는 천동설*을 부정하고 지동설*을 주장했다. 지동설을 옹호한 갈릴레이는 종교 재판 과정에서 고문의 위협에 못 이겨 자신의 주장을 철회하고 지동설이 옳지 않다고 말한다. 그러나 법정을 나서며 갈릴레이가 "그래도 지구는 돈다."고 했다는 일화*는 여러 정황으로 볼 때 사실일 가능성이 희박하지만, 그의 지동설에 대한 신념을 엿볼 수 있는 말로 이해할 수 있다.
압축 훈련	고문의 위협에 못 이겨 자신의 주장을 **철회**하다.
✔	**일화(逸話)**: 세상에 널리 알려지지 않은(逸, 숨을 **일**) 이야기(화제).
문제 훈련	**Q.** '소송을 철회하다.'에서 '철회'와 바꿔 쓸 수 있는 말은? ① 만회　　　　　② 철거 ③ 철수　　　　　④ 취소 ⑤ 회피

49

53 | 체득

體 몸 체　**得** 얻을 득

매3力 풀이　<u>체험</u>하여 **터**득함.

독서 훈련　국가가 외적의 침입을 받아 위태로울 때 백성들이 자발적으로 조직한 군대가 의병이다. 의병은 양반에서 천민에 이르기까지 다양한 계층의 사람들로 구성되었으나, 의병장은 대부분 전직 관료이거나 유생 등 유교 이념을 깊이 체득한 인물이었다. 임진왜란 때 대표적인 의병장으로는 곽재우가 있고, 곽재우의 의병 활동은 영화 「홍의장군」으로 다루어지기도 했다. '홍의장군'은 그가 붉은 옷을 입고 전투에 임해 붙여진 이름이다.

압축 훈련　유교 이념을 깊이 **체득**하다.

문제 훈련　**Q.** 밑줄 친 '체득'의 쓰임이 적절하지 <u>않은</u> 것은?

① 그의 절약 습관은 오랜 가난에서 <u>체득</u>된 것이다.
② 독서는 지구와 우주에 대한 지식을 <u>체득</u>하게 한다.
③ 우리는 생존을 위한 수영법을 실습을 통해 <u>체득</u>했다.
④ 스스로 공부해야 성적이 오른다는 것을 이제야 <u>체득</u>했다.
⑤ 다양한 경험을 통해 <u>체득</u>한 것을 실천하는 것이 중요하다.

체 **득**
험
터

---

54 | 추산

推 밀 추　**算** 셈 산

매3力 풀이　**추측**하여 **계산**함.

독서 훈련　오성 이항복은 한음 이덕형보다 다섯 살이나 많았지만 돈독한 우정을 나눈 것으로 유명하다. 이항복에 관한 일화 중 '쌀알 세기'에 관한 것이 있다. 이항복이 어렸을 때 하루 종일 놀기만 하자, 화가 난 그의 아버지가 쌀 한 가마니의 쌀알 수를 세라고 한 것이다. 그러자 이항복은 잠시 고민하더니 쌀알을 일일이 세지 않고 한 되의 쌀알 수를 먼저 센 다음, 한 가마니가 몇 되인지를 파악해 전체 쌀알 수를 추산했다고 한다.

압축 훈련　한 가마니가 몇 되인지를 파악해 전체 쌀알 수를 **추산**하다.

문제 훈련　**Q.** 밑줄 친 '추산'의 의미와 거리가 먼 것은?

> 선거 때마다 언론에서는 미리 투표율을 <u>추산</u>하여 발표한다.

① 추정하다　　② 짐작하다　　③ 어림잡다
④ 산출하다　　⑤ 대중하다

추 **산**
측
계

55 | 추상적

抽 象 的
뽑을 추　코끼리 상　~의 적

형
추 상 적
출
~하는 것

매3力 풀이 (구체적인) **형상**이 없는 (것). ㉾ 구체적
뽑힌, **추출**된

독서 훈련 '키네틱 아트'는 움직임을 중시하거나 그것을 주요 요소로 하는 예술 작품을 말한다. 최초의 키네틱 아트 작품은 1913년 뒤샹이 제작한 「자전거 바퀴」이다. 뒤샹을 비롯하여 키네틱 아트 작가들은 대상을 사실적으로 재현하는 것이 아니라 추상적 구조물처럼 보이도록 창작하였다.

압축 훈련 대상을 사실적으로 재현하는 것이 아니라 **추상적** 구조물처럼 보이도록 창작하다.

추상적	구체적
형상(실체)이 없는(**추출**된) 것: 사랑, 자유 등 ㉾ 추상적 진술 – 말하고자 하는 바를 포괄하여 설명함.	실체가 있는(**구**비된) 것: 나무, 꽃 등 ㉾ 구체적 진술 – 예를 들거나 하여 상세하게 설명함.

✓

문제 훈련 **Q.** 다음 중 '추상적'인 것은?
① 어머니의 사랑　② 집 앞의 느티나무
③ 학교 교실 책상　④ 공원에서 본 비둘기
⑤ 새로 산 운동화

56 | 축적

蓄 積
모을 축　쌓을 적

저 누
축 적

매3力 풀이 **저**축하고 **누**적함. ┈▶ 쌓음. ㉾ 경험의 축적, 지식의 축적

독서 훈련 이스라엘에는 성경에 자주 등장하는 갈릴리 호수와 사해가 있다. 갈릴리 호수는 물이 맑고 깨끗해 각종 물고기가 서식*하는 반면, 사해에는 어떤 생명체도 살지 못한다. 갈릴리 호수와 사해는 모두 같은 줄기(요르단 강물)에서 나온 물이 흘러드는데도 갈릴리 호수와 달리 사해가 죽음의 바다가 된 까닭은 갈릴리 호수는 계속해서 물을 흘려보내는 데 반해, 사해는 물이 흘러들어오기만 할 뿐 흘려보내지 못하고 고여 있어 염분이 축적되었기 때문이다.

압축 훈련 사해는 물이 고여 있어 염분이 **축적**되었기 때문에 죽음의 바다가 되었다.

서식(棲息)
생물이 일정한 곳에 자리를 잡고 삶.
※ '동물의 서식지'를 떠올릴 것!

문제 훈련 **Q.** '축적하다'의 의미와 거리가 먼 것은?
① 쌓다　② 집적하다　③ 저축하다
④ 모으다　⑤ 되풀이하다

57 | 치세

治 世
다스릴 치 인간 세

통
치 **세**
상

성군(聖君)
어질고 덕이 뛰어난(성인. 성자) 임금(군주).

매3力 풀이
세상을 잘 통치함(다스림). 잘 통치하여 편안한 세상.

독서 훈련
성군*으로 불리는 세종대왕은 어려서부터 책 읽기를 즐겨 하여, 세종 치세에는 유교 윤리와 한글 번역서, 중국의 역사서와 문학서, 의약서 등 다양한 분야의 책이 만들어졌다. 이에 따라 인쇄술도 발전하여 세종 2년(경자년, 1420년)에는 경자자(경자년에 구리로 만든 활자)를, 세종 16년(갑인년, 1434년)에는 갑인자(갑인년에 구리로 만든 활자)를 만들었다. 갑인자는 하루에 경자자의 2배인 40장 이상을 찍어 낼 수 있어 조선 시대 최고의 활자로 평가받는데, 이는 구텐베르크의 금속 활자(1440년경)보다 앞선 것이다.

압축 훈련
세종 치세에는 다양한 분야의 책이 만들어졌다.

문제 훈련
Q. '치세'의 의미와 통하는 말은?

① 공평무사   ② 누란지세   ③ 사필귀정
④ 일편단심   ⑤ 태평성대

---

58 | 친소

親 疏
친할 친 멀 소

친 **소**
근 **홀**

매3力 풀이
친근함과 소홀함. ···> 친함과 친하지 않음.

독서 훈련
비판 철학의 창시자로 알려져 있는 철학자 임마누엘 칸트는 1804년 2월에 죽었다. 그가 죽기 나흘 전, 의사가 방문했을 때 그는 병상에서 일어나 의사에게 인사를 하고 서 있었다고 한다. 놀란 의사가 칸트에게 앉으라고 권유했으나, 그는 인간에 대한 예의를 갖추게 해 달라며 서 있었다고 한다. 친소 관계나 상하 관계를 따지기 어려운, 죽음을 앞둔 상황에서도 칸트는 예의를 깍듯이 지킨 것이다. 나흘 후 칸트는 "Es ist gut."(It is good, 참 좋다.)라는 말을 남기고 죽었다.

압축 훈련
친소 관계나 상하 관계를 따지기 어려운, 죽음을 앞둔 상황

문제 훈련
Q. 밑줄 친 '친소 관계'를 나타내는 말이 아닌 것은?

> 중간에서 다른 사람을 소개할 때에는 가장 먼저 친소 관계를 따져 자기와 가까운 사람을 먼저 소개한다. 그런 다음 손아랫사람을 손윗사람에게, 남성을 여성에게 먼저 소개한다.

① 엄벙덤벙하다   ② 설면설면하다   ③ 서먹서먹하다
④ 데면데면하다   ⑤ 너나들이하다

59 | 통념

通 생각 념
통할 통 생각 념

개념

통념

용

매3力 풀이   <u>통</u>용되는 <u>개념</u>. ···> 일반적으로 널리 **통**하는 생각(**상념**).

독서 훈련   정호승의 시 「슬픔이 기쁨에게」에서 '슬픔'은 이웃을 사랑하는 따뜻한 마음을 지닌 존재로, '기쁨'은 이웃의 아픔을 외면하는 이기적인 존재로 표현되어 있다. 일반적인 **통념**과 달리 '슬픔'이 긍정적이고, '기쁨'이 부정적으로 표현되어 있는 것이다.

압축 훈련   일반적인 **통념**과 달리 '슬픔'이 긍정적으로 표현되어 있다.

문제 훈련   **Q.** 다음 중 '통념'에 해당하지 <u>않는</u> 것은?

① 여성은 남성보다 힘이 세다.
② 자식은 부모에게 효도해야 한다.
③ 금속은 같은 부피의 솜보다 무겁다.
④ 필요한 양보다 많이 먹으면 살이 찐다.
⑤ 잠을 너무 적게 자는 것은 건강에 해롭다.

60 | 편중

偏 重
치우칠 편 무거울 중

치

편중

향

매3力 풀이   <u>편</u>향되고 <u>치</u>중됨. ···> 한쪽으로 치우침. ㉡ 불균형

독서 훈련   기네스북에 오르기도 한, 자동차 판매왕으로 불린 조 지라드는 자신의 성공 비결 중 하나로 '250 법칙'을 들었다. 일반적인 세일즈맨은 지인들에게 **편중**된 영업을 하는 반면, 자신은 매일 만나는 사람들에게, 자동차를 살 수 없는 10대 청소년에게까지도 최선을 다했고, 그 과정에서 그는 한 사람의 마음을 사면 그가 알고 있는 250명을 고객으로 만들 수 있다는 '250 법칙'을 발견했다는 것이다.

압축 훈련   일반적인 세일즈맨은 지인들에게 **편중**된 영업을 한다.

✓

편향	한편으로 치우쳐 향함. 예 편향된 시각	편협	한편으로 치우쳐 협소함(좁음). 예 편협한 생각
편벽	한편으로 치우쳐 구석짐(궁벽). 예 편벽한 성품, 편벽한 어촌	편견	한편으로 치우친 견해. 예 잘못된 편견

문제 훈련   **Q.** 밑줄 친 '편중'의 의미와 거리가 <u>먼</u> 것은?

> 수능 국어 영역에서 문제 풀이 시간이 부족해 문제를 끝까지 풀지 못하고 답안을 제출하는 것은 특정 제재에 <u>편중된</u> 독서 습관에서 비롯된 경우가 많다.

① 균형을 잃음.   ② 대수롭지 않게 봄.   ③ 차별함.
④ 고르지 않음.   ⑤ 한쪽을 소중히 여김.

Q1~12. '매3力 풀이'로 익히기

1. 처세	[　　　　]에 **거**처함. ···> 사람들과 어울려 살아가는 일.
2. 천대	천**하게** [　　　　]함.
3. 천혜	하늘(天, 하늘 천)이 베푼 [　　　　].
4. 철회	[①]하고 [②]함.
5. 체득	[①]하여 [②]함.
6. 추산	[①]하여 [②]함.
7. 추상적	[　　　　]이 없는(추**출**된, 뽑혀 버린) 것.
8. 축적	[①]하고 [②]함.
9. 치세	세**상**을 잘 [　　　　]함. 잘 [　　　　]하여 편안한 세**상**.
10. 친소	친**근**함과 [　　　　]함. ···> 친함과 친하지 않음.
11. 통념	[　　　　]되는 **개**념(**상**념). ···> 일반적으로 널리 통하는 생각.
12. 편중	[　　　　]되고 **치**중됨. ···> 한쪽으로 치우침.

정답 1. 세상 2. 대접 3. 은혜 4. ① 철수, ② 회수 5. ① 체험, ② 터득 6. ① 추측, ② 계산 7. 형상 8. ① 저축, ② 누적 9. 통치 10. 소홀 11. 통용 12. 편향 13. (1) 치세 (2) 우대(후대, 공대, 환대) (3) 구체적 14. ㉰ 15. ㉳ 16. ㉴ 17. ② 18. 체득

Q13. 다음 단어의 반의어를 쓰시오.

(1) 난세   <…> (   )

(2) 천대   <…> (   )

(3) 추상적 <…> (   )

Q14~16. 왼쪽에 제시된 어휘의 의미를 오른쪽에서 찾아 서로 줄로 이으시오.

14. 철회 •

                    • ㉮ 도망감.

                    • ㉯ 무거움.

                    • ㉰ 치우침.

15. 추산 •

                    • ㉱ 깎아내림.

                    • ㉲ 어림잡음.

16. 편중 •

                    • ㉳ 거두어들임.

Q17. '통념'의 의미에 가까운 것은?

① 개념적이다   ② 상식적이다   ③ 전문적이다

④ 직관적이다   ⑤ 철학적이다

Q18. 다음 이야기에서 강조하는 내용과 관계 깊은 말을 <보기>에서 고르시오.

　남구만의 수필 「조설」은 낚시를 통해 얻은 깨달음을 서술한 것으로, 제목 '조설(釣說, 낚시 조·말씀 설)'은 낚시 이야기란 뜻이다. 「조설」에서, '나'는 벼슬에서 물러난 후 이웃 사람의 권유로 낚시를 하는데, 종일 낚시를 해도 한 마리도 못 잡는다. 어떤 사람은 낚싯바늘 끝의 모양 때문이라며 고쳐 주었고, 또 어떤 사람은 낚시하는 방법을 자세하게 알려 주었지만 낚시에 능숙해지지는 않았다. 결국 낚시는 그 방법을 배워서 익히는 것이 아니라 아침저녁으로 익히고 익혀 몸에 익숙해져야 한다는 것을 깨닫게 된다. 그리고 이는 비단 낚시에만 해당되는 것이 아니라는 것도 알게 되었다고 고백한다.

> ✓ 보 기
>
> 처세, 천혜, 체득, 치세, 친소, 통념

61 | 피의자

被 疑 者
입을 피 / 의심할 의 / 놈 자

사람
피 의 자
동 심 者

매3力 풀이
의심을 받는(당하는, 피動) 사람(당사자).
※ '피소(소송 제기를 당함)'를 기억할 것!

독서 훈련
헌법 제27조 4항에 제시되어 있는 '무죄 추정의 원칙'은 검사에 의해 기소된 피고인은 물론 수사 기관에서 조사를 받고 있는 피의자도 법원으로부터 유죄 판결이 확정될 때까지는 무죄로 추정한다는 규정이다.

압축 훈련
수사 기관에서 조사를 받고 있는 피의자

피의자	피해자	피고인
의심을 받는 당사자. 被 당할 피 ⑲ 용의자	손해를 입은 당사자. 被 당할 피 ⑭ 가해자	고소를 당한 사람(인간). 被 당할 피 ⑲ 피고

···▶ '피의자'는 범죄의 혐의는 받고 있으나 아직 공소* 제기가 되지 않은 사람이고, '피고인'은 공소 제기를 받은 사람이다.

문제 훈련
Q. '피의자'에서 '피'의 의미로 적절한 것은?
① 감추다 　　② 꺼리다
③ 당하다 　　④ 피하다
⑤ 해치다

공소
검사가 어떤 형사 사건에 대하여 법원에 재판을 청구하는 일.

62 | 항서

降 書
항복할 항 / 글 서

문
항 서
복

매3力 풀이
항복한다는 문서.

독서 훈련
병자호란 때 인조는 남한산성으로 피해 청나라와 맞서 싸웠으나 결국 항서를 보낸다. 그리고 삼전도*에서 인조는 세자와 신하들이 보는 앞에서 청나라 황제에게 무릎을 꿇고 이마가 땅에 닿도록 세 번 절하고 아홉 번 머리를 조아리는 삼배구고두*를 한다. 이를 '삼전도의 굴욕'이라고 한다.

압축 훈련
청나라와 맞서 싸웠으나 결국 항서를 보낸다.

• 삼배구고두(三拜九叩頭): 3회 절하고(세배) 9회 머리를(두발) 조아리다(叩, 조아릴 고).
• '降'은 두 가지 음으로 읽히는 한자임.
❶ 항복할 항: 항복(降伏·降服), 투항(投降)
❷ 내릴 강: 하강(下降), 강림(降臨), 적강 소설(謫降小說)

문제 훈련
Q. '항서'는 '항의 서신'으로 바꿔 쓸 수 있다. 　(○, ×)

삼전도
현재 서울 송파구 삼전동에 있던 나루터로, 청 태종이 자신의 공덕을 기리기 위해 세우게 한 비석(삼전도비)이 남아 있음.

63 | 행태

行 態
다닐 행 | 모습 태

형
행 태
동

매3力 풀이 **행동**하는 **형태**. ※ 주로 부정적인 의미로 씀.

독서 훈련 과거의 **행태**를 완전히 버리고 새롭게 할 때 '뱀이 허물을 벗듯' 혁신해야 한다고 한다. 뱀은 허물(껍질)을 벗을 때가 되면 아무것도 먹지 않다가 온몸에 통증을 느끼며 머리끝부터 꼬리까지 완전히 허물을 벗는다. 허물을 벗지 못하면 피부가 단단하게 굳어 죽기 때문이라는데, 변화를 위해 새롭게 도전할 때에는 뱀이 허물을 벗듯 심한 고통도 견뎌 내야 한다는 것을 새기게 한다.

압축 훈련 과거의 **행태**를 완전히 버리고 새롭게 하다.

행태	형태
행동하는 형태. ㉤ 작태	형상과 상태. ㉤ 모양, 생김새

문제 훈련 **Q.** 밑줄 친 '행태'의 쓰임이 적절하지 <u>않은</u> 것은?
① 이중적 행태 ② 권위주의적 행태 ③ 도덕적인 행태
④ 과소비 행태 ⑤ 비민주적인 행태

64 | 허식

虛 飾
빌 허 | 꾸밀 식

공 장
허 식

매3力 풀이 **공허**하게(헛되게) 겉만 꾸밈(**장식**함).

독서 훈련 박지원의 고전 소설 「허생전」에는 효종 때 실존 인물인 이완 대장이 등장하여 허생에게 나라를 구할 방도를 구한다. 이에 허생은 시사삼책*을 제시하는데, 이완은 3가지 모두 어렵다고 한다. 이에 허생은 "장차 말을 달리고 칼을 쓰고 창을 던지며 활을 당기고 돌을 던져야 할 판국에 넓은 소매의 옷을 고쳐 입지 않고 딴에 예법이라고 한단 말이냐?"라고 꾸짖는데, 이는 당시 사대부들의 허례**허식**을 비판한 것이다.

압축 훈련 사대부들의 허례**허식**을 비판하다.

시사삼책(時事三策): 당시의 **사건**을 해결하는 3가지 방**책**.

구분	허생의 주장	비판하고자 하는 내용
제1책	인재 등용을 위해 임금이 삼고초려(p.58)할 것	인재 등용의 문제점
제2책	명나라 장졸들의 자손에게 임금 친척의 딸들을 시집 보내고 집을 줄 것	북벌론의 허구성
제3책	사대부 자제들이 변발*하고 오랑캐옷을 입고 만주로 가 그곳의 실정을 살필 것	사대부의 허례허식

변발
머리 뒷부분만 남기고 나머지는 깎아 뒤로 길게 땋아 늘인 머리. (만주인의 풍습)

문제 훈련 **Q.** '허식'의 뜻을 포함하고 있지 <u>않은</u> 것은?
① 겉치레 ② 헛치레 ③ 인사치레 ④ 잔병치레 ⑤ 체면치레

57

65 혜안

慧 眼
슬기로울 혜 / 눈 안

지
혜 안
목

삼고초려
유비가 제갈량을 등용하기 위해 제갈량의 초가를 3번이나 방문한 데서 유래한 말. 인재를 맞이하기 위해 노력함을 뜻함.

매3力 풀이 **지혜**로운 **안목**.

독서 훈련 중국 삼국 시대 때 유비는 제갈량을 영입하기 위해 삼고초려*한다. 이에 감동한 제갈량은 유비에게 충성을 다했는데, 나관중의 소설 「삼국지연의」에서도 이를 확인할 수 있다. 제갈량은 오나라에 가는 유비가 위기에 빠질 것을 짐작하고 유비를 모시고 가는 조자룡에게 비단 주머니 3개를 건넨다. 그리고 여기에 담긴 3가지 계책 덕분에 유비는 오나라 주유의 계략에서 벗어나 목숨을 구했다. 유비는 제갈량의 **혜안** 덕분에 목숨을 구할 수 있었고, 후에 촉한의 황제가 될 수 있었던 것이다.

압축 훈련 유비는 제갈량의 **혜안** 덕분에 목숨을 구했다.

문제 훈련 **Q. 다음 중 '혜안'과 거리가 먼 것은?**

① 지혜로운 눈　　② 사물을 꿰뚫어 보는 눈
③ 인재를 알아보는 눈　　④ 여러 사람의 공정한 눈
⑤ 앞날을 내다볼 줄 아는 눈

---

66 호사가

好 事 家
좋을 호 / 일 사 / 집 가

전
선 종 문
호 사 가
하다

매3力 풀이 <u>일삼기를</u> <u>좋아하는</u> <u>사람</u>.
　　　　　종사　　선호　　전문가

독서 훈련 사람들 사이에 일어나는 흥밋거리를 일삼아 좋는 호사가들은 성공한 사람들을 폄하하는(깎아내리는) 경향이 있다. 하지만 성공한 사람들의 비결을 살펴보면 엄청난 노력의 결과라는 것을 알 수 있다. 조선 최고의 명필로 알려진 추사 김정희는 10개의 벼루를 구멍 내고, 천 자루의 붓을 몽당붓이 되게 할 만큼 노력했다. 중국 최고의 명필 왕희지 또한 연못의 물이 까맣게 되도록 먹을 갈아 서예 연습을 했다고 한다.

압축 훈련 사람들 사이에 일어나는 흥밋거리를 일삼아 좋는 **호사가들**

✓ 단어의 끝에 오는 '-가'는 '사람'을 뜻함. 예 예술가, 작곡가, 평론가

문제 훈련 **Q. 다음 중 '호사가'로 볼 수 <u>없는</u> 것은?**

① 일을 벌이기를 좋아하는 사람
② 남의 일을 말하기 좋아하는 사람
③ 주변의 흥밋거리를 일삼아 좋는 사람
④ 특별히 흥미를 가지는 일에 몰두하는 사람
⑤ 어떤 일에 대해 쓸데없이 입방아를 찧는 사람

67 | 혹평

酷 評
심할 **혹** 평할 **평**

매3力 풀이	**가혹**하게 **평가**함. (반) 호평(好評) 혹독　　비평
독서 훈련	모네의 작품 「인상, 해돋이」는 출품했을 당시에는 스케치에 지나지 않는다며 미술계로부터 **혹평**을 받았다. 하지만 이후 찬사를 받으며 인상파 미술의 기원이 되었는가 하면 지금까지 명화(名畫, 이름난 그림)로 꼽히고 있다.
압축 훈련	미술계로부터 **혹평**을 받았지만 인상파 미술의 기원이 된 모네의 작품

✓

혹평(酷評)	악평(惡評)	촌평(寸評)	호평(好評)
혹독하게 평가함.	악하게(나쁘게) 평가함.	짧게(寸, 마디 촌) 평가함.	좋게(양호) 평가함.

문제 훈련　**Q.** '혹평'과 바꿔 쓸 수 있는 말은?

① 비평(批評)　　　　　② 악평(惡評)
③ 촌평(寸評)　　　　　④ 품평(品評)
⑤ 호평(好評)

68 | 홍안

紅 顔
붉을 **홍** 얼굴 **안**

매3力 풀이	**홍**색(붉은색)의 **안**면(얼굴). ┈▶ 젊어서 혈색이 좋은 얼굴.
독서 훈련	미국의 16대 대통령 에이브러햄 링컨은 '나이 40이 되면 자신의 얼굴을 책임져야 한다.'고 했고, 명품 브랜드인 샤넬의 창업자 코코 샤넬은 '스무 살 얼굴은 하늘의 선물이고, 50세 얼굴은 자신의 공적(공로와 업적)'이라고 했다. 이 말은 젊었을 때 **홍안**을 잘 가꾸어야 한다는 것과, 어떻게 살아야 할지 생각하며 살아야 한다는 것을 일깨워 준다.
압축 훈련	젊었을 때 **홍안**을 잘 가꾸어야 한다.
문제 훈련	**Q.** 다음에서, '홍안'과 반대되는 뜻을 지닌 말을 찾아 쓰시오.

> 내가 당신을 사랑하는 것은
> 까닭이 없는 것이 아닙니다.
> 다른 사람들은 나의 홍안만을 사랑하지마는
> 당신은 나의 백발도 사랑하는 까닭입니다.
>
> 　　　　　　　　　　　　– 한용운, 「사랑하는 까닭」

69	화근	禍 根
		재앙 화 / 뿌리 근

화 근
재앙 / **원**

매3力 풀이 화(재앙)의 **근원**(근본 원인).

독서 훈련 석유 매장국 1위는 사우디아라비아도 이란도 아닌 베네수엘라다. 석유 국가 베네수엘라는 한때 남미에서 가장 부유한 나라였지만, 심각한 식량난에 생필품조차 부족하여 국경을 넘어 탈출하는 국민들이 속출하는 상황에 이르렀다. 그 이유 중 하나는 석유에 대한 지나친 의존 때문이라고 한다. 석유 부자 나라가 석유가 **화근**이 되어 최악의 경제난을 겪고 있는 것은 아이러니한 일이다.

압축 훈련 석유 부자 나라가 석유가 **화근**이 되어 최악의 경제난을 겪다.

문제 훈련 **Q. 밑줄 친 '화근'과 바꿔 쓰기에 가장 적절한 것은?**

'양호유환(養虎遺患, 기를 양·호랑이 호·남길 유·근심 환)'이라는 한자 성어가 있다. 호랑이를 길러 <u>화근</u>을 남긴다는 뜻으로, 은혜를 베풀어 준 이로부터 도리어 해를 당함을 이르는 말이다.

① 계기　② 기회　③ 빌미　④ 핑계　⑤ 허물

70	확충	擴 充
		넓힐 확 / 채울 충

보
확 충
대

매3力 풀이 **확대**하여 **보충**함. ···▷ 늘리고 넓혀 충실하게 함. 예 도로 확충

독서 훈련 사단(四端)은 사람의 본성에서 우러나오는 네 가지 마음씨로, 인의예지에서 우러나오는 측은지심(惻隱之心), 수오지심(羞惡之心), 사양지심(辭讓之心), 시비지심(是非之心)을 가리킨다. 맹자는 인간이 지닌 사단을 잘 길러 내고 이를 **확충**하면 성인군자가 될 수 있다고 했다.

압축 훈련 사단(인의예지)을 **확충**하면 성인군자가 될 수 있다.

✔
- **측은지심**: 인(仁, 어짊)에서 우러나오는, **측은**하게(불쌍하게) 여기는 마음.
- **수오지심**: 의(義, 옳음)에서 우러나오는, 옳지 못함을 **수치**스럽게(부끄럽게) 여기고 착하지 못함을 증**오**하는(미워하는) 마음.
- **사양지심**: 예(禮, 예절)에서 우러나오는, 남에게 겸손하게 **사양**(양보)하는 마음.
- **시비지심**: 지(智, 지혜)에서 우러나오는, **시비**(옳고 그름)를 가릴 줄 아는 마음.

문제 훈련 **Q. 밑줄 친 '확충'과 바꿔 쓰기에 적절한 말은?**

기존의 2차선 도로를 4차선으로 <u>확충</u>하다.

① 확정　② 확장　③ 확산　④ 충원　⑤ 충당

71 | 회한

悔 恨
뉘우칠 회 한 한

매3力 풀이 **후회**하고 **한탄**함.

독서 훈련 1909년 10월 26일은 안중근 의사가 만주의 하얼빈 역에서 이토 히로부미를 암살한 날이다. 이듬해 2월 14일, 안중근 의사는 사형 선고를 받고, 3월 26일에 중국 뤼순 감옥 사형장에서 32세의 나이로 짧은 생을 마감했다. 죽음 앞에서 대부분의 사람들은 회한의 눈물을 흘리는 경우가 많다. 그런데 안중근 의사는 사형이 집행되기 직전 마지막 소원을 묻자, 읽던 책을 마저 읽게 5분만 시간을 달라고 했다는 일화가 전해진다. 매일 독서의 중요성을 일깨우는 '하루라도 책을 읽지 않으면 입안에 가시가 돋친다.'도 안중근 의사가 한 말이다.

압축 훈련 죽음 앞에서 대부분의 사람들은 **회한**의 눈물을 흘린다.

문제 훈련 **Q.** '회한'의 의미와 거리가 먼 것은?

① 뉘우치다　　　　　② 반성하다
③ 원망하다　　　　　④ 탄식하다
⑤ 회개하다

후
회 한
탄

72 | 후환

後 患
뒤 후 근심 환

매3力 풀이 뒷날(**후일**)에 생기는 **환난**(근심, 걱정, 재난).

독서 훈련 단종은 세종대왕의 손자이자 문종(세종대왕의 맏아들)의 아들로, 12세(1452년)의 어린 나이에 조선의 제6대 왕이 된다. 하지만 15세 되던 1455년에 삼촌인 수양 대군(세종대왕의 둘째 아들)에게 왕위를 빼앗기고 강원도 영월에 유배된 후, 17세(1457년)의 나이에 사약을 받고 죽는다. 단종에 얽힌 일화 중 하나는 후환이 두려워 아무도 단종의 시신을 거두지 않자, 영월의 호장(戶長, 고을의 하급 관리)이었던 엄흥도가 현재의 장릉(영월 소재)에 남몰래 장례를 치렀다는 것이다.

압축 훈련 **후환**이 두려워 아무도 단종의 시신을 거두지 않다.

문제 훈련 **Q.** '후환'의 쓰임이 바르지 못한 것은?

① 후환을 남기다.　　　② 후환에 잠기다.
③ 후환을 없애다.　　　④ 후환에 대비하다.
⑤ 후환을 꺼리다.

후 환
일 난

Q1~12. '매3力 풀이'로 익히기

1. 피의자	[　　　　]을 받는(被, 당할 피) 당사자.
2. 항서	[　①　] 한다는 [　②　].
3. 행태	[　①　] 하는 [　②　].
4. 허식	**공**허하게 겉만 [　　　　]함.
5. 혜안	**지**혜로운 [　　　　].
6. 호사가	일삼기(**종**사함)를 [　　　　]하는 사람(家, 사람 가).
7. 혹평	[　　　　]하게 평**가**함.
8. 홍안	홍색(붉은색)의 [　　　　]. ···> 젊어서 혈색이 좋은 얼굴.
9. 화근	화(재앙)의 [　　　　].
10. 확충	[　　　　]하여 **보**충함. ···> 늘리고 넓혀 충실하게 함.
11. 회한	[　①　] 하고 [　②　] 함.
12. 후환	후**일**(뒷날)에 생기는 [　　　　].

Q13. 다음 단어의 반의어를 쓰시오.

혹평 〈…〉 ( )

Q14~16. 왼쪽에 제시된 어휘와 유사한 의미를 지닌 말을 오른쪽에서 찾아 서로 줄로 이으시오.

14. 확충 •

    • ㉮ 충원

    • ㉯ 한탄

15. 회한 •

    • ㉰ 확장

    • ㉱ 회의

    • ㉲ 범죄자

16. 피의자 •

    • ㉳ 용의자

Q17. ㉠, ㉡에서 밑줄 친 '안'의 의미와 통하는 것끼리 묶인 것은?

㉠ 혜<u>안</u>   ㉡ 홍<u>안</u>

① ㉠ – 해안, ㉡ – 불안   ② ㉠ – 대안, ㉡ – 안면   ③ ㉠ – 혈안, ㉡ – 안도
④ ㉠ – 안정, ㉡ – 문안   ⑤ ㉠ – 안목, ㉡ – 안색

Q18. 다음 글의 ☐ 안에 들어갈 말로 알맞은 것은?

유비가 조조에게 신세를 지고 있을 때, 조조의 신하 정욱은 유비를 죽이자고 건의한다. 그러나 조조는 이를 무시하고 유비가 원술을 사로잡아 오겠다고 하자 군사 5만 명을 준다. 정욱은 유비에게 군사를 주는 것은 '종호귀산(縱虎歸山)이요 교룡입해(蛟龍入海)라.*'며 유비를 돌아오게 해야 한다고 주장한다. 뒤늦게 상황을 파악한 소소는 사람을 보내 유비에게 돌아오라고 명령하지만 유비는 돌아오지 않는다. 결국 조조는 정욱의 말을 듣지 않고 유비에게 군사를 준 것이 ☐ 이/가 되어 유비가 세운 촉나라와 다시 어렵게 싸워야 하는 처지가 된다.

※ 종호귀산(縱虎歸山)이요 교룡입해(蛟龍入海)라.: 호랑이를 놓아주어(縱, 놓아 줄 종) 산으로 돌아가게(귀환) 하고, 교룡을 바다(海, 바다 해)로 들어가게(입장) 한다는 뜻. 여기서 호랑이와 교룡은 유비를 비유한 말임.

① 행태   ② 혜안   ③ 화근   ④ 화복   ⑤ 회한

Q1~10. 다음 밑줄 친 말의 쓰임이 적절하면 ○, 적절하지 않으면 ✕로 표시하시오.

1. 문제를 풀 때 헷갈리는 답지는 **제고**해야 한다. ⬚

2. 문명의 **이기**가 인류를 편하게만 하는 것은 아니다. ⬚

3. 무심코 한 말이 **화근**이 되어 친구와 헤어지게 되었다. ⬚

4. 신문에 실린 기사들은 육하원칙에 **의지**하여 작성된다. ⬚

5. 조정의 무책임한 **형태**로 인해 백성들의 불신이 극에 달하다. ⬚

6. 문명과 동떨어진 채 살아가는 미개인이 지구 곳곳에 **산재**해 있다. ⬚

7. 문학 작품 중에는 자연과 더불어 사는 삶을 **지양**하는 내용이 많다. ⬚

8. 밸런타인데이, 빼빼로데이 등 데이(DAY) 문화가 과소비를 **조장**한다. ⬚

9. 그 소문은 남의 말 하기를 좋아하는 **종사자**들이 그럴듯하게 꾸민 것이다. ⬚

10. 고전 소설에는 일찍 부모를 여의고 **박복**한 신세를 한탄하는 인물들이 등장한다. ⬚

Q11~19. 서로 관련이 있는 말끼리 줄로 이으시오.

ㄱ. 기인하다 •

    • **11.** 방관 •   • ㅂ. 서두르다

    • **12.** 배제 •

ㄴ. 대등하다 •

    • **13.** 범상 •   • ㅅ. 제외하다

    • **14.** 비견 •

ㄷ. 대중하다 •

    • **15.** 속단 •   • ㅇ. 취소하다

    • **16.** 유래 •

ㄹ. 방치하다 •

    • **17.** 철회 •   • ㅈ. 치우치다

    • **18.** 추산 •

ㅁ. 비범하다 •

    • **19.** 편중 •   • ㅊ. 평범하다

Q20. 다음에서 밑줄 친 ㉠과 바꿔 쓰기에 알맞은 말은?

> 어휘 공부를 ㉠ 경시하면 고득점을 받기 어렵다.

① 묵인하면   ② 문제시하면   ③ 주시하면

④ 지향하면   ⑤ 등한시하면

✔ 20문항 중 17~20문항을 맞혔으면 헷갈리는 어휘만 다시 보고, 16문항 이하를 맞혔으면 전체 어휘를 다시 보기!

정답 1. ✕ 2. ○ 3. ○ 4. ✕ 5. ✕ 6. ○ 7. ✕ 8. ○ 9. ✕ 10. ○ 11. ㄹ 12. ㅅ 13. ㅊ 14. ㄴ 15. ㅂ 16. ㄱ 17. ○ 18. ㄷ 19. ㅈ 20. ⑤

2
주
차

국어 시험
빈출 한자 성어

피

노 심 초 사

(로)

정 조 고

생각

노심초사 勞心焦思

이제 국어 빈출 한자 성어,

노심초사하지 않아도 됩니다!

01 | 각골지통

刻	骨	之	痛
새길 **각**	뼈 **골**	갈 **지**	아플 **통**

매3力 풀이
뼈(**골**반)를 깎는(**조**각) 듯한 **고통**. ㉤ 각골통한

독서 훈련
고전 소설에는 뼈를 깎는 듯한 아픔을 겪는 주인공들이 많이 등장한다. 예를 들면, 「심청전」에서 심청은 태어난 지 7일 만에 돌아가신 어머니를 용궁에서 만나 어머니 없이 살아온 15년 세월 동안 겪었던 각골지통을 '천지간 끝없이 깊은 한이 갤 날이 없었다'고 했다. 또 「정을선전」에서 주인공 을선은 혼인을 약속한 유추연의 정절을 의심해 첫날밤에 자기 집으로 돌아가 버리는데, 이에 억울하고 분한 추연은 각골지통의 심정으로 칼을 빼 죽으려고 했다.

압축 훈련
어머니 없이 살아온 15년 동안 겪었던 심청의 **각골지통**. 억울하고 분한 추연은 **각골지통**의 심정으로 죽으려고 하다.

✔ 한자 성어에 포함된 '지(之)'는 '가다'와 '이(것)'의 뜻으로도 쓰이지만, 주로 '~하는, ~의'로 해석된다.

문제 훈련
Q. '각골지통'의 상황과 거리가 먼 것은?

① 분할 때   ② 길을 잃었을 때   ③ 누명을 썼을 때
④ 원통할 때   ⑤ 원한이 깊을 때

02 | 감언이설

甘	言	利	說
달 **감**	말씀 **언**	이로울 **이**	말씀 **설**

매3力 풀이
감미로운 말(**언**어)과 **이로운** 조건을 내세워 꾀는 **설**명.
㉤ 아부, 아첨, 속임수

독서 훈련
박지원의 소설 「호질」에서 주인공 북곽 선생은 덕이 높기로 유명하다. 하지만 한밤중에 지조 높은 과부로 알려진 '동리자'의 방에 있다가 동리자의 다섯 아들에게 들켜 도망간다. 동리자의 다섯 아들 또한 성이 다르다는 점에서 이 소설은 위선적이고 부도덕한 인간에 대한 비판을 다루고 있다는 것을 알 수 있다. 한편 도망가던 북곽 선생은 똥구덩이에 빠진 후 호랑이를 만나는데, 북곽 선생은 호랑이에게 머리를 조아리며 "범님의 덕은 지극하시지요."라며 아부한다. 위기를 벗어나기 위해 감언이설을 한 것이다. 호랑이는 자신들보다 못한 인간을 비판하며 북곽 선생을 꾸짖는데, 제목 '호질'은 호랑이가 인간을 꾸짖는(질책) 것을 나타낸다.

압축 훈련
위기를 벗어나기 위해 **감언이설**을 하다.

문제 훈련
Q. '감언이설'과 거리가 먼 것은?

① 이치에 맞지 않는 말   ② 사탕발림으로 하는 말
③ 남의 비위를 맞추는 말   ④ 귀가 솔깃하도록 꾀는 말
⑤ 교묘하게 꾸며 속이는 말

03 | 개과천선

改 過 遷 善
고칠 개 | 지날 과 | 옮길 천 | 착할 선

변
개 과 천 선
선 오 행

매3力 풀이 잘못(**과오**)을 고쳐(**개선**) 착하게(**선행**) 변함(**변천**).

독서 훈련 고전 소설 「옹고집전」의 주인공 옹고집은 팔십이 된 어머니도 돌보지 않으며, 거지나 중이 오면 때려서 쫓아 보낸다. 이에 화가 난 도사가 가짜 옹고집을 보내는데, 진짜 옹고집은 자신이 진짜임을 증명하기 위해 애쓰지만 실패하고 곤장까지 맞은 후 마을에서 쫓겨난다. 거지 신세가 된 진짜 옹고집은 이후 갖은 고생 끝에 지난날의 잘못을 뉘우치고 **개과천선**하여 어머니께 효도하고 사람들에게 인심을 베푼다.

압축 훈련 지난날의 잘못을 뉘우치고 **개과천선**하다.

문제 훈련 **Q.** '개과천선'이 필요한 인물로 볼 수 없는 것은?
① 백성들의 재물을 탐내어 빼앗은, 「춘향전」의 변 사또
② 가난한 동생에게 양식을 나눠 주지 않은, 「흥부전」의 놀부
③ 심 봉사의 재산을 탕진한 후 달아난, 「심청전」의 뺑덕 어미
④ 산비탈의 돌밭 매기와 같이 힘든 일로 콩쥐를 학대한, 「콩쥐팥쥐전」의 계모
⑤ 육지에서 간을 가져오겠다는 거짓말로 수궁을 벗어난 후 간을 주지 않고 도망간, 「토끼전」의 토끼

04 | 결초보은

結 草 報 恩
맺을 결 | 풀 초 | 갚을 보 | 은혜 은

연 잡
결 초 보 은
답 혜

매3力 풀이 **잡초**(풀)를 **연결**하여 은혜에 **보답**함.
····> 은혜를 잊지 않고 갚음. ㉤ 각골난망, 백골난망

독서 훈련 죽은 뒤에라도 은혜를 잊지 않고 갚는다는 뜻의 **결초보은**은 중국 진나라의 위과에 얽힌 이야기에서 유래하였다. 위과는 아버지가 죽자 계모를 재혼시켜 아버지를 따라 죽지 않게 하였다. 그 뒤 싸움터에 나갔는데, 계모 아버지의 혼이 나타나 풀을 묶어 적이 넘어지게 함으로써 위과가 공을 세울 수 있도록 하였다. 계모의 아버지는 결초하여(풀을 묶어) 보은(은혜에 보답)한 것이다.

압축 훈련 죽은 뒤에라도 은혜를 잊지 않고 갚는다는 뜻의 **결초보은**

문제 훈련 **Q.** 다음에 나타난 '까치'의 행동과 관계 깊은 한자 성어는 '**결초보은**'이다.

(○ , ×)

> 과거를 보러 가던 선비가 구렁이에게 잡아먹힐 위기에 처한 까치를 구해 주었다. 그날 밤 여자로 둔갑한 구렁이 아내가 남편 구렁이를 죽인 선비에게 복수를 하려고 하자, 그 까치가 머리로 종을 들이받아 울려 선비를 구해 주었다.

| 05 | 경국지색 | 傾 기울 경 | 國 나라 국 | 之 갈 지 | 色 빛 색 |

매3力 풀이	나라(국**가**)가 기울어 넘어질(**경**도) 만큼**의 미색**.
	┈┈> 임금이 혹하여 나라가 기울어져도 모를 정도로 뛰어나게 아름다운 미인.
독서 훈련	중국 4대 미인(서시, 왕소군, 초선, 양귀비) 중 한 사람인 월나라의 서시는 물고기(어류)가 그 용모에 놀라 헤엄치는 것을 잊고 강바닥으로 가라앉을 (침수) 정도로 아름다워 침어(沈魚, 가라앉을 침·물고기 어)라고도 불렸다. 오나라 왕 부차도 서시의 미모에 빠져 월나라와의 싸움에서 지고 만다. 이에 서시는 나라를 망하게 할 정도의 미모라는 뜻의 경국지색으로 불렸다.
압축 훈련	나라를 망하게 할 정도의 미모라는 뜻의 **경국지색**
문제 훈련	**Q.** '경국지색'의 의미와 거리가 먼 것은?
	① 미인 　　② 절세가인 　　③ 박색
	④ 절색 　　⑤ 천하일색

| 06 | 고진감래 | 苦 쓸 고 | 盡 다할 진 | 甘 달 감 | 來 올 래 |

매3力 풀이	<u>고</u>생이 <u>소진</u>되면 <u>감</u>미로운 것이 <u>도래</u>함.
	┈┈> 고생이 다하면 즐거움이 옴. 〈참고〉 흥진비래*
독서 훈련	조개 껍데기 안으로 모래나 돌과 같은 이물질이 들어오면 조개는 자기 몸을 보호하기 위해 체액을 분비하여 이물질을 둘러싼다. 그리고 매일같이 분비물을 뿜어내 이물질이 자기 몸에 해를 가하지 못하도록 감싸고 또 감싼다. 이렇게 조개가 뿜어낸 체액이 쌓이고 쌓여 진주 된 것이다. 즉, 진주는 조개가 오랜 시간 동안 고통을 참아내며 만들어 낸 것으로, 고진감래의 결정체라고 할 수 있다.
압축 훈련	**고진감래**의 결정체인 진주
문제 훈련	**Q.** '고진감래'와 뜻이 유사한 속담은?
	① 고생 끝에 낙이 온다.
	② 고생을 밥 먹듯 한다.
	③ 우물에 가 숭늉 찾는다.
	④ 하늘은 스스로 돕는 자를 돕는다.
	⑤ 하늘이 무너져도 솟아날 구멍이 있다.

흥진비래(興盡悲來)
흥(즐거움)이 다하면(소진) 슬픔(비애)이 닥쳐옴(도래).

07 | 과유불급

過 지날 과　猶 오히려 유　不 아닐 불　及 미칠 급

초　같을　아니　미칠
과 유 불 급
猶　不　及

매3力 풀이 정도를 **초**과하는 것은 **미치지 못하는 것**과 같음(猶, 같을 유).
불급

독서 훈련 '계영배'라는 술잔이 있다. 술잔[杯, 술잔 배]에 술이 가득 차는[盈, 찰 영] 것을 경계한다는 의미를 지닌 계영배는 술을 7할 이상 채우면 술잔 아래에 있는 구멍으로 술이 쏟아진다. 그래서 중국의 환공은 늘 계영배를 곁에 두고 지나침을 경계했다고 하고, 공자와 조선 후기의 거상* 임 상옥도 계영배를 항상 곁에 두고 과욕을 경계했다고 한다. 계영배가 주는 교훈은 '지나치면 미치지 못하는 것과 같다.'는 과유불급과 통한다.

압축 훈련 '지나치면 미치지 못하는 것과 같다.'는 **과유불급**

문제 훈련 **Q.** '과유불급'이 강조하는 것은?
① 겸손(謙遜)　　② 정의(正義)　　③ 중용(中庸)
④ 질서(秩序)　　⑤ 침묵(沈默)

거상(巨商)
큰(거대) 상인.

08 | 교언영색

巧 공교할 교　言 말씀 언　令 명령할 영　色 빛 색

꾸밀　**안**
교 언 영 색
묘　어

매3力 풀이 **교묘**하게 꾸민 **언어**(말)와 좋게 꾸민(令, 꾸밀 영) 얼굴색(**안색**).
┈┈> 남의 환심을 사기 위해 교묘하게 꾸민 말과 아첨하는 얼굴색.
(반) 성심성의(誠心誠意)

독서 훈련 중국 전한 말에 황제의 외척* 중에 왕망이라는 사람이 있었다. 왕망은 다른 외척과 달리 청렴하고 겸손한 척하여 그를 신뢰하는 사람들이 많았다. 그런 데 왕망이 하는 말과 태도가 **교언영색**임을 눈치챈 황제(평제)는 갈수록 높아가는 왕망의 위세에 두려움을 느끼게 된다. 그러던 어느 날 황제는 자신의 생일잔치에서 왕망이 권하는 술(독술)을 먹고 죽는다. 그 후 왕망은 본색을 드러내 스스로 황제가 되어 나라 이름을 '신'으로 바꾼다. 그러나 오래 못 가 왕망은 피살되고 '신' 나라는 망하고 만다.

압축 훈련 왕망이 하는 말과 태도가 **교언영색**임을 눈치챈 황제

문제 훈련 **Q.** '교언영색'과 의미가 통하는 한자 성어는?
① 감언이설　　② 공평무사　　③ 안하무인
④ 유구무언　　⑤ 허장성세

외척
외가 쪽의 친척.

69

09	구사일생	九 아홉구	死 죽을사	一 한일	生 날생

구사일생

9 · 1
구 사 일 생
　　망　존

매3力 풀이　아홉(9) 번 죽을(사망) 뻔하다 한(1) 번 살아남(생존).
⋯> 죽을 고비를 여러 차례 넘기고 겨우 살아남. ⑪ 기사회생(p.74)

독서 훈련　어느 유태인이 포도를 훔친 혐의로 재판을 받게 되었다. 그는 결코 포도를 훔치지 않았다고 했으나 소용이 없었다. 재판관은 상자에 두 장의 쪽지를 넣고 '무죄'라고 쓰인 쪽지를 잡으면 석방이고, '유죄'라고 쓰인 쪽지를 잡으면 사형이라고 했다. 그런데 상자 속 쪽지는 모두 '유죄'라고 적혀 있었고, 어느 것을 집어도 죽을 처지에 놓인 것을 안 유태인은 쪽지 한 장을 집어내자마자 그것을 입 속에 삼킨 후 상자 속에 남은 한 장을 꺼내 보라고 했다. 죽을 위기에서 구사일생으로 살아날 수 있었던 유태인의 지혜가 돋보이는 이야기이다.

압축 훈련　죽을 위기에서 **구사일생**으로 살아나다.

문제 훈련　**Q.** '구사일생'의 의미로 적절한 것은?
① 거의 죽을 지경에 이름.
② 죽을 뻔하다 겨우 살아남.
③ 혼자 힘으로 위기에서 벗어남.
④ 아홉 명이 죽고 한 명이 살아남음.
⑤ 거의 실패한 듯했으나 결국 성공함.

10	군계일학	群 무리군	鷄 닭계	一 한일	鶴 학학

군계일학

　양　1
군 계 일 학
집 장

매3力 풀이　**양계장***에 **군집**한 닭들 속에 있는 한(1) 마리의 **학**.
⋯> 많은 사람 가운데서 뛰어난 인물. ⑪ 백미(白眉)*

독서 훈련　5천 원권 지폐에 그려진 율곡 이이 선생은 과거 시험에서 아홉 번이나 장원(1위)을 차지하여 구도장원공이라고 불렸다. 조선 시대 과거 시험 응시자 수는 평균 63,000명이었고, 이 중 33명이 합격하여 약 2,000대 1의 경쟁률이었던 것을 감안하면, 아홉 번씩이나 장원을 한 율곡은 수많은 과거 응시생 중 군계일학과 같은 존재라고 볼 수 있다.

압축 훈련　수많은 과거 응시생 중 **군계일학**과 같은 존재

　백미(白眉, 흰 백·눈썹 미): 흰 눈썹. 중국 촉한 때 마씨의 다섯 형제 중 눈썹에 흰 털이 난 마량이 가장 뛰어난 것에서 유래한 말로, 여럿 가운데에서 가장 뛰어난 사람을 뜻함.

문제 훈련　**Q.** '군계일학'과 비슷한 의미를 지닌 말은?
① 갑남을녀　　② 낭중지추　　③ 장삼이사
④ 초동급부　　⑤ 필부필부　　※ 답지의 뜻은 p.71 참조

양계장(養鷄場)
닭(계란)을 기르는(양식, 양육) 장소.

11 | 권선징악

勸 善 懲 惡
권할 권 · 착할 선 · 징계할 징 · 악할 악

권선징악
장 행 계 행

매3力 풀이 착한 일(**선행**)을 **권장**하고 악한 일(**악행**)을 **징계**함.

독서 훈련 천만 관객을 달성한 영화 「베테랑」에서 '선'을 대표하는 베테랑 형사는 '악'을 대표하는 재벌 3세에게 고초를 겪다가 통쾌하게 복수한다. 자칫 권선징악이라는 진부한 주제를 다루고 있는 영화라고 볼 수도 있으나, 관객들이 이 영화에 열광한 이유는 현실을 각색한 영화의 세계에서나마 권선징악의 카타르시스를 느낄 수 있었기 때문으로 볼 수 있다.

압축 훈련 자칫 **권선징악**이라는 진부한 주제, 현실을 각색한 영화의 세계에서나마 **권선징악**의 카타르시스를 느낄 수 있다.

문제 훈련 **Q.** '권선징악'에서 '징'의 뜻과 거리가 먼 것은?
① 반성하다 ② 응징하다 ③ 징계하다
④ 징벌하다 ⑤ 처벌하다

12 | 금과옥조

金 科 玉 條
쇠 금 · 과목 과 · 구슬 옥 · 가지 조

보석 법 보석
금과옥조
금은 항

매3力 풀이 금으로 새긴 **과*(법)**와 옥으로 만든 **조항**.
····> 금이나 옥처럼 소중히 여기고 지켜야 할 규칙이나 교훈.

독서 훈련 미국인들이 가장 좋아하는 TV 방송인으로 꼽힌 오프라 윈프리는 누구에게나 일어나는 아주 평범한 일에도 감사하는 감사 일기를 썼다고 한다. '오늘도 거뜬하게 잠자리에서 일어날 수 있어서 감사하다.'와 같이 지극히 평범하고 소박한 일에도 감사하는 마음을 갖고 그것을 기록하는 감사 일기는 우리가 금과옥조로 삼을 만하다.

압축 훈련 감사 일기는 우리가 **금과옥조**로 삼을 만하다.

문제 훈련 **Q.** '금과옥조'의 대상으로 적절하지 않은 것은?
① 경구 ② 급훈 ③ 법칙
④ 귀중품 ⑤ 생활신조

과(科)
주로 '과목'을 뜻하지만, '금과옥조'에서는 '법, 법률'을 뜻함.

'평범한 사람'을 뜻하는 한자 성어
• 갑남을녀(甲男乙女, 아무개 갑·사내 남·아무개 을·계집 녀): **갑**이란 **남**자와 **을**이란 **녀**자.
• 장삼이사(張三李四, 베풀 장·석 삼·오얏 리·넉 사): **장**씨의 **삼**남(셋째 아들)과 **이**씨의 **사**남(넷째 아들).
• 필부필부(匹夫匹婦, 짝 필·사내 부·짝 필·아낙네 부): 한 남자와 한 여자.
• 초동급부(樵童汲婦, 땔나무 초·아이 동·물 길을 급·아낙네 부): 땔나무하는 아이(아동)와 물 긷는 아낙네(부녀자).

⟨····⟩

'뛰어난 사람'을 뜻하는 한자 성어
• 군계일학(群鷄一鶴): p.70 참조
• 낭중지추(囊中之錐, 주머니 낭·가운데 중·~의 지·송곳 추): 주머니 속의 송곳. 재능이 뛰어난 사람은 주머니 속의 송곳처럼 숨어 있어도 삐져나와 남의 눈에 띄게 됨.
• 백미(白眉, 흰 백·눈썹 미): p.70 참조
• 태두(泰斗, 클 태·말 두): **태**산과 **북두**칠성. 어떤 분야에서 가장 권위가 있는 사람.

Q1~12. '매3力 풀이'로 익히기

1. 각골지통	뼈(골**반**)를 깎는(**조**각) 듯한 [　　　　].
2. 감언이설	감**미로운** [　①　] 와 **이로운** [　②　].
3. 개과천선	[　①　] 를 [　②　] 하여 착하게(**선행**) 변함(**변천**).
4. 결초보은	**잡초**(풀)를 [　①　] 하여 은**혜**에 [　②　] 함. ┈┈> 은혜를 잊지 않고 갚음.
5. 경국지색	[　①　] 가 기울어 넘어질(**경도**) 만큼의 [　②　]. ┈┈> 나라가 기울어져도 모를 정도로 뛰어나게 아름다운 미인.
6. 고진감래	[　①　] 이 다하면(**소진**) [　②　] 것이 옴(**도**래).
7. 과유불급	정도를 [　　　　] 하는 것은 미치지 못하는 것과 같음.
8. 교언영색	교**묘**하게 꾸민 [　①　] 와 좋게 꾸민 [　②　].
9. 구사일생	[　①　] 번 [　②　] 할 뻔하다 한(1) 번 살아남(**생존**). ┈┈> 죽을 고비를 여러 차례 넘기고 겨우 살아남.
10. 군계일학	**양계장**에 모여 있는(군**집**) 닭들 속에 있는 [　①　] 마리의 [　②　]. ┈┈> 많은 사람 가운데서 뛰어난 인물.
11. 권선징악	[　①　] 을 권**장**하고 [　②　] 을 징**계**함.
12. 금과옥조	금으로 새긴 법과 옥으로 만든 [　　　　]. ┈┈> 금이나 옥처럼 소중히 여기고 지켜야 할 규칙이나 교훈.

정답 1. 고통　2. ① 언어, ② 설명　3. ① 과오(잘못), ② 개선　4. ① 연결, ② 보답　5. ① 국가, ② 미색　6. ① 고생, ② 감미로운
7. 초과　8. ① 언어(말), ② 얼굴색　9. ① 아홉(9), ② 사망　10. ① 한(1), ② 학　11. ① 선행, ② 악행　12. 조항　13. 고진감래
14. ㉮　15. ㉱　16. ㉵　17. ②　18. 〈가로 풀이〉 (1) 개과천선, (4) 초동급부 〈세로 풀이〉 (2) 과유불급, (3) 권선징악

Q13. 다음의 ( ) 안에 들어갈 한자 성어를 쓰시오.

> • ( ): 고생이 다하면 즐거움이 온다.
>
> ⋮
>
> • 흥진비래: 즐거움이 다하면 슬픔이 온다.

Q14~16. 왼쪽에 제시된 어휘와 유사한 의미를 지닌 말을 오른쪽에서 찾아 서로 줄로 이으시오.

14. 군계일학 •

  • ㉮ 뛰어나다

  • ㉯ 색다르다

  • ㉰ 아름답다

15. 경국지색 •

  • ㉱ 아부하다

  • ㉲ 존경하다

16. 교언영색 •

  • ㉳ 평범하다

Q17. 다음 중 의미가 나머지 넷과 <u>다른</u> 하나는?

① 갑남을녀(甲男乙女)   ② 낭중지추(囊中之錐)   ③ 장삼이사(張三李四)
④ 초동급부(樵童汲婦)   ⑤ 필부필부(匹夫匹婦)

Q18. 다음 '십자말풀이'의 빈칸에 들어갈 말을 완성하시오.

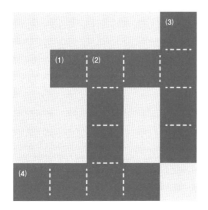

가로 풀이	(1) 잘못을 뉘우치고 착한 사람이 됨. (4) 땔나무하고 물 긷는 평범한 사람.
세로 풀이	(2) 지나치면 미치지 못하는 것과 같음. (3) 착한 사람은 복을 받고 악한 사람은 벌을 받음.

13 | 금상첨화

錦 上 添 花
비단 금 / 윗 상 / 더할 첨 / 꽃 화

금 상 첨 화
의 단 가 초

매3力 풀이
비단옷(금의) 위(상단)에 꽃(화초)을 더함(첨가).
···> 좋은 일 위에 또 좋은 일이 더해짐. 반 설상가상

독서 훈련
'좋은 일에 좋은 일이 또 더해진다.'는 의미의 금상첨화는 우리가 일상생활에서 자주 경험하게 되는 일 중의 하나이다.
– 심부름했다고 칭찬을 들었는데 용돈까지 받아 금상첨화
– 그 영화는 재미도 있었지만 역사 공부까지 돼 금상첨화
– 우연히 들른 식당인데 맛도 있고 가격까지 저렴해 금상첨화
금상첨화의 반대말 '설상가상(雪上加霜)'은 '눈(폭설)이 왔는데 그 위(상단)에 서리(풍상)까지 내린다(추가).'는 뜻으로, '엎친 데 덮치다'와 의미가 통한다.

압축 훈련
'좋은 일에 좋은 일이 또 더해진다.'는 의미의 **금상첨화**

문제 훈련
Q. (   ) 안에 '금상첨화'가 들어가기에 적절하지 않은 것은?
① 건강도 회복하고 복도 누리니 (   )다.
② 맛있는 음식을 먹고 즐겁게 놀았으니 (   )다.
③ 사윗감이 성격도 좋고 얼굴까지 잘생겨 (   )다.
④ 예정 시간보다 늦게 출발했는데 길까지 막히니 (   )다.
⑤ 사업가로서 실력과 언변을 겸비한다면, 그야말로 (   )다.

14 | 기사회생

起 死 回 生
일어날 기 / 죽을 사 / 돌아올 회 / 날 생

재
기 사 회 생
망 복 명

매3力 풀이
사망할 뻔하다가 **재기**하여 **생**명을 **회복**함.
···> 거의 죽을 뻔하다가 도로 살아남.

독서 훈련
'맨발의 전도자'로 불리는 선다 싱은 히말라야 산맥을 넘다가 얼어 죽어가는 사람을 발견했다. 싱은 함께 가던 사람에게 이 사람을 업고 같이 가자고 했다. 하지만 그는 그렇게 하면 우리도 살기 힘들 것이라며 그냥 가자고 했고, 결국 싱 혼자 쓰러진 사람을 업고 가느라 뒤처졌다. 얼마쯤 가다 싱은 혼자 앞서간 사람이 죽어 있는 것을 발견했다. 싱이 업고 간 사람은 싱의 땀과 열기에 몸이 녹으면서 기사회생했고 싱도 살았지만, 혼자 살겠다고 간 사람은 추위를 이기지 못해 죽고 만 것이다.

압축 훈련
땀과 열기에 몸이 녹으면서 **기사회생**하다.

문제 훈련
Q. '기사회생'과 의미가 통하는 한자 성어는?
① 구사일생　　② 사면초가　　③ 생사고락
④ 인생무상　　⑤ 적자생존

15 | 남존여비

男 尊 女 卑
사내 남 · 높을 존 · 여자 여 · 낮을 비

남존여비
자귀자천

매3力 풀이
남자는 존귀하고 여자는 비천*함.
···> 남자는 높고 귀하게, 여자는 낮고 천하게 여기는 일.

독서 훈련
중국 당나라 때의 법률인 '당률(唐律)'에는,
– 남자가 여자를 때리면 법으로 묻지 않지만, 여자가 남자를 때리면 징역
2년이고,
– 남자가 여자를 죽이면 징역 3년인데, 여자가 남자를 죽이면 즉시 목을 베고,
– 남자가 부모를 때리면 곤장 100대를 치지만, 여자가 부모를 때리면 목을
졸라 죽인다
는 내용이 있다고 한다. 이것은 **남존여비** 사상이 심했던 조선 시대에도 상
상할 수 없었던 극심한 **남존여비** 사상을 보여 준다.

압축 훈련
남존여비 사상이 심했던 조선 시대

문제 훈련
Q. '남존여비'와 관계가 깊은 것은?
① 남자와 여자의 차별 ② 학벌에 따른 차별
③ 양반과 상민의 차별 ④ 지역에 따른 차별
⑤ 부자와 가난한 자의 차별

비천
낮고(비속) 천함.

16 | 노심초사

勞 心 焦 思
일할 노 · 마음 심 · 탈 초 · 생각 사

피
노심초사
(로)
정조고

매3力 풀이
마음(심정)을 피로하게 하고 생각(사고)을 초조하게 함.
···> 매우 걱정함. ㉤ 좌불안석 ㉫ 태연자약

독서 훈련
역대 전국 단위 국어 영역 시험에서 가장 많이 출제된 한자 성어가 '노심초
사'이다. 그 이유는 고전 소설에 등장하는 인물 중에는 걱정을 하는 인물들
이 많기 때문이다. 「심청전」에서도 밥을 얻으러 나간 심청이 날이 저물도록
돌아오지 않자 심 봉사가 **노심초사**하고, 결국 심청을 마중 나갔다가 개천에
빠지는 대목이 나온다.

압축 훈련
심청이 날이 저물도록 돌아오지 않자 심 봉사가 **노심초사**하다.

문제 훈련
Q. '노심초사'의 의미와 거리가 먼 것은?
① 근심하다 ② 불안하다 ③ 쓸쓸하다
④ 애태우다 ⑤ 염려하다

17 | 독수공방

獨 守 空 房
홀로 **독** / 지킬 **수** / 빌 **공** / 방 **방**

단			
독	**수**	**공**	**방**
비	허		

매3力 풀이 **단독**으로 **공허**한 방을 지킴(**수비**). ···> 혼자서 지냄.
※ 주로 아내가 남편 없이 혼자 지내는 것을 이름.

독서 훈련 허난설헌이 쓴 한시 「사시사」의 화자는 남편 없이 혼자 외롭게 지내는 독수공방의 신세로, 국경을 지키러 간 남편을 그리워하는 마음을 잘 드러내고 있다.

> 물시계 소리만 똑딱똑딱 서풍을 타고 들리는데
> 발(簾) 밖에는 서리가 내려 밤벌레가 시끄럽다.
> 베틀에 감긴 옷감을 칼과 가위로 잘라낸 뒤
> 옥관* 임의 꿈에서 깨니 비단 장막이 허전하네.
>
> – 허난설헌, 「사시사」 중에서

압축 훈련 남편 없이 혼자 외롭게 지내는 **독수공방**의 신세

문제 훈련 **Q.** '독수공방'하는 사람의 정서로 가장 적절한 것은?

① 즐거움   ② 분노
③ 외로움   ④ 설렘
⑤ 무서움

옥관
옥문관(국경을 지키러 간 남편이 있는 공간).

---

18 | 동고동락

同 苦 同 樂
같을 **동** / 쓸 **고** / 같을 **동** / 즐길 **락**

공		공	쾌
동	**고**	**동**	**락**
	통		

매3力 풀이 **고통**도 **공동**으로 느끼고 **쾌락**(즐거움)도 **공동**으로 느낌.
···> 고통스러울 때나 즐거울 때나 늘 함께함.

독서 훈련 어느 인류학자가 아프리카의 아이들에게 1등으로 달려온 사람에게 딸기 한 바구니를 주겠다고 했다. 그런데 아이들은 다 같이 손을 잡고 달려왔고, 모두가 1등을 해 딸기를 나눠 먹었다. 의아하게 생각한 학자가 아이들에게 함께 달려온 이유를 묻자, 아이들은 한목소리로 "우분투!"라고 했다. '우분투'는 '우리가 함께 있기에 내가 있다.'라는 뜻의 반투 족의 말이다. 함께 아파하고 함께 즐거워하는 동고동락의 모습을 잘 보여 주는 예화이다.

압축 훈련 함께 아파하고 함께 즐거워하는 **동고동락**의 모습

문제 훈련 **Q.** '동고동락'의 의미로 적절한 것은?

① 고락*을 함께함.
② 한집에 모여 삶.
③ 자연 속에서 욕심 없이 삶.
④ 고통이 다하면 즐거움이 옴.
⑤ 어려운 사람들끼리 서로 도움.

고락
괴로움(고통)과 즐거움(쾌락).

19 | 동문서답

東	問	西	答
동녘 **동**	물을 **문**	서녘 **서**	대답 **답**

질 대
동 문 서 답
쪽 쪽

매3力 풀이 동**쪽**을 **질**문하는데 서**쪽**을 **대답**함.
···> 질문과는 전혀 상관없는 엉뚱한 대답.

독서 훈련 노벨평화상을 받은 테레사 수녀는 평생을 가난하고 병든 사람들을 위해 봉사하는 삶을 살았다. 어느 기자가 테레사 수녀에게 기도할 때 주로 어떤 내용의 기도를 하느냐고 물었다. 그러자 테레사 수녀는 동문서답하듯 '그저 듣기만 한다.'고 답했다고 한다. 의외의 답변에 기자가 다시 그렇게 기도하면 하느님은 뭐라고 하느냐고 묻자, 테레사 수녀는 '하느님도 듣기만 하신다.'고 답했다고 한다. 선문답* 같아 보이지만, 경청의 중요성을 새기게 하는 문답이라 할 수 있다.

압축 훈련 동문서답하듯 의외의 답변을 했다.

문제 훈련 **Q.** 다음 대화에서 사오정은 동문서답을 하고 있다.　　　(○ , ×)

> (사오정이 학교 운동장을 돌고 있다.)
> 손오공: (사오정에게 다가가며) 너, 운동하니?
> 사오정: 운동화 아니고 실내화야.

선문답
불교에서 참선하는 사람들끼리 진리를 찾기 위하여 주고받는 질문과 대답.

---

20 | 동병상련

同	病	相	憐
한가지 **동**	병 **병**	서로 **상**	불쌍히여길 **련**

질 가
동 병 상 련
일 호

매3力 풀이 동**일**한 **질병**을 앓는 사람끼리 서로(**상호**) **가**련하게 여김.
···> 어려운 처지에 있는 사람끼리 서로 불쌍하게 여김.

독서 훈련 인도네시아와 호주의 중간에 위치한 작은 섬나라 동티모르는 포르투갈의 식민지였다. 2차 세계 대전 당시에 일본은 호주를 침략하기 위해 동티모르를 점령했는데, 이때 인구의 10%가 죽임을 당했다. 1975년에 독립 선언을 했으나, 다시 인도네시아가 강제 점령하여 탄압을 받았고, 1991년 이후에야 국제 사회의 관심을 받게 되어 1999년에 독립을 쟁취했다. 2004년 동티모르의 구스마오 대통령이 한국을 방문했을 때 우리나라에 동병상련의 감정을 느낀다고 한 것은 우리 또한 일제 식민지 치하에서 고통을 겪은 것을 염두에 둔 말로 볼 수 있다.

압축 훈련 동티모르의 구스마오 대통령이 한국을 방문했을 때 우리나라에 **동병상련**의 감정을 느낀다고 했다.

문제 훈련 **Q.** '동병상련'과 의미가 통하는 속담은?
① 병 주고 약 준다.　　　② 모르면 약이요 아는 게 병.
③ 친구 따라 강남 간다.　　④ 과부 설움은 홀아비가 안다.
⑤ 입에 쓴 약이 병에는 좋다.

21	명약관화	明 밝을 명	若 같을 약	觀 볼 관	火 불 화

분	같을		
명	**약**	**관**	**화**
	若	찰	재

매3力 풀이	**분**명한 정도가 불(**화**재)을 보는(**관**찰) 것과 같음(**若**, 같을 **약**). ···> 불을 보듯 분명하고 뻔함.
독서 훈련	흑연은 섭씨 2천 도의 열을 견뎌야 비로소 다이아몬드라는 보석이 되고, 조개는 껍데기 안으로 파고든 모래알 같은 이물질로 인한 고통을 참고 또 참아 진주를 만들어 낸다고 한다. 올림픽에서 금메달을 수상한 사람들도 한결같이 피땀 어린 노력과 고통을 참아 냈다고 말한다. 자연의 세계나 인간 세계 모두 빛나는 성취를 이루기 위해서는 고통을 견뎌 내야 한다는 것이 **명약관화**한 사실인 것이다.
압축 훈련	빛나는 성취를 이루기 위해서는 고통을 견뎌 내야 한다는 것이 **명약관화**한 사실
✓	**약(若)**: '(마치) ~와 같다'로 풀이함.
문제 훈련	**Q.** '명약관화'의 의미와 거리가 먼 것은? ① 확실하다. ② 등잔 밑이 어둡다. ③ 명료하다. ④ 불을 보듯 뻔하다. ⑤ 명명백백하다.

22	무위도식	無 없을 무	爲 할 위	徒 무리 도	食 먹을 식

전	행	헛될	
무	**위**	**도**	**식**
無		徒	사

매3力 풀이	하는 일(**행위**) 없이(**전무**) 헛되이 먹기(**식사**)만 함. ···> 하는 일 없이 놀고먹음.
독서 훈련	미국 지폐에 있는 초상*은 대부분 대통령을 지낸 인물이지만, 100달러 지폐에는 인쇄공으로 출발해 미국에서 가장 존경받는 인물로 성공한 벤저민 프랭클린이 그려져 있다. 그가 강조한 13가지 덕목*은 그를 성공자로 이끈 비결이기도 한데, 그중 하나는 근면(Industry)이다. 부지런해야 성공할 수 있다는 것이다. 이것은 하는 일 없이 놀고먹으며 **무위도식**하는 삶을 경계한 것이다.
압축 훈련	하는 일 없이 놀고먹으며 **무위도식**하는 삶을 경계하다.
✓	• **도(徒)**: '헛되이, 다만'으로 풀이함. • 벤저민 프랭클린의 13가지 덕목: 절제, 침묵, 정돈, 결단, 절약, 근면, 진실(성실), 정의, 중용, 청결, 평온, 순결, 겸손
문제 훈련	**Q.** '무위도식'과 거리가 먼 것은? ① 게으르다 ② 놀기만 하다 ③ 빈둥거리다 ④ 거저먹다 ⑤ 허풍을 떨다

초상(肖像)
사진, 그림 따위에 나타낸 사람의 얼굴이나 모습(형상).

23 박장대소

拍 칠 박 　掌 손바닥 장 　大 클 대 　笑 웃음 소

손바닥 최 폭
박 장 대 소
수 갑

매3力 풀이 손바닥(장掌)으로 박수를 치며 크게(최대) 웃음(폭소).

독서 훈련 웃음의 종류에는 여러 가지가 있다. 소리 내지 않고 빙긋이 웃는 '미소'부터 손뼉을 치며 크게 웃는 '박장대소'까지.

- 냉소(冷笑): 냉랭한(차가운) 태도로 비웃는 웃음. 비웃음.
- 조소(嘲笑): 조롱하는 태도로 웃는 웃음. 비웃음.
- 고소(苦笑): 어이없거나 마지못하여 짓는 웃음. 쓴웃음.
- 실소(失笑): 어처구니가 없어 저도 모르게 터져 나오는 웃음.
- 홍소(哄笑): 크게 입을 벌리고 떠들썩하게 웃는 웃음.
- 폭소(爆笑): 갑자기 세차게 터져 나오는(폭발) 웃음.
- 파안대소(破顏大笑): 얼굴빛(안색)을 환하게 하여 크게 한바탕 웃는 웃음.
- 가가대소(呵呵大笑): 껄껄 소리를 내어 크게 웃는 웃음.

마음껏 웃으면 기분이 좋아질 뿐만 아니라 건강에도 유익한데, 인간의 뇌는 바보 같아서 가짜로 웃어도 웃는 것으로 인식한다고 한다. 따라서 자주 홍소하고, 파안대소하고, 박장대소하자!

압축 훈련 손뼉을 치며 크게 웃는 '박장대소'

문제 훈련 **Q.** '박장대소'와 가장 가까운 것은?
① 냉소(冷笑)　　② 담소(談笑)　　③ 미소(微笑)
④ 조소(嘲笑)　　⑤ 폭소(爆笑)

24 반신반의

半 반 반 　信 믿을 신 　半 반 반 　疑 의심할 의

절 절
반 신 반 의
뢰 심

매3力 풀이 반(절반)은 신뢰하고 반은 의심함.
⋯▷ 얼마쯤 믿으면서도 한편으로는 의심함.

독서 훈련 벤저민 프랭클린은 미국 독립선언서의 초안을 잡은 5인 중 한 사람이기도 하다. 그는 그가 쓴 책인 『가난한 리처드의 달력』을 사러 온 사람이 책값이 비싸다며 깎아 달라고 하자 더 비싸게 부른다. 책을 사러 온 사람이 반신반의하며 책값이 더 비싸진 이유를 따져 묻자, 벤저민은 시간을 낭비한 것에 대한 가격을 더했다고 한다. 시간의 소중함을 새기게 하는 일화이다.

압축 훈련 반신반의하며 책값이 더 비싸진 이유를 따져 묻다.

문제 훈련 **Q.** '반신반의'는 처음에는 믿었지만 점차 믿지 못하고 의심하게 된 경우에 쓰는 말이다.　　　　(○ , ×)

Q1~12. '매3力 풀이'로 익히기

1. 금상첨화	비단옷(금**의**) 위(**상단**)에 꽃(화**초**)을 [ ] 함. ···> 좋은 일 위에 또 좋은 일이 더해짐.
2. 기사회생	[①] 할 뻔하다가 **재기**하여 [②]을 **회복**함.
3. 남존여비	남**자**는 [①] 하고 여**자**는 [②] 함.
4. 노심초사	[①]을 **피로**하게 하고 [②]를 초**조**하게 함. ···> 매우 걱정함.
5. 독수공방	[①]으로 [②]한 방을 지킴(**수비**). ···> 혼자서 지냄.
6. 동고동락	함께(**공동**) [①]을 느끼고 함께(**공동**) [②]을 느낌.
7. 동문서답	[①]을 [②] 하는데 [③]을 [④] 함.
8. 동병상련	같은(동**일**) [①]을 앓는 사람끼리 서로(**상호**) [②] 하게 여김.
9. 명약관화	[ ] 한 정도가 불(화**재**)을 보는(**관찰**) 것과 같음(若, 같을 약).
10. 무위도식	하는 일(**행위**) 없이(**전무**) 헛되이(徒, 헛될 도) [ ] 만 함.
11. 박장대소	손바닥(장**갑**)으로 [ ]를 치며 크게(**최대**) 웃음(**폭소**).
12. 반신반의	**절반**은 [①] 하고 **절반**은 [②] 함.

Q13. 다음 단어의 반의어를 쓰시오.

금상첨화　〈⋯〉　(　　　　　　　)

Q14~16. 왼쪽에 제시된 어휘와 유사한 의미를 지닌 말을 오른쪽에서 찾아 서로 줄로 이으시오.

14. 기사회생 •

　　　　　　　　　　　　• ㉮ 구사일생

　　　　　　　　　　　　• ㉯ 등하불명

　　　　　　　　　　　　• ㉰ 명명백백

15. 노심초사 •

　　　　　　　　　　　　• ㉱ 생사고락

　　　　　　　　　　　　• ㉲ 좌불안석

16. 명약관화 •

　　　　　　　　　　　　• ㉳ 태연자약

Q17. 다음의 한자 성어에 담긴 심리를 <u>잘못</u> 나타낸 것은?

① 노심초사: 걱정함　　　② 독수공방: 외로움　　　③ 동병상련: 불쌍함

④ 박장대소: 즐거움　　　⑤ 반신반의: 분노함

Q18. 다음 '십자말풀이'의 빈칸에 들어갈 말을 완성하시오.

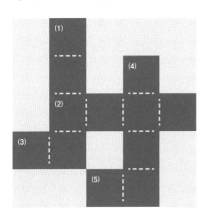

가로 풀이	(2) 서로 불쌍하게 여김. (3) 괴로움과 즐거움. (5) 사진, 그림 따위에 나타낸 사람의 얼굴이나 모습.
세로 풀이	(1) 항상 함께함. (4) 엎친 데 덮친 격.

25 반포지효

反	哺	之	孝
돌이킬 반	먹일 포	갈 지	효도 효

매3力 풀이 <u>반</u>대로(도리어) (자식이 부모를) 먹이는(<u>포유</u>*) <u>효</u>도.
···▷ 자식이 자란 후에 어버이의 은혜를 갚는 효도.

독서 훈련 까마귀는 새끼가 알에서 깨면 60일 동안 먹이를 물어다 먹이는데, 그 새끼가 다 자라면 어미에게 먹이를 물어다 준다. 여기에서 유래한 반포지효는 자식이 자라서 부모의 은혜에 보답하는 효성을 말한다. '반포지효'를 강조한 시조 한 편을 감상해 보자.

> 어버이 살아실 제 섬기기란 다하여라
> 지나간 후면 애닯다 어이하리
> 평생에 고쳐 못 할 일이 이뿐인가 하노라.   – 정철, 「훈민가」

압축 훈련 반포지효는 자식이 자라서 부모의 은혜에 보답하는 효성을 말한다.

포유
어미가 젖으로 새끼를 먹여 기름.
※ '포유류, 포유동물'을 떠올릴 것!

문제 훈련 **Q.** 위 시조에서 밑줄 친 '이'가 가리키는 내용은?
① 효도   ② 학업   ③ 우애   ④ 예의   ⑤ 신의

※ 우레 ○. 우뢰 ✕

26 부화뇌동

附	和	雷	同
붙을 부	화할 화	우레 뇌	한가지 동

매3力 풀이 <u>부</u>합하고 <u>동</u>화하여 (뭔지도 모르고) 천둥소리(<u>뇌성</u>)에 <u>동조</u>하듯 함.
···▷ 줏대 없이 남의 의견에 따라 움직임.
    ㉴ 숭어가 뛰니까 망둥이도 뛴다.

독서 훈련 중국 주나라의 선왕은 닭싸움을 좋아해 투계* 조련사에게 자신의 닭을 최고의 싸움닭으로 만들어 달라고 했다. 조급한 마음에 선왕은 열흘마다 자신의 닭이 싸울 수 있게 되었냐고 묻는데, 그때마다 조련사는 아직 멀었다고 답한다. 40여 일이 지난 후 조련사는 이제 싸울 만하다면서, 다른 닭이 싸움을 걸어와도 나무로 만든 닭(목계)처럼 조금도 부화뇌동하지 않는다고 했다. 마치 목계와 같이 어떤 상황에서도 흔들리지 않아야 싸워 볼 만하다는 것이다.

압축 훈련 나무로 만든 닭처럼 조금도 **부화뇌동**하지 않는다.

문제 훈련 **Q.** '부화뇌동'과 의미가 통하는 속담은?
① 쇠귀에 경 읽기.   ② 친구 따라 강남 간다.
③ 동에 번쩍 서에 번쩍.   ④ 백지장도 맞들면 낫다.
⑤ 닭 쫓던 개 지붕 쳐다보듯.

투계
닭싸움(계란, 전투) 또는 닭싸움에 사용하는 수탉.

27 | 비일비재

非	一	非	再
아닐 **비**	한 **일**	아닐 **비**	두 **재**

아닐 1 아닐
비 일 비 재
非　　非　차

매3力 풀이 한(1) 번 일어난 일도 아니고(非, 아닐 비) 두 번(재**차**) 일어난 일도 아님(비).
⋯⋯> 한두 번이 아님. 많음.

독서 훈련 「태종실록」*에 일본 국왕이 우리나라에 코끼리를 선물했다는 이야기가 나온다. 이 코끼리는 많이 먹기도 했지만 사람을 밟아 죽이기까지 해 섬으로 귀양을 간다. 그런데 섬에 간 코끼리는 풀을 먹지 못하는 날이 **비일비재**해 날로 수척해지고 사람만 보면 눈물을 흘렸다고 한다. 이 소식을 듣고 코끼리를 불쌍히 여긴 태종은 육지로 다시 데려오게 했고, 각 도에서 번갈아 가며 기르게 했다고 한다.

「태종실록」
태종 재위(임금의 자리에 있음) 18년 동안의 사실을 있는 그대로 기록한 책으로, 세종 13년(1431) 때 황희, 맹사성 등이 펴냄.

압축 훈련 일본 코끼리는 풀을 먹지 못하는 날이 **비일비재**해 날로 수척해졌다.

문제 훈련 **Q.** '비일비재하다'의 의미와 거리가 먼 것은?

① 흔하다　　　② 일정하다　　　③ 수두룩하다
④ 숱하다　　　⑤ 허다하다

---

28 | 사면초가

四	面	楚	歌
넉 **사**	낯 **면**	초나라 **초**	노래 **가**

4 **방**
사 면 초 가
나라　　　　요

매3力 풀이 **사**면(사방, 전후좌우의 모든 **방면**)에서 들리는 **초**나라의 노랫소리(가**요**).
⋯⋯> 누구의 도움도 받지 못하는 곤란한 지경에 빠진 형편.

독서 훈련 넬슨 만델라는 남아프리카공화국에서 인종 차별 정책인 아파르트헤이트에 저항하다 종신형을 선고 받았다. 흑인들의 인권을 찾기 위해 싸우다 감옥에 갇힌 것이다. 복역 중 어머니가 돌아가셨고, 아들마저 교통사고로 잃었음에도 불구하고 만델라는 장례식에도 참석할 수 없었다. 하지만 사면초가의 상황에서도 희망을 놓지 않았고, 그 결과 1990년 27년간의 복역을 마치고 석방되었으며, 1993년에는 노벨 평화상을 수상하고, 1994년에는 남아프리카공화국 최초의 흑인 대통령이 되었다.

압축 훈련 **사면초가**의 상황에서도 희망을 놓지 않다.

 사면초가의 유래: 초나라의 장수 항우가 한나라 군사에게 포위되었을 때, 사방에서 들려오는 초나라의 노랫소리를 듣고 초나라 군사가 이미 항복한 줄 알고 놀랐다는 데서 나온 말임.

문제 훈련 **Q.** '사면초가'와 바꿔 쓸 수 없는 한자 성어는?

① 고립무원　　　② 사고무친　　　③ 삼고초려
④ 진퇴양난　　　⑤ 진퇴유곡

29 삼순구식

三 旬 九 食
석 삼 / 열흘 순 / 아홉 구 / 밥 식

3 열흘 9
삼 순 구 식
사

매3力 풀이 삼순*(= 30일) 동안 아홉 번(9) 식사함. ···▷ 몹시 가난함.

독서 훈련 화가 이중섭의 작품은 '소'를 소재로 한 것이 많다. 이 중 그의 대표작이라 할 수 있는 「소」와 「황소」는 그가 죽고 난 후 각각 수십억 원에 낙찰되기도 했는데, 그의 살아생전의 삶은 순탄하지 않았다. 6·25 전쟁 직후 삼순구식을 면하지 못할 정도로 가난하여 가족과 이별할 수밖에 없었고, 그림 재료를 살 돈이 없어 담뱃갑 속 은종이에 그림을 그리기도 했다. 이후 홀로 외롭게 지내던 이중섭은 41세의 젊은 나이에 생을 마감했다.

압축 훈련 삼순구식을 면하지 못할 정도로 가난하다.

문제 훈련 **Q.** '삼순구식'과 관련이 <u>없는</u> 말은?

① 가랑이 찢어지다.　② 서 발 막대 거칠 것 없다.
③ 입에 거미줄 치다.　④ 책력 보아 가며 밥 먹는다.
⑤ 가게 기둥에 입춘.

삼순
'상순(매월 1일~10일), 중순(11일~20일), 하순(21일~말일)'을 이르는 말.

---

30 새옹지마

塞 翁 之 馬
변방 새 / 늙은이 옹 / 갈 지 / 말 마

요 노 ~의 백
새 옹 지 마
之

매3力 풀이 변방(요새)에 사는 **노옹**(노인)의 말(**백마**).
···▷ 인생의 길흉화복*은 변화가 많아서 예측하기가 어려움.

독서 훈련 변방 근처에 사는 노인의 말이 국경을 넘어가 버렸다. 이에 마을 사람들이 위로하자 노인은 복이 될지도 모른다고 한다. 과연 몇 달 후 도망갔던 말이 오랑캐의 좋은 말을 끌고 왔다. 노인은 이것이 또 화가 될지도 모른다고 하는데, 노인의 아들이 그 말을 타다가 다리가 부러졌다. 하지만 1년 후 오랑캐가 쳐들어와 젊은이들은 모두 싸움터에 나가 죽는데, 노인의 아들은 다친 다리 덕분에 싸움터에 나가지 않아 무사하였다. '인간만사 새옹지마'라는 말은 여기에서 유래하였다.

압축 훈련 인간만사 **새옹지마**

문제 훈련 **Q.** '새옹지마'와 뜻이 통하는 속담은?

① 가는 날이 장날
② 아닌 밤중에 홍두깨
③ 쥐구멍에도 볕 들 날 있다.
④ 양지가 음지 되고 음지가 양지 된다.
⑤ 안되는 사람은 뒤로 넘어져도 코가 깨진다.

길흉화복(吉凶禍福)
좋은 일(길운)과 나쁜 일(흉악), 재앙(화근)과 복(행복)을 아울러 이르는 말.

31 | 소탐대실

小 貪 大 失
작을 소 · 탐낼 탐 · 큰 대 · 잃을 실

손
소 탐 대 실
량 욕 량

매3力 풀이
작은 것(**소**량)을 **탐**하다가(**탐**욕) 큰 것(**대**량)을 잃음(**손**실).
㈜ 교각살우*. 반대 잡으려고 초가삼간 태운다.

독서 훈련
2015년 독일 자동차 폭스바겐의 디젤 모델에서 배출 가스 저감 장치를 조작하는 소프트웨어가 발견돼 수십조 원에 달하는 벌금과 리콜 비용을 부담하는 사건이 발생했다. 이른바 디젤게이트(디젤 배기가스 조작 사건)이다. 당시 미국은 환경 규제에 따라 디젤 자동차는 355달러의 질소산화물 저감 장치를 설치해야 했다. 하지만 폭스바겐은 이 장치를 설치하지 않았고, 대신 소프트웨어를 조작해 검사할 때에는 질소산화물 배출량을 낮추고, 주행 시에는 그대로 배출하도록 한 것으로 드러난 것이다. 이 사건은 소탐(355달러)하다 대실(수십조 원)한 **소탐대실**의 전형적인 사례로 볼 수 있다.

압축 훈련
디젤게이트는 소탐(355달러를 아낌.)하다 대실(수십조 원을 지불함.)한 **소탐대실**의 전형적인 사례로 볼 수 있다.

문제 훈련
Q. '소탐대실'에서 경계하는 것은?
① 소문 ② 실수 ③ 염탐
④ 욕심 ⑤ 접대

교각살우(矯角殺牛)
소의 뿔(角, 뿔 각)을 바로잡으려다가(교정) 소(牛, 소 우)를 죽인다(살생)는 뜻으로, 잘못된 점을 고치려다가 그 정도가 지나쳐 오히려 일을 그르침을 이르는 말.

32 | 속수무책

束 手 無 策
묶을 속 · 손 수 · 없을 무 · 꾀 책

구　전 대
속 수 무 책
박 족 　無

매3力 풀이
손(**수**족)을 묶은(**구속**, **속박**) 것처럼 대책이 없음(전**무**).
····> 어찌할 도리가 없어 꼼짝 못 함.

독서 훈련
조선 태종 때 오랜 가뭄으로 백성들의 삶은 갈수록 어려워졌지만 **속수무책**이었다. 태종은 임종의 순간까지 비가 내리지 않는 것을 염려하였고, '옥황상제에게 청하여 비를 내리게 하겠다.'는 유언까지 남겼다고 한다. 그 후 태종이 운명하자 비가 내려 가뭄에서 벗어날 수 있었다고 하는데, 태종의 제삿날인 5월 10일(음력)에는 어김없이 비가 내려 이 비를 태종우(太宗雨)라고 불렀다.

압축 훈련
가뭄으로 백성들의 삶은 갈수록 어려워졌지만 **속수무책**이었다.

문제 훈련
Q. '속수무책'의 쓰임으로 적절하지 <u>않은</u> 것은?
① 속수무책인 상황이다.　② 속수무책을 하소연하다.
③ 속수무책으로 당하다.　④ 속수무책으로 바라만 보다.
⑤ 속수무책을 흉내 내다.

85

33 | 십시일반

十 匙 一 飯
열 십 · 숟가락 시 · 한 일 · 밥 반

10 숟가락 1 **백**
십 시 일 반

매3力 풀이	열(10) 개의 숟가락(匙, 숟가락 **시**)이 한(1) 그릇의 밥(**백반**)이 됨. ···> 여러 사람이 조금씩 힘을 합하면 한 사람을 돕기 쉬움.
독서 훈련	1997년 우리나라는 외환 보유액이 부족해 국제 통화 기금인 IMF에 돈을 빌리는, IMF 구제 금융 사태를 맞았다. 이에 국민들은 자발적으로 금 모으기 운동을 전개하였고, 227톤(약 21억 3천 달러)에 달하는 금을 모아 수출하여 외화를 확보함으로써 4년 만인 2001년에 IMF에서 빌린 돈을 모두 갚고 외환 위기에서 벗어나게 되었다. 온 국민들이 동참하여 십시일반으로 모은 금이 나라를 위기에서 구한 것이다. 그래서 이 금 모으기 운동을 제2의 국채 보상 운동*이라고 한다.
압축 훈련	십시일반으로 모은 금이 나라를 위기에서 구하다.
문제 훈련	**Q.** '십시일반'과 의미가 통하는 속담은? ① 백지장도 맞들면 낫다. ② 하나를 듣고 열을 안다. ③ 세 살 적 버릇이 여든까지 간다. ④ 서당 개 삼 년에 풍월을 읊는다. ⑤ 열 번 찍어 아니 넘어가는 나무 없다.

국채 보상 운동
구한말(조선 말기에서 대한 제국까지의 시기) 때 일본으로부터 빌려 쓴 1,300만 원의 국채(나라 빚)를 보상하기(갚기) 위해 벌인 범국민운동으로, 이때 국민들은 결혼 패물까지 내놓았다고 함.

---

34 | 십중팔구

十 中 八 九
열 십 · 가운데 중 · 여덟 팔 · 아홉 구

10 가운데 8 9
십 중 팔 구

매3力 풀이	10(열) 중에 8(여덟)이나 9(아홉). ···> 거의 대부분. ㉤ 십상(씹상 ×)
독서 훈련	요즘은 비둘기 배설물이 건축물과 문화재 등을 부식*시킨다는 이유로 (집)비둘기가 유해 야생동물로 지정되기도 했지만, 과거에는 비둘기를 평화의 상징이자 사람들을 돕는 유익한 새로 여겼다. 비둘기는 멀리 떨어진 곳에 있어도 집으로 잘 찾아오는 귀소 본능*이 있는데, 교통이 불편한 지역이나 군사적으로 필요할 때 비둘기의 귀소 본능을 이용해 통신을 하기도 했다. 이렇게 통신을 돕는 비둘기를 전서구*라고 한다. 한편 오렌지색을 찾는 훈련을 받은 비둘기는 구명조끼*의 오렌지색을 발견하면 십중팔구 반응을 하기 때문에 바다에서 조난당한 사람을 빠르게 구할 수 있다.
압축 훈련	비둘기는 오렌지색을 발견하면 **십중팔구** 반응을 한다.
문제 훈련	**Q.** '십중팔구'의 의미와 거리가 먼 것은? ① 확률이 높다.　　　② 대체로 그러하다. ③ 거의 틀림없다.　　④ 예외가 없을 정도이다. ⑤ 전혀 어렵지 않다.

부식
썩어(부패) 문드러짐. 삭음.

귀소 본능
집(소굴)으로 돌아오는(귀가) 본능(타고난 성질).

전서구
서신(편지)을 전하는 비둘기(鳩, 비둘기 구).

구명조끼
생명을 구하는 조끼(옷).

35 약육강식

弱 肉 强 食
약할 **약**　고기 **육**　강할 **강**　밥 **식**

약	육	강	식
자	신	자	사

매3力 풀이
약자의 몸(**육신**)은 **강자**의 먹잇감(**식사**)이 됨.
···⟩ 약자가 강자에게 지배되거나 강자에 의해 멸망됨.

독서 훈련
우리에게 징기스칸으로 익숙한, 몽골 제국을 건설한 왕은 '칭기즈칸'이 바른 표기이다. 그의 본명은 테무친으로, 상대를 죽이고 무너뜨리지 않으면 역으로 죽임을 당하는 약육강식이 지배하는 세계인 초원에서 성장하였고, 아홉 살 때에는 부족장이었던 아버지가 다른 부족에 의해 독살되어 마을에서 쫓겨나기도 했으나, 몽골족을 통일하고 칭기즈칸이란 칭호를 받아 몽골 제국의 칸(군주)이 되었다. 중앙아시아를 평정하는 한편, 서양까지 정벌해 동서양에 걸친 대제국을 건설한 칭기즈칸은 1995년 「워싱턴 포스트」에서 '지난 1000년 동안 인류 역사에서 가장 위대한 인물'로 꼽혔고, 1997년에는 「뉴욕 타임즈」에서 선정한 '세계를 움직인 가장 역사적인 인물' 중 첫 번째로, 같은 해 「포춘」지에서는 '세계 500대 기업 CEO들이 뽑은 밀레니엄 최고의 리더'로 꼽혔다.

압축 훈련
상대를 죽이고 무너뜨리지 않으면 역으로 죽임을 당하는 **약육강식**이 지배하는 세계

문제 훈련
Q. '약한 자는 강한 자에게 먹힘.'을 뜻하는 말과 그 발음이 맞는 것은?

① 약육강식, [양육강식]　　② 양육강식, [양육강식]

③ 약육강식, [약육깡식]　　④ 양육강식, [야귝강식]

⑤ 약육강식, [야귝깡식]

---

36 역지사지

易 地 思 之
바꿀 **역**　땅 **지**　생각 **사**　갈 **지**

	처		그것
역	지	사	지
전		고	之

매3力 풀이
처지를 바꿔(**역전**) 그것(之, 그것 **지**)을 생각해(**사고**) 봄.
···⟩ 상대방의 처지에서 생각함. ※ 입장 바꿔 생각을 해 봐~♬
반 아전인수(내 논에 물 대기, 자기의 이익을 먼저 생각함.)

독서 훈련
이솝 우화에 나오는 여우와 두루미의 이야기에서, 여우는 두루미를 초대해 넓적한* 접시에 수프*를 담아낸다. 두루미는 뾰족한 부리 때문에 먹지를 못한다. 다음 날은 두루미가 여우를 초대해 목이 긴 병에 수프를 담아낸다. 하지만 여우는 부리가 없어 먹지를 못한다. 여우와 두루미 모두 자신만 생각하고 역지사지하지 않은 것이다.

압축 훈련
여우와 두루미 모두 자신만 생각하고 **역지사지**하지 않은 것이다.

✓ **지(之):** 주로 '~하는, ~의'의 뜻이지만, 여기서는 '그것'의 뜻으로 쓰임.

맞춤법 하나!
넓적한 ○ 넙적한 ✕
수프 ○ 스프 ✕

문제 훈련
Q. '역지사지'에서 강조하는 덕목은?

① 검소　② 배려　③ 복종　④ 신뢰　⑤ 우정

Q1~12. '매3力 풀이'로 익히기

1. 반포지효	반대로(도리어) (자식이 부모를) 먹이는(포유) [ ]. ···> 자식이 자란 후에 어버이의 은혜를 갚는 효.
2. 부화뇌동	부합하고 [①] 하여 천둥소리(뇌성)에 [②] 함. ···> 줏대 없이 남의 의견에 따라 움직임.
3. 비일비재	한(1) 번도 아니고(非, 아닐 비) 두 번([ ])도 아님(非, 아닐 비). ···> 한두 번이 아님. 많음.
4. 사면초가	사면에서 들리는 [ ]의 노랫소리(가요). ···> 누구의 도움도 받지 못하는 곤란한 지경에 빠진 형편.
5. 삼순구식	삼순(30일) 동안 9회(아홉 번) [ ] 함. ···> 몹시 가난함.
6. 새옹지마	변방(요새)에 사는 [ ]의 말(백마). ···> 인생의 길흉화복은 변화가 많아서 예측하기가 어려움.
7. 소탐대실	작은 것(소량)을 [ ] 하다가 큰 것(대량)을 잃음(손실).
8. 속수무책	손(수족)을 묶은(구속, 속박) 것처럼 [ ]이 없음(전무).
9. 십시일반	[①]의 숟가락(匙, 숟가락 시)이 [②]의 밥(백반)이 됨. ···> 여러 사람이 조금씩 힘을 합하면 한 사람을 돕기 쉬움.
10. 십중팔구	[①] 중에 [②]이나 [③]. ···> 거의 대부분.
11. 약육강식	[①]의 육신은 [②]의 먹잇감(식사)이 됨. ···> 약자가 강자에게 지배되거나 강자에 의해 멸망됨.
12. 역지사지	[ ]를 바꿔(역전) 그것(之, 그것 지)을 생각(사고)해 봄.

정답 1. 효도 2. ① 동화, ② 동조 3. 재차 4. 초나라 5. 식사 6. 노옹(노인) 7. 탐(탐욕) 8. 대책 9. ① 10개, ② 1(한)그릇 10. ① 십(10, 열), ② 팔(8, 여덟), ③ 구(9, 아홉) 11. ① 약자, ② 강자 12. 처지 13. ㉮ 14. ㉱ 15. ③ 16. 십시일반 17. 삼순구식 18. 부화뇌동 19. 새옹지마 20. ③

Q13~14. 왼쪽에 해당하는 말을 오른쪽에서 찾아 서로 줄로 이으시오.

13. '사면초가'의 유의어 •

14. '역지사지'의 반의어 •

- • ㉮ 고립무원
- • ㉯ 고진감래
- • ㉰ 십시일반
- • ㉱ 아전인수

Q15. '실의에 빠진 사람'에게 들려줄 말과 관계 깊은 한자 성어는?

① 반포지효(反哺之孝)　② 비일비재(非一非再)　③ 새옹지마(塞翁之馬)

④ 속수무책(束手無策)　⑤ 십중팔구(十中八九)

Q16~19. 다음 속담과 의미가 통하는 말을 각각 <보기>에서 고르시오.

16. 백지장도 맞들면 낫다. —————————————————— (　　　　)

17. 책력 보아 가며 밥 먹는다. —————————————————— (　　　　)

18. 숭어가 뛰니까 망둥이도 뛴다. —————————————————— (　　　　)

19. 양지가 음지 되고 음지가 양지 된다. —————————————— (　　　　)

> **✓ 보기**
>
> 부화뇌동, 비일비재, 삼순구식, 새옹지마, 소탐대실, 속수무책, 십시일반, 역지사지

Q20. 다음에서 촉나라의 상황과 어울리는 한자 성어는?

> 진나라는 촉나라를 점령하고자 했으나 길이 험해 갈 수가 없었다. 그러자 커다란 소를 조각한 다음 '황금 똥을 누는 소'라는 소문을 내고, 촉나라에 사신을 보내 소를 이동할 길을 내면 소를 선물로 보내겠다고 했다. 욕심 많은 촉나라 왕은 산을 뚫어 길을 내었고, 진나라는 소와 함께 군사들을 보내 촉나라를 멸망시켰다.

① 사면초가(四面楚歌)　② 삼순구식(三旬九食)　③ 소탐대실(小貪大失)

④ 십시일반(十匙一飯)　⑤ 약육강식(弱肉强食)

37 | 오리무중

五 里 霧 中
다섯 오 마을 리 안개 무 가운데 중

5
운
오 리 무 중
앙

매3力 풀이
5리나 낀 안개(**운무**, 구름과 안개) 속(**중앙**)에 있음.
┈> 일의 방향이나 상황을 알 수 없음. (유) 안갯속

독서 훈련
중국 고전인 『한비자』에 노마지지(老馬之智), 즉 늙은 말의 지혜에 대한 이야기가 있다. 제나라 환공이 고죽국을 정벌하고 돌아오던 중 길을 잃어 군대 전체가 오리무중에 빠졌는데, 관중이 늙은 말을 풀어 그 말을 따라가 길을 찾을 수 있었다. 또 한 번은 산속에서 물이 없어 곤란을 겪게 되었는데, 습붕이 개미집을 찾아 그곳을 파서 물을 얻을 수 있었다. 이 일은 늙은 말이나 개미와 같이 하찮아 보이는 것에서도 도움을 얻을 수 있다는 것과, 관중과 습붕처럼 연륜이 깊으면 문제를 해결하는 지혜가 있다는 것을 알게 한다.

압축 훈련
길을 잃어 군대 전체가 **오리무중**에 빠졌다.

문제 훈련
Q. 다음 중 '오리무중'과 뜻이 통하는 말은?
① 계략 ② 미궁 ③ 상념 ④ 유혹 ⑤ 황홀

38 | 오비이락

烏 飛 梨 落
까마귀 오 날 비 배나무 이 떨어질 락

추
오 비 이 락
작 행 화

매3力 풀이
까마귀(**오작***)가 날자(**비행**) 배(**이화***)가 떨어짐(**추락**, 낙하).
┈> 어떤 일이 공교롭게도 때가 같아 의심을 받거나 난처하게 됨.

독서 훈련
미국의 전자상거래 업체인 아마존이 음성 인식 기술을 적용해 만든 '알렉사'는 인공 지능(AI) 비서라 할 수 있다. "알렉사!" 하고 부른 후 명령을 내리면 집 밖에서 난방을 켤 수도 있고, 집 안에서 자동차에 시동을 걸 수도 있다. 그런데 미국에서 알렉사와 관련해 오비이락의 상황이 발생해 화제가 된 일이 있다. TV 뉴스에서 앵커가 스튜디오에 있는 알렉사에게 "알렉사! 나에게 인형의 집을 주문해 줘."라고 했는데, 그때 시청자들의 집에 켜져 있던 알렉사들이 주인의 목소리로 오해하여 주문을 하는 난처한 일이 발생한 것이다.

압축 훈련
오비이락의 상황이 발생해 화제가 되다.

오작(烏鵲)
까막까치. 까마귀와 까치를 아울러 이르는 말.
※ 오작교: 칠석날 저녁에, 견우와 직녀를 만나게 하기 위하여 까마귀와 까치가 은하수에 놓는다는 다리.

이화(梨花)
배꽃. 배나무의 꽃.

문제 훈련
Q. '오비이락'과 의미가 통하는 속담은?
① 우물에 가 숭늉 찾는다.
② 까마귀 날자 배 떨어진다.
③ 아니 땐 굴뚝에 연기 날까.
④ 호랑이도 제 말 하면 온다.
⑤ 하룻강아지 범 무서운 줄 모른다.

39 온고지신

溫 故 知 新
따뜻할 온 / 연고 고 / 알 지 / 새 신

익힐
온 고 지 신
溫 사 문 물

매3力 풀이
옛것(**고사**, 옛일)을 익히고(**溫**, 익힐 **온**), (그것을 미루어) 새것(**신**문물)을 앎
(**인지**).

독서 훈련
중국의 고전 『삼국지』에 나오는 조조는 권모술수*의 대명사로 교활하고 잔
인한 인물로 알려져 왔다. 하지만 최근 들어, 조조는 상황을 냉철하게 판단
하고 임기응변*의 능력을 소유한 리더로 새롭게 평가되기도 한다. 특히 이
와 같은 조조의 리더십을 현대의 기업 경영에도 접목하고 있는데, 이는 『삼
국지』라는 고전을 연구한 결과를 바탕으로 했다는 점에서 온고지신의 가치
를 새기게 한다.

압축 훈련
『삼국지』라는 고전을 연구한 결과를 바탕으로 조조의 리더십이 현대의 기업 경영
에도 접목되고 있는 것은 **온고지신**의 가치를 새기게 한다.

문제 훈련
Q. '온고지신'에서 경계하는 태도로 가장 알맞은 것은?

① 과거에 집착하는 것 ② 전통을 배척하는 것
③ 관습을 수용하는 것 ④ 혁신을 고집하는 것
⑤ 몰입을 방해하는 것

권모술수(權謀術數)
목적 달성을 위해 권력을 행사하
는 등 수단과 방법을 가리지 않
는 모략과 술수.

임기응변(臨機應變)
그때그때 처한(임한) 형편(시기)
과 변화에 대응하여 알맞게 일을
처리함.

40 우공이산

愚 公 移 山
어리석을 우 / 공평할 공 / 옮길 이 / 메 산

우 공 이 산
동 山

매3力 풀이
우공이 산을 옮김(이**동**). ···▷ 어떤 일이든 끊임없이 노력하면 반드시 이루
어짐. ㉔ 하늘은 스스로 돕는 자를 돕는다.

독서 훈련
실화를 바탕으로 만든 인도 영화 「마운틴맨」에서 주인공의 아내는 사고를 당
해 병원으로 이송 도중에 사망한다. 돌산에 가로막혀 병원까지 60km나 돌
아가야 했기 때문에 아내가 죽었다고 생각한 주인공은 돌산을 깎아서 길을
뚫을 결심을 한다. 사람들은 주인공의 이러한 행동을 비웃었지만 주인공은
22년간의 노력 끝에 돌산을 관통하는 길을 만든다. 이 이야기는 많은 사람
에게 감동을 주었고, 무슨 일이든 꾸준히 노력하면 반드시 뜻을 이룰 수 있
다는 교훈을 준다는 점에서 인도판 우공이산이라 할 수 있다.

압축 훈련
무슨 일이든 꾸준히 노력하면 반드시 뜻을 이룰 수 있다는 **우공이산**의 교훈

문제 훈련
Q. 다음 '우공이산'의 고사에서 강조하는 것은?

> 중국에 '우공'이라는 노인이 있었다. 그는 집 주변에 있는 큰 산을 평
> 평하게 하여 남쪽까지 곧장 갈 수 있는 길을 내겠다며 돌을 깨고 흙을
> 파기 시작했다. 사람들은 비웃었지만 우공은 멈추지 않았고, 하나님은
> 우공의 우직함에 감동하여 산을 다른 곳으로 옮겨 주었다고 한다.

① 겸손 ② 노력 ③ 소통 ④ 절제 ⑤ 지혜

41

유비무환

有	備	無	患
있을 유	갖출 비	없을 무	근심 환

소	준	전	우
유	비	무	환
有		無	

매3力 풀이

준비함이 있으면(**소유**) 근심(**우환**)이 없음(**전무**).

····> 미리 준비를 해 두면 근심이 없음.

독서 훈련

1583년, 율곡 이이는 병조판서로서 선조 임금에게 외적의 침략에 대비해 십만의 군사를 미리 길러 전쟁에 대비해야 한다는 십만양병설을 주장했다고 한다. 십만양병설의 진위에 대해서는 논란이 있다. 하지만, 9년 후 임진왜란이 발발하여 백성들이 고통을 겪었던 것을 돌아보면, 율곡의 말대로 **유비무환**의 교훈을 새겨 군사를 미리 훈련시켰더라면, 임진왜란에서 조선이 일본에게 속수무책으로 당하진 않았을 것이다.

압축 훈련

유비무환의 교훈을 새겨 군사를 미리 훈련시켰더라면, 임진왜란에서 조선이 일본에게 속수무책으로 당하진 않았을 것이다.

문제 훈련

Q. '유비무환'에서 강조하고 있는 태도와 관계 깊은 것은?

① 준비성   ② 조심성   ③ 성실성

④ 과감성   ⑤ 결단성

42

이구동성

異	口	同	聲
다를 이	입 구	같을 동	소리 성

	입		함
이	구	동	성
질적	口	일	
적			

매3力 풀이

입(口, 입 **구**)은 다르지만(**이질적**, **차**이) 소리(**함성**)는 동일함.

····> 여러 사람의 말이 한결같음.

독서 훈련

미국의 한 대학교에서 학생들에게 볼티모어 빈민가에 사는 청소년을 조사한 후 25년 뒤 그들의 삶에 대해 전망해 보라는 과제를 주었다고 한다. 과제를 수행한 학생들은 그들의 미래가 밝지 않다는 의견을 제출했다. 25년 후, 이 조사 결과를 접한 교수가 그 당시 조사 대상이었던 2백 명의 청소년들이 어떻게 살고 있는지를 다시 조사했다. 그랬더니 사망하거나 다른 지역으로 이사 간 20명을 제외한 180명 중 176명이 성공적인 삶을 살고 있었다. 이에 176명을 일일이 찾아가 성공 이유를 물었더니, 그들은 **이구동성**으로 '선생님 덕분이었다.'라고 말했다. 그래서 스테파노라는 그 선생님을 찾아가 교육 방법을 물었다. 그녀는 '아이들을 사랑했을 뿐이다.'라고 답했다고 한다.

압축 훈련

그들은 **이구동성**으로 '선생님 덕분이었다.'라고 말했다.

문제 훈련

Q. '이구동성으로'와 바꿔 쓸 수 있는 말은?

① 단호하게   ② 의연하게   ③ 당당하게

④ 한목소리로   ⑤ 엉겁결에

43 | 이실직고

以 實 直 告
써 이 　 열매 실 　 곧을 직 　 고할 고

~로써 **사 솔**
이 실 직 고
以 　　　　　 **백**

매3力 풀이　**사**실로써 **솔**직하게 **고**백함.

독서 훈련　노벨 물리학상(1918년)을 수상한 독일의 물리학자 막스 플랑크는 강연이 많아 그의 운전기사가 강의 내용을 외울 정도였다고 한다. 하루는 피곤해 보이는 플랑크에게 운전기사가 자신이 대신 강의를 할 테니 앞 좌석에서 쉬라고 한다. 실제로 운전기사는 들키지 않고 능숙하게 강의를 했다. 그런데 강의를 마칠 무렵, 한 참석자가 예상 밖의 질문을 했다. 운전기사는 이실직고할 수밖에 없는 위기의 상황에서 재치 있게, "질문하신 내용은 간단하므로 제 운전기사가 답변하도록 하겠습니다."라고 하여 위기에서 벗어날 수 있었다고 한다.

압축 훈련　**이실직고**할 수밖에 없는 위기의 상황

✔　이(以): '~로써(수단, 방법)'로 풀이함.

문제 훈련　**Q.** '이실직고'의 의미에 가까운 것은?

① 현실적이다　　　　　② 확신하다
③ 직설적이다　　　　　④ 진솔하다
⑤ 실용적이다

44 | 인과응보

因 果 應 報
인할 인 　 열매 과 　 응할 응 　 갚을 보

원 결
인 과 응 보
당 답

매3力 풀이　**원**인과 **결**과는 **응**당(마땅히) **보**답함.

┈＞ 원인이 좋으면 결과가 좋고, 원인이 나쁘면 결과도 나쁨.

㊌ 콩 심은 데 콩 나고 팥 심은 데 팥 난다. 종두득두*

독서 훈련　「노인과 바다」로 유명한 소설가 헤밍웨이가 강연 약속을 못 지킨 사건이 있었다. 강연을 위해 시카고로 가는 비행기를 타려고 했는데, 상원의원 한 사람이 급한 일이 있다며 헤밍웨이의 좌석을 가로챈 것이다. 강연은 취소될 수밖에 없었다. 그런데 알고 보니 그 상원의원은 헤밍웨이의 강연을 들으러 가는 길이었다. 남의 좌석을 가로채면서까지 듣고 싶었던 강의를 못 듣게 된 것은 잘못된 행위에서 비롯된 **인과응보**의 결과라 할 수 있다.

압축 훈련　잘못된 행위에서 비롯된 **인과응보**의 결과

문제 훈련　**Q.** 다음 중 '인과응보'와 뜻이 통하는 것은?

① 태산이 평지 된다.　　　② 뿌린 대로 거둔다.
③ 목구멍에 풀칠하다.　　　④ 은혜를 원수로 갚는다.
⑤ 소 잃고 외양간 고친다.

종두득두
콩 심은 데 콩 난다.
원인에 따라 결과가 나온다는 말.

45 | 인산인해

人 山 人 海
사람 인 | 메 산 | 사람 인 | 바다 해

인 산 인 해
간 山 간 양
(바다)

매3力 풀이
사람(**인간**)이 산을 이루고 사람(**인간**)이 바다(**해양**)를 이룸.
···> 사람이 수없이 많이 모임.

독서 훈련
일만 이천 봉을 자랑하는 금강산은 계절별로 부르는 이름이 다르다. 봄에는 금강산(보석 금강석처럼 아름다움), 여름에는 봉래산(녹음이 우거진 모습이 중국의 전설에 나오는 봉래산처럼 신비로움), 가을에는 풍악산(단풍이 물든 모습의 아름다움), 겨울에는 개골산(기암괴석이 뼈[骨, 뼈 골]처럼 드러남)이라 불린다. 설악산 또한 설산(雪山), 설봉산(雪峰山), 설화산(雪華山), 설뫼라고도 하는데, 이는 계절에 따라 달리 부르는 것은 아니지만 일찍 눈[雪, 눈 설]이 오고, 오래도록 산봉우리에 눈이 남아 있고, 암석의 색깔이 눈같이 하얗기 때문에 붙여진 이름이라고 한다. 설악산과 더불어 치악산, 월악산, 관악산, 북악산 등 산 이름에 '악(岳/嶽)'이 들어가면 험하다고 하는데, 이들 산은 모두 그 경관이 아름다워 사람들이 많이 찾는다. 특히 가을 단풍철에는 인산인해를 이룬다.

압축 훈련
가을 단풍철에는 **인산인해**를 이룬다.

문제 훈련
Q. '인산인해'의 의미로 적절한 것은?
① 아름다운 여인의 모습
② 생동감이 넘치는 거리의 모습
③ 산과 바다의 뛰어난 경치
④ 사람들이 많이 모여 있는 상태
⑤ 뛰어난 사람들이 모인 상태

46 | 일석이조

一 石 二 鳥
한 일 | 돌 석 | 두 이 | 새 조

암
1 2 새
일 석 이 조
石 류

매3力 풀이
한(**1**) 개의 돌(**암석**)로 두(**2**) 마리의 새(**조류**)를 잡음.
···> 한 번에 두 가지 이득을 봄.

독서 훈련
해상왕 장보고는 신라 사람들이 해적에게 붙잡혀 노비로 팔리는 것을 막기 위해 청해진을 설치하여 해적을 물리쳤다. 그뿐만 아니라 신라와 당나라, 일본 사이에서 해상 무역을 통해 막대한 부를 쌓는 일석이조의 성과를 거두었다.

압축 훈련
해적도 물리치고 부도 쌓는 **일석이조**의 성과를 거두다.

문제 훈련
Q. '일석이조'와 의미가 다른 하나는?
① 배 먹고 이 닦기
② 구우일모
③ 꿩 먹고 알 먹는다.
④ 일거양득
⑤ 도랑 치고 가재 잡는다.

47 | 일취월장

日	就	月	將
날 일	나아갈 취	달 월	장차 장

매3力 풀이
매일 성취하고 매월 성장함.
···> 나날이 다달이 자라거나 발전함. 크게 발전함.

독서 훈련
웨스트포인트 사관학교에서 졸업생 164명 중 맥아더는 1등으로, 아이젠하워는 61등으로 졸업했다. 또 맥아더가 육군 참모총장이었을 때 아이젠하워는 맥아더의 참모였다. 하지만 이후 아이젠하워는 일취월장하여 대령이 되고 준장, 소장, 중장, 대장을 거쳐 미국 34대 대통령이 되었고, 맥아더는 트루먼 대통령과 대립하여 UN군 총사령관 자리에서 물러났다.

압축 훈련
아이젠하워는 **일취월장**하여 대령이 되다.

문제 훈련
Q. '일취월장'과 의미가 통하는 한자 성어는?
① 고진감래   ② 괄목상대   ③ 구사일생
④ 새옹지마   ⑤ 유비무환

48 | 일편단심

一	片	丹	心
한 일	조각 편	붉을 단	마음 심

매3力 풀이
한(1) 조각(**파편**)의 단풍과도 같은 붉은 마음(**충심***).
···> 충성심. 변치 않는 마음.

독서 훈련
조선을 건국한 태조 이성계의 아들 이방원은 고려 말 충신인 정몽주를 다음과 같이 회유*한다.

> 이런들 어떠하며 저런들 어떠하리.
> 만수산 드렁칡이 얽어진들 어떠하리.
> 우리도 이같이 얽어져 백 년까지 누리리라.   – 이방원, 「하여가(何如歌)」

하지만 정몽주는 이방원의 설득에 넘어가지 않고 죽어서도 임(고려 왕조)을 향한 충성심(일편단심)이 변하지 않을 것이라며 다음의 시조로 자신의 생각을 단호하게 드러낸다.

> 이 몸이 죽고 죽어 일백 번 고쳐 죽어
> 백골이 진토* 되어 넋이라도 있고 없고
> 임 향한 일편단심이야 가실* 줄이 있으랴.   – 정몽주, 「단심가(丹心歌)」

압축 훈련
임(고려 왕조)을 향한 충성심(**일편단심**)

문제 훈련
Q. '일편단심'을 한 단어로 표현하면?
① 충(忠) ② 효(孝) ③ 예(禮) ④ 의(義) ⑤ 지(智)

충심
충성스러운 마음(=단심).

회유
구슬리고 달램.
㊜ 꾀다. 유도하다

진토
티끌과 흙(토양).

가실
변할. ※ 가실 줄이 있으랴. : 가시지(변하지) 않을 것이다.

Q1~12. '매3力 풀이'로 익히기

1. 오리무중	[①] 나 낀 [②] 의 속(중**앙**)에 있음. ····> 일의 방향이나 상황을 알 수 없음.
2. 오비이락	까마귀(오**작**)가 [①] 하자 배(이**화**)가 [②] 함. ····> 어떤 일이 공교롭게도 때가 같아 의심을 받거나 난처하게 됨.
3. 온고지신	[①] 을 익히고(溫, 익힐 온) 그것을 미루어 [②] 을 앎(**인**지).
4. 우공이산	우공이 산을 [ ] 시킴. ····> 어떤 일이든 끊임없이 노력하면 반드시 이루어짐.
5. 유비무환	[①] 함이 있으면(有, 있을 유) [②] 이 없음(**전무**).
6. 이구동성	입(口, 입 구)은 [①] 이지만 소리(**합성**)는 [②] 함. ····> 여러 사람의 말이 한결같음.
7. 이실직고	[①] 로써(以, 써 이) [②] 하게 고**백**함.
8. 인과응보	[①] 과 [②] 는 응**당** 보**답**함.
9. 인산인해	사람(인**간**)이 [①] 을 이루고 사람(인**간**)이 [②] 를 이룸. ····> 사람이 수없이 많이 모임.
10. 일석이조	[①] 의 돌(**암**석)로 [②] 의 새(조**류**)를 잡음. ····> 한 번에 두 가지의 이득을 봄.
11. 일취월장	**매일** [①] 하고 **매월** [②] 함. ····> 크게 발전함.
12. 일편단심	한(1) 조각(**파편**)의 단풍처럼 붉은 [ ]. ····> 충성심. 변치 않는 마음.

Q13~15. 왼쪽에 제시된 어휘에서 강조하는 태도를 오른쪽에서 찾아 서로 줄로 이으시오.

13. 우공이산 •

              • ㉮ 겸손

              • ㉯ 노력

              • ㉰ 솔직

14. 유비무환 •

              • ㉱ 준비

              • ㉲ 지혜

15. 이실직고 •

              • ㉳ 화합

Q16. 다음에서 밑줄 친 '이' 중 그 의미가 숫자 '2'에 해당하는 것은?

① 오비<u>이</u>락   ② <u>이</u>구동성   ③ 우공<u>이</u>산
④ 일석<u>이</u>조   ⑤ <u>이</u>실직고

Q17~20. 다음 속담과 의미가 통하는 말을 각각 <보기>에서 고르시오.

17. 배 먹고 이 닦기 —————————————————— (   )

18. 까마귀 날자 배 떨어진다. —————————————— (   )

19. 하늘은 스스로 돕는 자를 돕는다. ————————— (   )

20. 콩 심은 데 콩 나고 팥 심은 데 팥 난다. ————— (   )

> ✓ **보 기**
>
> 오비이락, 우공이산, 유비무환, 이구동성, 인과응보, 인산인해, 일석이조, 일취월장

Q21. 다음 '십자말풀이'의 빈칸에 들어갈 말을 완성하시오.

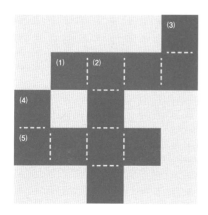

가로 풀이	(1) 부끄러워할 줄 아는 마음. (☞ p.60) (5) 미리 준비해 두면 근심이 없음.
세로 풀이	(2) 5리나 되는 안개 속에 있어 갈피를 잡기 어려움. (3) 충성심. (4) 구슬리고 달램. 꾐.

49 | 자문자답

自 問 自 答
스스로 자 물을 문 스스로 자 대답 답

질 대
자문자답
기 기

매3力 풀이	자기가 질문하고 자기가 대답함. ···> 스스로 묻고 스스로 대답함.
독서 훈련	영화 「죽은 시인의 사회」에서 키팅 선생님이 학생들에게 자주 외친 카르페 디엠(Carpe diem)은 '지금 살고 있는 현재 이 순간에 충실하라.'는 뜻의 라틴어이다. 불교 경전인 『벽암록』에서도 현재를 중시하는 내용을 찾아볼 수 있는데, 인생에서 가장 행복한 날도 오늘이고, 절정의 날도 오늘이며, 가장 귀중한 날도 오늘이라고 했다. 『벽암록』의 또 다른 대목에서는 제자들이 질문에 답하지 않자 운문선사가 자문자답으로 '일일시호일(日日是好日, 날마다 좋은 날)'이라고 하였는데, 이 또한 현재를 중시한 것으로 볼 수 있다.
압축 훈련	제자들이 질문에 답하지 않자 운문선사가 자문자답했다.
문제 훈련	**Q.** 선생님이 묻고 이에 대해 학생들이 대답했다면 '자문자답'이라고 할 수 있다. (○ , ×)

50 | 자초지종

自 初 至 終
스스로 자 처음 초 이를 지 마칠 종

~부터 ~까지
자초지종
自 반 至 료

매3力 풀이	처음(초반)부터 끝(종료)까지. ···> 일의 전체 과정. ㈜ 전후수말(前後首末)*
독서 훈련	경북 예천군에서는 소나무가 부동산을 소유하고 있어 화제가 되었다. 이 소나무에 얽힌 사연의 자초지종은 일제 강점기 때 이 동네 이수목이라는 사람이 자신의 전 재산을 소나무에게 물려주겠다는 유언을 남기고 세상을 떠난 데서 시작한다. 마을 사람들은 소나무를 토지의 소유자로 등기부에 올리기 위해 이름을 짓기로 하고, 성은 석평마을의 '석(石)'으로, 이름은 '신령스런 [靈] 소나무[松]'라는 뜻의 '송령(松靈)'으로 지어 세금을 냈다고 한다.
압축 훈련	소나무에 얽힌 사연의 자초지종
✓	自(자) A 至(지) B: A부터 B까지, from A to B.
문제 훈련	**Q.** '자초지종'의 의미로 적절한 것은? ① 알맹이 ② 시작과 끝이 한결같음. ③ 실마리 ④ 처음부터 끝까지의 과정 ⑤ 수단과 방법

전후수말(前後首末)
앞뒤(전후)와, 머리(수석)와 끝(말미). ···> 처음부터 끝까지의 과정.

맞춤법 하나!
알맹이 ○ 알멩이 ×

51 적반하장

賊 도둑 적　反 돌이킬 반　荷 멜 하　杖 지팡이 장

도 들 곤
적 반 하 장
대 荷

매3力 풀이
도적이 **반대**로 매(**곤장**)를 듦(荷, 들 하).
····> 잘못한 사람이 아무 잘못도 없는 사람을 나무람.

독서 훈련
1875년, 일본의 군함인 운요호가 강화도에 불법으로 침투한다. 이에 조선은 방어 차원에서 (대)포를 쏘았는데, 일본은 이를 트집 잡아 조선을 공격하여 일반 백성들까지 죽이고 약탈과 방화*를 일삼는다. 강화도에 불법으로 침투한 일본이 도리어 조선의 공격을 받았다며 적반하장의 태도를 보인 것이다. 이때 조선은 쇄국 정책*을 편 흥선대원군이 정치에서 물러난 시기로, 운요호 사건은 이듬해인 1876년에 불평등한 강화도 조약을 강제로 맺는 계기가 되었다.

압축 훈련
강화도에 불법으로 침투한 일본이 도리어 조선의 공격을 받았다며 **적반하장**의 태도를 보인 것

문제 훈련
Q. '적반하장'의 의미와 거리가 먼 것은?
① 본말전도　　② 소경 개천 나무란다.
③ 자업자득　　④ 방귀 뀐 놈이 성낸다.
⑤ 주객전도

약탈과 방화
억지로 빼앗는 것(약탈)과 불을 지르는 것(방화).

쇄국 정책(鎖國政策)
'쇄(鎖)'는 '자물쇠 쇄' 자로, 나라(국가)를 자물쇠로 걸어 잠그고 다른 나라와의 교류를 금지한 정책. 땐 개방 정책

52 전광석화

電 번개 전　光 빛 광　石 돌 석　火 불 화

섬 화
전 광 석 화
기 염

매3力 풀이
번갯불(**전기**가 일으키는 **섬광***)이나 부싯돌(**화석**)이 부딪칠 때의 번쩍이는 빛(**화염**). ····> 매우 짧은 시간. 또는 매우 빠른 움직임.

독서 훈련
일상생활에 없어서는 안 되는 전기는 발전소에서 생산되어 변전소를 거쳐 일반 가정으로 전달된다. 전기를 변전소까지 효율적으로 보내는 데에 필요한 교류* 전기를 발명한 사람은 니콜라 테슬라이다. 자기장의 단위로 사용하는 '테슬라(T)'는 그의 이름에서 따온 것으로, 자기장의 원리를 이용한 테슬라의 발명 아이디어는 괴테의 『파우스트』를 읊조리다가 전광석화처럼 떠올랐다고 한다.

압축 훈련
전광석화처럼 아이디어가 떠올랐다.

문제 훈련
Q. '전광석화'의 의미로 적절한 것은?
① 도전　　② 신속
③ 정확　　④ 편리
⑤ 협력

섬광(閃光)
순간적으로 강렬히 번쩍이는 빛.

교류(交流)
시간에 따라 크기와 방향이 주기적으로 바뀌어 흐름(전류). 또는 그런 전류.

53 | 전무후무

前 앞 전 **無** 없을 무 **後** 뒤 후 **無** 없을 무

이 전 이 전
전 무 후 무
無　　　無

매3力 풀이
이전에도 없었고 **이후**에도 없음.
無. 없을 무　　　전무(전혀 없음).

독서 훈련
장기와 비슷한 서양 놀이인 체스는 수학의 로그(log)가 탄생한 배경이기도 하다. 체스에 푹 빠진 인도의 발힛 왕이 체스를 발명한, 전무후무한 뛰어난 재주를 지닌 '세타'라는 사람에게 상을 내리려고 원하는 것을 물었다. 그러자 세타는 체스 판을 이루는 64개의 칸에 수수알을 채우되, 첫째 칸에는 1톨(2^0), 둘째 칸에는 2톨(2^1), 셋째 칸에는 4톨(2^2),…마지막 칸에는 2^{63}톨을 채워 달라고 했다. 왕은 흔쾌히 그 요구를 들어주겠다고 했으나, 세타가 요구한 수수알은 1844경 6744조 737억 955만 1615톨이고, 이는 인도 전역에서 생산되는 수수알을 모두 합해도 모자라는 것이었다.

압축 훈련
전무후무한 뛰어난 재주를 지닌 '세타'라는 사람

문제 훈련
Q. '전무후무'와 의미가 통하는 말은?
① 비일비재　　② 십시일반　　③ 안하무인
④ 우유부단　　⑤ 유일무이

---

54 | 전인미답

前 앞 전 **人** 사람 인 **未** 아닐 미 **踏** 밟을 답

이
전 인 미 답
간 증 사
　　유

매3力 풀이
이전 사람(**인간**)들은 밟아 본(**답사**) 적이 없음(**미증유**).
····> 이제까지 그 누구도 가 보지 못함.
⑪ 미증유*. 전무후무, 전대미문*

독서 훈련
1969년 7월 16일, 닐 암스트롱을 포함한 3명의 우주 비행사를 태운 아폴로 11호가 달을 향해 출발하였다. 3일 간의 우주 비행 후, 전 인류가 TV로 지켜보고 있는 가운데 인류 역사상 최초로, 전인미답의 달 표면에 첫발을 내딛었다. 이때 암스트롱은 "이것은 한 인간에게는 작은 발걸음이지만, 인류 전체에게는 위대한 도약이다(That's one small step for a man, one giant leap for mankind)."라고 말했다. 그의 말대로 아폴로 11호가 달 착륙에 성공함으로써 인류는 우주 과학 기술을 크게 발전시킬 수 있었다.

압축 훈련
인류 역사상 최초로. **전인미답**의 달 표면에 첫발을 내딛다.

✓ 미(未): '아직~하지 못하다.'로 풀이함.

미증유(未曾有)
지금까지 한 번도 있어 본 적이 없음.

전대미문(前代未聞)
이전 시대까지는 들어 본(聞, 들을 문) 적이 없음(未, 아닐 미).

문제 훈련
Q. '전인미답'의 의미로 적절한 것은?
① 탁월함.　　② 유일함.　　③ 최초임.
④ 파격적임.　　⑤ 독립적임.

55 | 전전긍긍

戰 싸움 전　戰 싸움 전　兢 떨릴 긍　兢 떨릴 긍

전 전 긍 긍
율 율

매3力 풀이 전율(몸의 떨림)을 느낄 정도로 매우 두려워하고 벌벌 떨며 조심함[긍긍함(끙끙거림)]. ⑱ 태연자약

독서 훈련 아인슈타인은 천재 물리학자이지만 건망증이 심했다고 한다. 보스턴행 기차에서 아인슈타인은 기차표를 어디에 두었는지 기억이 나지 않아 전전긍긍하면서 여기저기를 뒤진다. 다행히 차표를 검사하는 역무원이 아인슈타인을 알아보고 박사님 같은 분이 거짓말을 할 리가 없으므로 차표를 보여 주지 않아도 된다고 했다. 그럼에도 불구하고 아인슈타인은 계속해서 차표를 찾는다. 역무원이 한 번 더 차표는 없어도 된다고 말하자, 아인슈타인은 기차표를 찾아야 자신이 어디를 가는지를 알 수 있다고 했다고 한다.

압축 훈련 기억이 나지 않아 **전전긍긍**하다.

오매불망(寤寐不忘)
자나 깨나 잊지(망각) 못함.

전전불매(輾轉不寐)
이리저리 뒤척이며 잠을 이루지 못함.

✔ 전전반측(輾轉反側): 돌아누워서(輾, 돌아누울 전) 몸을 이리저리 회전하고 반대되는 측면으로 뒤척이며 잠을 이루지 못함. ⑲ 오매불망*, 전전불매*

문제 훈련 **Q.** '전전긍긍'의 의미를 한 단어로 표현하면?
① 그리움 ② 서러움 ③ 두려움 ④ 기다림 ⑤ 망설임

56 | 전화위복

轉 구를 전　禍 재앙 화　爲 할 위　福 복 복

역　　될　　행
전 화 위 복
근　　爲

매3力 풀이 화(재앙, 화근)가 바뀌어(역전) 복(행복)이 됨(爲, 될 위).
⋯▶ 좋지 않은 일(재앙)이 계기가 되어 오히려 좋은 일(복)이 생김.

독서 훈련 뉴욕에서 정육점을 운영하던 윌리엄 리바인은 네 차례나 강도가 들자 방탄조끼를 만들어 입고 근무했는데, 그가 입고 있는 방탄조끼를 본 사람들이 방탄조끼를 구해 달라고 했다. 그리고 방탄조끼를 요청하는 사람이 점점 늘어나자 그는 정육점을 그만두고 방탄복 제조 회사를 세웠다. 리바인의 방탄조끼 가게는 점점 늘어나 40여 개의 도시에 지점을 가진 큰 기업이 되었다. 리바인이 겪은 어려움은 그에게 전화위복의 계기가 된 것이다.

압축 훈련 리바인이 겪은 어려움은 그에게 **전화위복**의 계기가 되었다.

문제 훈련 **Q.** 밑줄 친 '전화위복'과 의미가 통하는 한자 성어는?

> 방학 때 공부한 내용을 개학 직전에 다시 보았는데, 틀린 문제들이 점차 줄어든 것과 내가 특히 약한 부분을 알 수 있었다. 복습의 효과로 3월 첫 시험에서 기대 이상의 점수를 받았는데, 훈련할 때 틀린 것이 실제 시험에서 전화위복이 되었다는 생각이 들었다.

① 금상첨화 ② 새옹지마 ③ 역지사지 ④ 일석이조 ⑤ 적반하장

101

57 | 절체절명

絕	體	絕	命
끊을 절	몸 체	끊을 절	목숨 명

신		생	
절	**체**	**절**	**명**
단		단	

매3力 풀이 **신체**가 **절단**되고 **생명**도 **절단(단절)**되려고 함.
⋯⟩ 몹시 위태롭거나 절박한 지경.

독서 훈련 제2차 세계 대전 초기 영국을 비롯한 연합군은 위기에 처한다. 독일의 공격은 위협적이었고, 특히 독일 잠수함 U 보트는 엄청난 위력을 지녀, 영국의 항공 모함뿐만 아니라 미국에서 물품을 싣고 오는 보급선(배)까지 침몰시켰다. 독일은 해독이 불가능한 암호를 24시간마다 바꾸면서 연전연승*하였고, 연합군은 절체절명의 위기에 빠졌다. 하지만 영국의 천재 수학자 앨런 튜링이 독일의 암호를 해독함으로써 제2차 세계 대전은 연합군의 승리로 끝난다. 독일은 전쟁이 끝날 때까지 암호가 해독된 사실을 몰랐다고 한다.

압축 훈련 연합군은 절체절명의 위기에 빠졌다.

'절체절명'과 의미가 통하는, 위기의 상황을 나타내는 말

✓
- 풍전등화: 바람(동풍) 앞(前, 앞 전)의 등불(화염).
- 초미지급: 눈썹(미간)에 불이 붙어 타들어 가는(焦, 탈 초) 다급함.
- 백척간두: 100척(자)이나 되는 장대(竿, 장대 간)의 꼭대기(두령)에 올라섬.
- 누란지위: 포개 놓은(누적) 계란의 위태로움. ㉱ 누란지세
- 일촉즉발: 1회만 접촉해도 즉시 폭발할 것 같음.
- 명재경각: 목숨(수명)이 경각(짧은 시간)에 달려 있음(존재).

연전연승
연속된 전쟁에서 연달아 승리함.

맞춤법 하나!
절체절명 ○ 절대절명 ✕

문제 훈련 **Q.** '절체절명'의 상황을 가장 잘 표현한 것은?
① 구박함　　② 급박함　　③ 임박함
④ 핍박함　　⑤ 협박함

---

58 | 조삼모사

朝	三	暮	四
아침 조	석 삼	저물 모	넉 사

3		저물	4
조	**삼**	**모**	**사**
식		暮	

매3力 풀이 아침밥(조식)으로는 3개, 저녁(暮, 저물 모)에는 4개.
⋯⟩ 간사한 꾀로 남을 속여 희롱함.

독서 훈련 중국 송나라 때 어떤 사람이 원숭이에게 도토리를 아침에는 3개씩 주고 저녁에는 4개씩 주겠다고 하자 원숭이들이 화를 냈다. 그래서 아침에는 4개씩 주고 저녁에는 3개씩 주겠다고 하니 원숭이들이 좋아했다. 전자와 후자 모두 7개로 같은데, 원숭이는 4개를 먼저 받는 것을 좋아하니 어리석은 것이고, 도토리를 주는 사람은 조삼모사로 상대를 속인 것이다.

압축 훈련 조삼모사로 상대를 속이다.

문제 훈련 **Q.** '조삼모사'는 아침에 명령을 내렸다가 저녁에 다시 고친다는 뜻의 '조령모개'와 의미가 통한다.　　(○ , ✕)

59	죽마고우	竹 대죽	馬 말마	故 연고고	友 벗우

대나무　말　**친**
죽　마　고　우
竹　馬　**향**

매3力 풀이	**죽마***를 타고 놀던 **고향**의 **친구**(친한 벗). ····> 어릴 때부터 같이 놀며 자란 친구.
독서 훈련	춘추 전국 시대에 거문고를 아주 잘 타는 백아라는 사람이 있었다. 백아에게는 죽마고우와 같은 친구 종자기가 있었는데, 그는 백아의 거문고 소리를 감탄하며 잘 들어 주었다. 종자기가 죽자 백아는 거문고 줄을 끊어버리고 다시는 거문고를 타지 않았다. 자기를 알아주는 친구의 죽음을 슬퍼한다는 뜻의 '백아절현*'은 여기에서 유래한 말이다.
압축 훈련	죽마고우와 같은 친구

죽마(竹馬)
대말. 예전에. 아이들이 말타기 놀이를 할 때, 두 다리로 걸터타고 끌고 다니던 대막대기.

백아절현(伯牙絕絃)
백아가 거문고의 현(줄)을 절단함.
····> 참다운 벗의 죽음을 슬퍼함.

'아주 친밀한 관계' 또는 '우정'을 나타내는 한자 성어

- 관포지교(管鮑之交): (둘도 없는 친구 사이인) 관중과 포숙의 사귐(교제).
- 지란지교(芝蘭之交): (맑고 향기로운) 지초(영지)와 난초의 사귐(교제).
- 수어지교(水魚之交): 물(수분)과 물고기(어류)의 사귐(교제).
- 막역지우(莫逆之友): 거스름(거역)이 없는 벗(친우). ※ 막(莫): 없을 막
- 지기지우(知己之友): 자기를 알아주는(인지) 벗(친우). ㉤ 지우(知友)

문제 훈련	**Q.** '죽마고우'는 '소꿉동무'와 바꿔 쓸 수 있다. (○ , ×)

60	중구난방	衆 무리중	口 입구	難 어려울난	防 막을방

대　곤
중　구　난　방
호　(란)　어

매3力 풀이	여러 사람(**대중**)이 마구 말하는 **입(구호**)은 막기(**방어**)가 **곤란**함. ····> 막기 어려울 정도로 여럿이 마구 떠듦.
독서 훈련	나당 연합군이 결성되어 백제를 침공해 올 때 백제 의자왕은 대책 회의를 열었다. 이때 어떤 신하는 멀리 오느라 피곤해진 당나라 군대를 공격해야 한다고 주장하고, 어떤 신하는 당나라 군대보다는 신라군을 공격해야 한다고 주장하는가 하면, 또 다른 신하는 적군을 공격하기보다는 요충지를 방어하는 전략을 펴야 한다고 하는 등 저마다 중구난방으로 대책을 제시하였다. 이에 의자왕은 갈피를 잡지 못했고, 그러는 사이 당나라 군대와 신라군이 공격해 와 백제는 멸망하였다.
압축 훈련	저마다 중구난방으로 대책을 제시하다.
문제 훈련	**Q.** '중구난방'의 의미로 알맞은 것은? ① 여럿이 마구 떠듦. ② 여러 사람의 말이 한결같음. ③ 변명할 말이 없거나 변명을 하지 못함. ④ 적은 수효로 많은 수효를 대적하지 못함. ⑤ 말로는 친한 듯하나 속으로는 해칠 생각이 있음.

Q1~12. '매3力 풀이'로 익히기

1. 자문자답	**자기**가 [①] 하고 **자기**가 [②] 함.
2. 자초지종	[①] 부터(自, 부터 자) [②] 까지(至, ~까지 지).
3. 적반하장	[①] 이 반대로 [②] 을 듦(荷, 들 하). …> 잘못한 사람이 아무 잘못도 없는 사람을 나무람.
4. 전광석화	[ ] 가 일으키는 번갯불(**섬광**)이나 **화석**(부싯돌)이 부딪칠 때의 번쩍이 는 빛(**화염**). …> 매우 짧은 시간. 또는 매우 빠른 움직임.
5. 전무후무	[①] 에도 없었고(無, 없을 무) [②] 에도 없음(**전무**).
6. 전인미답	[ ] 사람(**인간**)들은 밟아 본(**답사**) 적이 없음(미**증유**). …> 이제까지 그 누구도 가 보지 못함.
7. 전전긍긍	[ ] 을 느낄 정도로 매우 두려워하고 벌벌 떨며 긍긍(조심)함. …> 몹시 두려워 벌벌 떨며 조심함.
8. 전화위복	[①] 를 바꾸어(**역전**) [②] 이 되게(爲, 될 위) 함.
9. 절체절명	[①] 가 절**단**되고 [②] 도 절**단**되려고 함. …> 몹시 위태롭거나 절박한 지경.
10. 조삼모사	아침밥(조**식**)으로는 [①], 저녁(暮, 저물 모)에는 [②]. …> 간사한 꾀로 남을 속여 희롱함.
11. 죽마고우	(어릴 때부터) 죽마를 타고 놀던 [ ] 의 친구(**친우**).
12. 중구난방	여러 사람(**대중**)이 마구 말하는 입(**구호**)은 막기(**방어**)가 [ ] 함. …> 막기 어려울 정도로 여럿이 마구 떠듦.

정답 1. ① 질문, ② 대답   2. ① 초반(처음), ② 종료(끝)   3. ① 도적, ② 곤장(매)   4. 전기   5. ① 이전, ② 이후   6. 이전   7. 전율
8. ① 화(재앙, 화근), ② 복(행복)   9. ① 신체, ② 생명   10. ① 세(3, 삼) 개, ② 네(4, 사) 개   11. 고향   12. 곤란   13. ④   14. ⑩
15. ㉮   16. ②   17. ②   18. 〈가로 풀이〉(1) 서자, (3) 초미지급, (5) 맹종, (6) 지우 〈세로 풀이〉(2) 자초지종, (4) 지란지교

Q13~15. 왼쪽에 해당하는 말을 오른쪽에서 찾아 서로 줄로 이으시오.

13. '전무후무'의 반의어 •

14. '전전긍긍'의 반의어 •

15. '죽마고우'의 유의어 •

• ㉮ 관포지교

• ㉯ 비일비재

• ㉰ 전인미답

• ㉱ 조삼모사

• ㉲ 태연자약

Q16. '소경 개천 나무란다'와 의미가 통하는 말은?

① 자문자답   ② 적반하장   ③ 전무후무

④ 전전긍긍   ⑤ 절체절명

Q17. 다음에서 밑줄 친 한자의 뜻이 서로 <u>다르게</u> 쓰인 것끼리 묶인 것은?

① 누란지위(累卵<u>之</u>危) – 초미지급(焦眉<u>之</u>急)
② 자문자답(<u>自</u>問自答) – 자초지종(<u>自</u>初至終)
③ 전무후무(<u>前</u>無後無) – 전인미답(<u>前</u>人未踏)
④ 절체절명(絕體絕<u>命</u>) – 명재경각(<u>命</u>在頃刻)
⑤ 죽마고우(竹馬故<u>友</u>) – 지기지우(知己之<u>友</u>)

Q18. 다음 '십자말풀이'의 빈칸에 들어갈 말을 완성하시오.

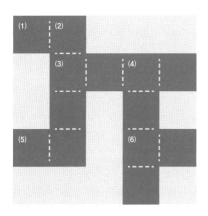

	가로 풀이	(1) 본부인이 아닌 여자에게서 난 아들. (☞ p.41) (3) 눈썹에 불이 붙어 매우 급한 상황. (5) 맹목적으로 복종함. (☞ p.18) (6) 자기를 알아주는 벗. ㉲ 지기지우
	세로 풀이	(2) 처음부터 끝까지. (4) 지초와 난초처럼 친구끼리의 맑고 고귀한 사귐.

61 지피지기

知 彼 知 己
알 지 / 저 피 / 알 지 / 몸 기

인 저쪽 **인** **자**
지 **피** **지** **기**
彼

매3力 풀이
상대방(彼, 저쪽 피)에 대해서도 알고(**인지**), **자기**에 대해서도 앎(**인지**).
┈> 적의 사정과 나의 사정을 모두 자세히 앎.

독서 훈련
중국 제나라의 손무가 병법(병사를 지휘하여 전쟁하는 방법)에 관하여 쓴 책 「손자병법」에 다음 구절이 있다.

상대방을 알고 자기를 알면, 백 번 싸워도 위태하지 않고(백전백승)	知彼知己 百戰不殆 지 피 지 기 백 전 불 태
상대방을 알지 못하고 자기만 알면, 한 번은 승리하고 한 번은 지고(이길 확률 절반)	不知彼而知己 一勝一負 부 지 피 이 지 기 일 승 일 부
상대방을 알지 못하고 자기도 알지 못하면 매 번 싸울 때마다 반드시 패배한다(백전백패).	不知彼不知己 每戰必敗 부 지 피 부 지 기 매 전 필 패

「손자병법」은 이순신 장군도 즐겨 보았다고 한다. 12척의 배로 133척의 일본 수군을 물리치고 연전연승할 수 있었던 것은 적의 전력을 파악하기 위해 탐망선을 띄우는 한편 아군의 전력도 점검하는 지피지기 전략을 활용했기 때문으로 볼 수 있다.

압축 훈련
적의 전력을 파악하기 위해 탐망선을 띄우는 한편 아군의 전력도 점검하는 **지피지기** 전략을 활용하다.

문제 훈련
Q. '지피지기'에서의 '지'의 의미로 적절한 것은?
① 묵인하다 ② 인식하다 ③ 인정하다 ④ 허가하다 ⑤ 현명하다

62 진퇴양난

進 退 兩 難
나아갈 진 / 물러날 퇴 / 두 양 / 어려울 난

전 **후** **곤**
진 **퇴** **양** **난**
쪽 (란)

매3力 풀이
전진과 **후퇴**의 **양쪽** 모두 **곤란**함.
┈> 이러지도 저러지도 못하는 어려운 처지. ㉤ 딜레마, 궁지

독서 훈련
존 F. 케네디 대통령의 조카이자 NBC 방송의 앵커인 마리아 슈라이버는 딸의 유치원 입학식 날 쿠바 대통령과의 인터뷰가 잡히는 진퇴양난의 상황에 처했다. 하지만 그녀는 딸의 입학식이라 그날은 인터뷰가 곤란하다고 하였고, 이에 공감한 쿠바 대통령은 인터뷰 일자를 바꿔 주었다고 한다. 그녀는 캘리포니아 주지사 선거에 나간 남편(아놀드 슈왈제네거)을 돕기 위해 휴직까지 하고 지원 유세를 한 것으로도 유명하다.

압축 훈련
입학식과 인터뷰가 겹쳐 **진퇴양난**의 상황에 처하다.

문제 훈련
Q. '진퇴양난'의 의미와 거리가 먼 것은?
① 고립무원 ② 고진감래 ③ 사고무친 ④ 사면초가 ⑤ 진퇴유곡

63 | 천신만고

千	辛	萬	苦
일천 천	매울 신	일만 만	쓸 고

1,000 매울 10,000

천 신 만 고
라면   생

매3力 풀이
천 가지의 매운 것(**신라면**)과 만 가지의 쓴 것(**고생**스러움).
···〉 온갖 고생을 다함.

독서 훈련
KFC(켄터키 프라이드 치킨) 매장 앞에 모형으로 서 있는 할아버지는 KFC를 창립한 커넬 샌더스이다. 그는 40세 때 닭요리를 개발하여 팔았지만 파산하였다. 당시 샌더스는 정부로부터 사회보장비 105달러(약 12만 원)를 받아 겨우 생계를 유지하면서도 자신이 만든 후라이드 치킨의 레시피로 사업 제안을 하러 다녔다. 하지만 그의 제안은 1,008번이나 거절당했다. 그럼에도 불구하고 그는 끝까지 포기하지 않고 계속 도전하였고, 마침내 1,009번째의 제안에서 **천신만고** 끝에 계약을 성공시켜 오늘의 KFC를 만들었다. 이때 그의 나이는 65세였다.

압축 훈련
천신만고 끝에 계약을 성공시키다.

문제 훈련
Q. '천신만고'에서 '고'의 의미와 거리가 먼 것은?

① 고난 ② 고비 ③ 고생
④ 고안 ⑤ 고통

64 | 천양지차

天	壤	之	差
하늘 천	흙덩이 양	갈 지	다를 차

하늘 토 ~의

천 양 지 차
之   이

매3力 풀이
하늘(天, 하늘 천)과 땅(**토양**)의 **차이**.
···〉 아주 큰 차이. 천지(하늘과 땅) 차이.

독서 훈련
나라와 나라 사이의 경계를 이루는 국경 지대에서 짝을 이루며 마주한 두 도시를 트윈 시티(twin city, 쌍둥이 도시)라고 한다. 대표적인 트윈 시티로 미국과 멕시코의 국경에 위치한 Nogales*가 있다. 담장 하나를 사이에 두고 북쪽은 미국 애리조나주의 노갤러스 시이고, 남쪽은 멕시코 소노라주의 노갈레스 시이다. 도시 이름(Nogales)에서 보듯 두 도시는 원래 하나의 도시로 멕시코 땅이었는데, 1853년 미국이 멕시코로부터 애리조나주 남쪽의 멕시코 지역을 사들이면서 둘로 나뉜 것이다. 그 결과 지금은 경제적 측면에서 두 도시 간 격차가 **천양지차**로 벌어졌다.

압축 훈련
경제적 측면에서 두 도시 간 격차가 **천양지차**로 벌어지다.

Nogales
미국에서는 노갤러스(영어), 멕시코에서는 노갈레스(스페인 어)로 불림.

문제 훈련
Q. '천양지차'의 의미를 한 단어로 나타내면?

① 다르다 ② 버금가다 ③ 기이하다
④ 가리다 ⑤ 나란하다

107

65 | 천재일우

千 載 一 遇
일천 천 실을 재 한 일 만날 우

1,000 해(년) 1 조
천 재 일 우
載

재(載)
'년'의 의미로. '천재'는 곧 '천년'을 말함.

조우
우연히 서로 만남.

매3力 풀이
천 년(載, 해 재*) 동안 한 번[1회] 만남(**조우***).
···> 좀처럼 만나기 어려운 좋은 기회.

독서 훈련
유자광은 세조에게 인정받은 후 예종, 성종, 연산군, 중종 때까지 출세를 이어간다. 하지만 그는 남을 음해하고 고변(변고, 즉 반역 행위를 고발함)함으로써 높은 직위에 올랐던 만큼 결국은 유배지에서 죽는다. 서자로 태어난 유자광이 세조에게 총애를 받게 된 계기가 된 사건은 이시애의 난이다. 이시애의 난이 발생하자 유자광은 남이 장군의 부하로 들어가 공을 세워 높은 벼슬에 오른다. '이시애의 난'은 유자광에게 천재일우의 기회였던 것이다.

압축 훈련
천재일우의 기회

문제 훈련
Q. '천재일우'의 의미로 적절한 것은?
① 두터운 우정　　　　② 매우 좋은 기회
③ 우연히 생긴 일　　　④ 하늘이 정한 인연
⑤ 뛰어난 능력을 지닌 벗

66 | 타산지석

他 山 之 石
다를 타 메 산 갈 지 돌 석

~의 돌
타 산 지 석
인 山 之 石

반면교사(反面教師)
(다른 사람이나 사물의) 반대 측면(부정적 측면을 말함)이 (나에게) 교사가 됨. ···> 다른 사람이나 사물의 부정적인 측면에서 가르침을 얻음.

전철(前轍)
이전에 지나간 바퀴자국. ···> 이전 사람의 그릇된 일이나 행동의 자취를 말함.

매3力 풀이
다른(**타인**) **산**의 돌(石, 돌 석). ···> 다른 산에 있는 거칠고 나쁜 돌이라도 자기의 옥을 가는 데 소용이 됨(남의 말이나 행동이 자신의 지식과 인격을 수양하는 데에 도움이 됨). 逾 반면교사*

독서 훈련
세종 25년에 지은, 한글로 쓴 최초의 작품인 「용비어천가」는 총 125장으로 구성되어 있다. 이 중 마지막 장인 제125장에서는 중국 하나라 태강왕의 고사를 들어 후대 왕들이 경계로 삼아야 하는 내용을 담고 있다. 태강왕은 할아버지 우왕의 덕만 믿고 백성을 돌보지 않은 채 사냥을 즐겼고, 마침내는 낙수 밖으로 사냥을 간 지 100일이 넘어도 돌아오지 않자, 폐위(왕의 자리에서 몰아냄)된다. 이와 같은 태강왕 고사는 후대 왕들에게 태강왕의 전철*을 밟지 말라는 타산지석의 교훈을 준다.

압축 훈련
「용비어천가」 제125장은 후대 왕들에게 태강왕의 전철을 밟지 말라는 **타산지석**의 교훈을 준다.

문제 훈련
Q. '타산지석'의 의미로 적절한 것은?
① 거울삼다.　　　　　② 이해타산이 빠르다.
③ 옥석을 가리다.　　　④ 옳고 그름을 따지다.
⑤ 실력을 갈고닦다.

67 허장성세

虛 빌 허 **張** 베풀 장 **聲** 소리 성 **勢** 형세 세

허 과 고
풍 허장성세

매3力 풀이 허풍을 치며 과장하고 고성을 지르며 허세를 부림.
···▷ 실속은 없으면서 큰소리치거나 허세를 부림.

독서 훈련 허세를 부리고 허풍을 떠는 허장성세는 대체로 부정적 의미로 쓰인다. 하지만 중국의 병법서 『삼십육계』의 전술 중 아군의 세력을 실제보다 강하게 보이게 하는 허장성세의 전략은 적을 이기는 효과적인 전술로 꼽힌다. 진주 대첩과 명량 해전은 임진왜란 당시 허장성세의 전략이 통했던 대표적인 전투라고 할 수 있다. 진주 대첩에서 김시민 장군은 성 안에 군사가 많은 것처럼 보이게 하려고 노약자와 여자들까지 군복을 입혀 여기저기 세움으로써 3,800명의 군사로 2만 명의 왜군을 물리칠 수 있었고, 명량 해전에서 이순신 장군도 12척의 전투선 뒤에 100여 척의 피난선을 대기선처럼 배치하여 133척의 왜군을 격파할 수 있었다.

압축 훈련 허세를 부리고 허풍을 떠는 **허장성세**. 실제보다 강하게 보이게 하는 **허장성세**의 전략

문제 훈련 **Q.** '허장성세'와 의미가 통하는 말은?

① 교언영색 　　　　② 빈 수레가 요란하다.
③ 인산인해 　　　　④ 벼는 익을수록 고개를 숙인다.
⑤ 전전긍긍

68 호의호식

好 좋을 호 **衣** 옷 의 **好** 좋을 호 **食** 밥 식

양 양 음
호의호식
복

매3力 풀이 좋은(양호) 의복과 좋은(양호) 음식.
···▷ 잘 입고 잘 먹음. ㊀ 호강

독서 훈련 추사체(글씨)와 「세한도」(그림)로 유명한 김정희는 당대 최고의 학자로 인정받았고 스스로도 자부심이 대단하였다. 그런데 10년간의 유배 생활을 한 후 길을 가다 우연히 들른 초가집에서 만난 노부부에게서 큰 깨달음을 얻는다. 그들은 한 번도 서울에 가 보지 못했고, 호의호식은커녕 옥수수로 끼니를 때우면서도 아주 행복한 모습이었던 것이다.

압축 훈련 호의호식은커녕 옥수수로 끼니를 때우다.

문제 훈련 **Q.** 다음의 (　　　) 안에 들어갈 말로 적절한 것은?

호의호식 ↔ (　　　)

① 무위도식　　② 삼순구식　　③ 십시일반
④ 약육강식　　⑤ 호각지세

69	혼비백산	魂 넋 혼	飛 날 비	魄 넋 백	散 흩을 산

영
혼 혼 분
혼 비 백 산
행

매3力 풀이

영혼이 날아가고(**비행**) **혼백**이 흩어짐(**분산**).

⋯➤ 매우 놀라서 정신이 없음.

독서 훈련

청어는 성질이 급해 육지로 오기 전에 죽는다고 한다. 그래서 살아 있는 청어는 비싼데, 싱싱하게 살아 있는 청어를 팔아서 많은 돈을 번 어부가 있었다. 그 비결은 청어 통에 메기를 넣는 것이다. 메기가 청어를 잡아먹으려고 하자, 청어는 혼비백산하여 메기에게 잡아먹히지 않으려고 도망 다니느라 죽지 않고 산 것이다. 막강한 경쟁자의 존재가 다른 경쟁자들의 잠재력을 끌어올리는 효과를 설명하는 '메기 효과'는 여기에서 나온 말이다. 청어가 살아남은 것은 메기(경쟁자) 덕분이듯, 메기 효과는 경쟁자(메기)가 경쟁력을 높여 주는 효과를 말한다.

압축 훈련

혼비백산하여 잡아먹히지 않으려고 도망 다니다.

문제 훈련

Q. '혼비백산'과 바꿔 쓸 수 있는 말로 가장 알맞은 것은?

① 깜박 잊음.　② 넋을 잃음.　③ 뒤로 숨음.

④ 위험에 처함.　⑤ 갑자기 도망감.

70	화룡점정	畫 그림 화	龍 용 룡	點 점 점	睛 눈동자 정

회 　 안
화 룡 점 정
(용)　dot

매3力 풀이

용을 그린(**회화**) 뒤 (용의) 눈동자(**안정***)에 점을 찍음.

⋯➤ 무슨 일을 하는 데에 가장 중요한 부분을 완성함.

독서 훈련

신라는 고구려, 백제의 공격을 받으면서 당나라와 손을 잡는다. 나당(신라–당나라) 연합군은 백제를 먼저 멸망(660년)시킨 후 8년 뒤(668년) 고구려까지 멸망시켜, 신라는 우리 민족 최초의 통일을 이룬다. 하지만 이후 당나라가 한반도를 지배하려고 하자, 신라는 당나라에 대항해 싸웠고, 676년에는 당나라를 한반도에서 완전히 몰아낸다. 신라가 당나라에 대항해 싸운 나당 전쟁에서 신라가 승리한 것은 삼국 통일 전쟁의 화룡점정이라 할 수 있다.

압축 훈련

나당 전쟁에서 신라가 승리한 것은 삼국 통일 전쟁의 **화룡점정**이라 할 수 있다.

문제 훈련

Q. 다음 글을 바탕으로 할 때 '화사첨족'은 '화룡점정'과 상반되는 의미를 지닌다.　　　　(○ , ×)

'화사첨족(畫蛇添足, 그림 화·뱀 사·더할 첨·발 족)' 또는 '사족(蛇足)'은 뱀을 다 그리고 나서 뱀에 있지도 않은 발을 덧붙여 그려 넣는다는 뜻으로, 쓸데없는 군짓을 하여 도리어 잘못되게 함을 이르는 말이다.

'화룡점정'의 유래
용을 그린 후 마지막으로 눈동자를 그려 넣었더니 그림 속 용이 실제 용이 되어 하늘로 날아 올라갔다고 함.

안정
眼 눈 안　　睛 눈동자 정
눈동자.

71 | 후안무치

厚	顔	無	恥
두터울 후	낯 안	없을 무	부끄러울 치

전	염

후·**안**·**무**·**치**

박 면 無

매3力 풀이 얼굴(**안**면)이 두껍고(**후**박, 두꺼움과 얇음) 부끄러움(염**치**)이 없음(전**무**).
····▷ 뻔뻔스러워 부끄러움이 없음.

독서 훈련 일본에서 왕실의 조상이나 고유의 신앙 대상인 신 또는 국가에 공로가 큰 사람을 신으로 모신 사당을 '신사'라고 한다. 이 중 야스쿠니 신사는 가장 규모가 큰 신사로, 태평양 전쟁을 일으킨 전범자*들이 영웅시되어 그들의 동상이 전시되어 있다. 따라서 일본 총리가 이곳을 방문해 참배하는 것은 후안무치의 태도를 보여 주는 것이다.

압축 훈련 전범자들을 영웅시하는 **후안무치**의 태도

문제 훈련 **Q.** '후안무치'와 거리가 먼 것은?

① 문외한　　　② 염치없음.　　　③ 파렴치
④ 철면피　　　⑤ 뻔뻔스러움.

전범자
전쟁 범죄를 저지른 사람(者, 사람 자).

72 | 흥망성쇠

興	亡	盛	衰
일 흥	망할 망	성할 성	쇠할 쇠

부	패	융	

흥·**망**·**성**·**쇠**

퇴

매3力 풀이 (**부**)흥하고 (**패**)망함과 **융**성하고 **쇠퇴**함.

독서 훈련 2006년 중국중앙방송(CCTV)에서 처음 방송되어 화제가 된 〈대국굴기〉라는 프로그램이 있다. 역사 다큐멘터리인 〈대국굴기〉는 스페인·포르투갈·네덜란드·영국·프랑스·독일·일본·러시아·미국의 전성기와 그 발전 과정을 다루었는데, 2007년에는 우리나라에서도 방송되었고 『강대국의 조건』이라는 책으로도 번역되어 출간되었다. '굴기(崛起, 우뚝 솟을 굴·일어날 기)'는 '우뚝 솟는다'는 의미로, 제목 '대국굴기(大國崛起)'는 세계에 우뚝 선 강대국에 대해 다루고 있음을 알려 준다. 실제로 이 프로그램에서는 강대국의 **흥망성쇠**, 특히 굴기(부흥)한 원인을 분석하였다.

압축 훈련 강대국의 **흥망성쇠**, 특히 굴기(부흥)한 원인을 분석하다.

✓ [관련 속담] **흥망성쇠**와 부귀빈천이 물레바퀴 돌듯 한다.
⊛ 음지가 양지 되고 양지가 음지 된다.

문제 훈련 **Q.** 다음을 참고할 때, '흥망성쇠'와 의미가 통하는 것은? (정답 2개)

> '흥망성쇠'는 사람의 운수와 나라의 운명이 고정되어 있지 않고 늘 변한다는 것을 이르기도 한다.

① 동고동락　　　② 새옹지마　　　③ 소탐대실
④ 전화위복　　　⑤ 진퇴양난

111

Q1~12. '매3力 풀이'로 익히기

1. 지피지기	상대방(彼, 저쪽 피)에 대해서도 [ ] 하고, **자기**에 대해서도 [ ] 함. …▷ 적의 사정과 나의 사정을 모두 자세히 앎.
2. 진퇴양난	[①] 과 [②] 양쪽 모두 **곤란**함. …▷ 이러지도 저러지도 못하는 어려운 처지.
3. 천신만고	[①] 가지의 매운 것(**신라면**)과 [②] 가지의 고**생**. …▷ 온갖 고생을 다함.
4. 천양지차	하늘(天, 하늘 천)과 땅(**토양**) 사이와 같이 엄청난 [ ].
5. 천재일우	[①] 동안 한(1) 번 [②] 함. …▷ 좀처럼 만나기 어려운 좋은 기회.
6. 타산지석	다른(**타인**) [ ] 의 돌(**석재**, **암석**). …▷ 남의 말이나 행동도 자신을 수양하는 데 도움이 될 수 있음.
7. 허장성세	[①] 을 치며 [②] 하고 **고**성을 지르며 **허**세를 부림.
8. 호의호식	좋은(**양호**) [①] 과 좋은(**양호**) [②]. …▷ 잘 입고 잘 먹음.
9. 혼비백산	[①] 이 날아가고(**비행**) [②] 이 흩어짐(**분산**). …▷ 매우 놀라서 정신이 없음.
10. 화룡점정	[①] 을 그린(**畵**, 그릴 화) 뒤 (용의) 눈동자(**안정**)에 [②] 을 찍음. …▷ 가장 중요한 부분을 완성함.
11. 후안무치	[①] 이 두껍고(**후박**) [②] 가 없음(**전무**). …▷ 뻔뻔스러워 부끄러움이 없음.
12. 흥망성쇠	[①] 하고 [②] 함과 융성하고 쇠**퇴**함.

Q13~15. 왼쪽에 제시된 어휘의 의미와 관계 깊은 말을 오른쪽에서 찾아 서로 줄로 이으시오.

13. 진퇴양난 •

                                • ㉮ 교훈

                                • ㉯ 변덕

14. 타산지석 •

                                • ㉰ 불안

                                • ㉱ 철면피

                                • ㉲ 딜레마

15. 후안무치 •

                                • ㉳ 아킬레스건

Q16. 다음 중 한자 성어와 그 의미가 <u>잘못</u> 연결된 것은?

① 혼비백산 – 놀라다   ② 허장성세 – 큰소리치다
③ 천재일우 – 뛰어나다   ④ 후안무치 – 뻔뻔스럽다
⑤ 천신만고 – 고생하다

Q17. '냉수 먹고 이 쑤시기'와 의미가 통하는 말을 <보기>에서 고르시오.

> ✓ 보 기
>
> 진퇴양난, 천양지차, 허장성세, 호의호식, 혼비백산, 후안무치

Q18. 다음 '십자말풀이'의 빈칸에 들어갈 말을 완성하시오.

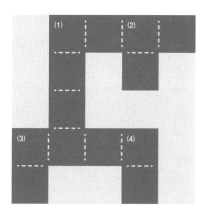

가로 풀이	(1) 아주 큰 차이. 천지(하늘과 땅) 차이. (3) 사방을 돌아봐도 친척이 없음. ㈜ 고립무원
세로 풀이	(1) 온갖 고생을 다함. (2) 어떤 목표에 뜻이 쏠리어 향함. (☞ p.45) (3) 화사첨족. 쓸데없는 군짓을 하여 도리어 잘못되게 함. (4) 친함과 친하지 않음. (☞ p.52)

Q1~10. 다음 밑줄 친 말의 쓰임이 적절하면 ○, 적절하지 않으면 ✕로 표시하시오.

1. 흥부는 **삼순구식**을 면하지 못할 정도로 가난했다. ─────────

2. **고진감래**라더니. 온갖 고생 끝에 마침내 성공했구나. ─────────

3. **과유불급**이라고 자식에 대한 사랑은 많으면 많을수록 좋다. ─────────

4. 부모를 **반포지효**로 모시는 것은 자식으로서 마땅히 할 도리이다. ─────────

5. 열심히 노력한 결과 좀처럼 얻기 어려운 **흥망성쇠**의 기회를 얻었다. ─────────

6. 서두르지 않고 꾸준히 노력하기 위해 좌우명을 '**우공이산**'으로 정했다. ─────────

7. 범인이 어디로 숨었는지 단서조차 찾지 못해 사건이 **오리무중**에 빠졌다. ─────────

8. 계획을 세우고 시작하는 것과 계획 없이 하는 것은 **천신만고**의 차이가 있다. ─────────

9. 하루에 운동을 몇 시간 하느냐고 물었더니, 아침부터 한다고 **자문자답**을 하였다. ─────────

10. 열심히 공부하는데도 공부 방법을 몰라서 성적이 안 나오는 경우가 **비일비재**하다. ─────────

Q11~19. 서로 관련이 있는 말끼리 줄로 이으시오.

ㄱ. 놀람 •

• **11.** 각골지통 •　　　• ㅂ. 의심함

• **12.** 경국지색 •

ㄴ. 덧없음 •

• **13.** 군계일학 •　　　• ㅅ. 즐거움

• **14.** 박장대소 •

ㄷ. 두려움 •

• **15.** 반신반의 •　　　• ㅇ. 아름다움

• **16.** 전전긍긍 •

ㄹ. 뛰어남 •

• **17.** 절체절명 •　　　• ㅈ. 위태로움

• **18.** 속수무책 •

ㅁ. 무력함 •

• **19.** 혼비백산 •　　　• ㅊ. 고통스러움

Q20. 빈칸에는 숫자를 나타내는 말이 들어간다. 가장 큰 수가 들어가는 것은?

① □중팔구　　　② □재일우　　　③ 삼순□식

④ 일석□조　　　⑤ 구사□생

✔ 20문항 중 17~20문항을 맞혔으면 헷갈리는 어휘만 다시 보고, 16문항 이하를 맞혔으면 전체 어휘를 다시 보기!

정답 1. ○　2. ○　3. ✕　4. ○　5. ✕　6. ○　7. ○　8. ✕　9. ✕　10. ○　11. ㅊ　12. ○　13. ㄹ　14. ㅅ　15. ㅂ　16. ㄷ
17. ㅈ　18. ㅁ　19. ㄱ　20. ②

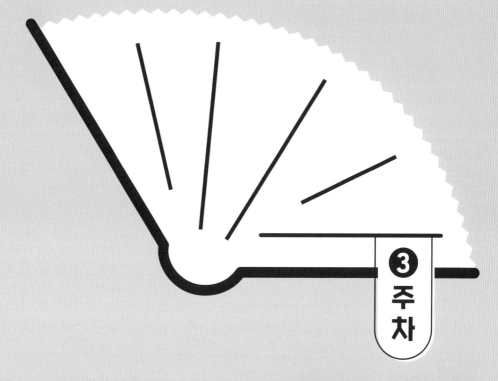

국어 과목
필수 개념어

준

대	비
對	比
조	교

대	비
對	備
처	

대비 對比/對備

국어 과목 필수 개념어,

(개념어들을) **대비**(對比)하여

(확실하게 시험에) **대비**(對備)하세요!

01 | 감정 이입

感	情	移	入
느낄 감	뜻 정	옮길 이	들 입

감정이입
대
동

매3力 풀이	<u>감정</u>(기분, 심정)을 <u>이동</u>하여 <u>대입</u>함. ···> 자신의 감정을 불어넣음.
대표 예시	❶ 서러운 풀빛: 자신의 서러운 감정을 '풀빛'에 이입함. ❷ 새와 짐승들도 슬피 울고: 자신의 슬픈 감정을 '새와 짐승'에 이입함.
연관 개념	객관적 상관물 • 화자(글쓴이)의 감정을 표현하는 데 동원된 객관적인 사물(풀빛, 새, 짐승)을 말한다. • 화자(글쓴이)의 감정이 이입된 대상이면 객관적 상관물이지만, 객관적 상관물이라고 해서 모두 감정이 이입된 대상은 아니다. <div align="right">※ 감정 이입 ⊂ 객관적 상관물</div>• 화자(글쓴이)와 대상의 감정이 일치하면 감정 이입이면서 객관적 상관물이고, 일치하지 않더라도 화자의 감정을 드러내는 데 동원된 대상이면 객관적 상관물이다. • 유리왕의 「황조가」*에서 화자인 유리왕은 암수 서로 정답게 노는 꾀꼬리를 보고 외로움을 느낀다. 여기서 외로움(감정)을 드러내는 데 동원된 대상(객관적 상관물)은 꾀꼬리이지만, 꾀꼬리는 유리왕의 감정이 이입된 것으로 볼 수 없다. 유리왕은 외로운 반면 꾀꼬리는 정답기 때문이다.
문제 훈련	**Q.** 다음에서 '객관적 상관물'을 찾아 쓰시오. 외로이 흘러간 한 송이 구름

유리왕, 「황조가」
훨훨 나는 저 꾀꼬리
암수 서로 정답구나.
외로울사 이 내 몸은
뉘와 함께 돌아갈꼬.

02 | 개연성

蓋	然	性
덮을 개	그러할 연	성질 성

대자개연성질
스러움

매3力 풀이	**대개**(대부분) **자연**스럽게 여기는 **성질**. ···> 확실하지는 않으나 아마 그럴 것이라고 생각하는 성질. ㉑ 필연성
대표 예시	결론이 참일 가능성이 높은 추론은 개연성이 높다고 하고, 가능성이 낮은 추론은 개연성이 낮다고 한다.
연관 개념	필연성, 허구성 **필연성** | 반드시(필히) 그렇게 되는 것이 자연스러운 성질. **허구성** | 허위(거짓)로 구성된 성질. ㉑ 사실성, 진실성
문제 훈련	**Q.** 밑줄 친 '개연성'의 의미에 가까운 것은? 소설은 <u>개연성</u>이 있는 허구다. ① 사실성 ② 실현성 ③ 우연성 ④ 필요성 ⑤ 허위성

03 | 격정적

激 情 的
심할 격 뜻 정 ~의 적

감
격 정 적
렬
하
다
~하는
(것)

매3力 풀이　**격렬**한 **감**정이 일어나는 (것).

대표 예시

그날이 오면, 그날이 오면은
삼각산이 일어나 더덩실 춤이라도 추고,
한강물이 뒤집혀 용솟음칠 그날이
이 목숨 끊기기 전에 와 주기만 할 양이면,
나는 밤하늘에 날으는 까마귀와 같이
종로의 인경*을 머리로 들이받아 울리오리다.   – 심훈, 「그날이 오면」

⋯＞ 1930년에 지은 시로, '그날(조국 광복의 날)'을 간절히 소망하는 마음을 **격정적**
으로 노래하고 있다.

연관 개념　어조, 격정적 어조

어조	격정적 어조
말(언어)의 가락(곡조). ㉤ 말투	격렬한 감정을 억누르지 못한 말투. ㉤ 흥분된 목소리 ㉫ 차분한 목소리

인경
조선 시대에, 통행금지를 알리거
나 해제하기 위해 치던 종.

문제 훈련　**Q.** '격정적이다'의 의미와 가까운 것은?

① 감동하다　② 격변하다　③ 북받치다　④ 분노하다　⑤ 자극되다

04 | 관념적

觀 念 的
볼 관 생각 념 ~의 적

주 상
관 념 적
적
~하는
(것)

매3力 풀이　**주관**적인 생각(**상념**)에 사로잡혀 있는 (것). ㉤ 추상적, 공상적 ㉫ 구체적

대표 예시　최인훈의 소설 「광장」에서 주인공 이명준은 정전(전쟁을 잠시 중단함) 후
남한과 북한 모두를 거부하고 중립국을 선택하는데, 이때 중립국의 삶을 상
상하는 부분에서 현실에 대한 이명준의 **관념적**(주관적이고 추상적인) 인식
이 드러나 있다.

연관 개념　관념의 구체화, 관념의 시각화

관념의 구체화	추상적인 관념을 구체적으로 표현하는 것 ㉭ 내 마음은 호수요[추상적인 '마음'을 구체적(호수)으로 표현함.]
관념의 시각화	추상적인 관념을 시각적으로 표현하는 것 ㉭ 푸른 그리움[추상적인 관념인 '그리움'을 시각적(푸르다)으로 표현함.]

문제 훈련　**Q.** 다음의 (　　　) 안에 들어갈 알맞은 말은?

관념적 ↔ (　　　)

① 관습적　② 실천적　③ 일반적　④ 철학적　⑤ 추상적

05 | 관용적

慣 用 的
익숙할 관 | 쓸 용 | ~의 적

사
관 용 적
습
적
~하는 (것)

매3力 풀이
관**습**적(습관적)으로 오랫동안 **사용**해 온 (것). 속담, 격언, 고사 성어 등

대표 예시
'백문이 불여일견'이라는 말처럼 문화재는 직접 가서 보는 것이 중요하다는 것을 깨닫게 되었다.　　　　　　　　　　　　　　　　　　　－ 2012학년도 수능
⋯> 관용적 표현인 한자 성어(백문이 불여일견*)를 인용하여 직접 경험의 중요성을 강조하고 있다.

연관 개념
관용, 관용어(구)
• 동음이의어인 '관용(慣用)'과 '관용(寬容)'

| 관용(慣用) | 습관적으로 사용하는 것. ㉤ 관습 |
| 관용(寬容) | 관대하게 포용하는 것. ㉤ 아량, 용서 |

• 관용어(구): 둘 이상의 단어가 결합하여 원래의 뜻과 다른 새로운 뜻을 나타내는 말. ㉲ 손이 크다(씀씀이가 후하고 크다)

백문이 불여일견
백 번 듣는 것이 한 번 보는 것만 못함.
– **백문**(百聞, 일백 백·들을 문): 백 번 듣는 것
– **불여일견**(不如一見, 아니 불·같을 여·한 일·볼 견): 한 번 보는 것만 못함.

문제 훈련
Q. 다음 중 관용어구의 관용적 의미를 나타낸 것이 아닌 것은?
① 발을 끊다.(→ 관계를 끊다)
② 볼을 적시다.(→ 눈물을 흘리다)
③ 마음에 차다.(→ 흡족하게 여기다)
④ 눈을 감다.(→ 눈꺼풀이 눈동자를 덮다)
⑤ 돌을 던지다.(→ 남의 잘못을 비난하다)

---

06 | 관조적

觀 照 的
볼 관 | 비출 조 | ~의 적

관 조 적
망 명
~하는 (것)

매3力 풀이
한발 물러나서 바라보거나(관**망**) 비추어 보는(조**명**) (것).
⋯> 담담하게 바라보는 (것). 주관적 감정 ✕

대표 예시
강나루 건너서 / 밀밭 길을 // 구름에 달 가듯이 / 가는 나그네
　　　　　　　　　　　　　　　　　　　　　　　　　– 박목월, 「나그네」
⋯> 화자는 강나루를 건너서 밀밭 길을 걸어가는 나그네를 한발 떨어진 자리에서 담담하고 차분하게 바라보는 **관조적**인 태도를 취하고 있다.

연관 개념
달관　사소한 것에 얽매이지 않고(집착 ✕) 바라보는(관**망**) 것.
⋯> 천상병은 「귀천」이란 시에서 이 세상의 삶을 소풍에 비유하는가 하면 죽음도 긍정적으로 바라보는 **달관**의 자세를 보여 준다.

문제 훈련
Q. '관조적'과 의미가 통하는 것은?
① 감정적이다　　② 집착하다　　③ 직설적이다
④ 철학적이다　　⑤ 초연하다

07 | 구어적

口 語 的
입 구 | 말씀 어 | ~의 적

매3力 풀이	일상적인 대화에서 쓰는, **구두**로 하는 말(**언어**)인 (것).
대표 예시	아따 밥만 많이 먹게 되면 팔자는 고만 아니냐. — 김유정, 「동백꽃」 ···> 일상적인 대화에서 쓰는 말투를 그대로 표현한 것으로, **구어적** 표현은 생동감과 현장감을 준다.
연관 개념	구어체, 문어체, 구전 문학

구어체	• 일상적인 대화에서 쓰는 말투(**구어** 투)를 사용한 문체. • '-요, -야, -여' 등의 종결 어미 사용. 사투리(방언) 사용. 걸(것을), 이거(이것) 등
문어체	• 글에서 쓰는 말투(문어 투)를 사용한 문체. • 고로[불쌍한 고로(까닭에)], -지라(모르는지라), -더라(아니하더라) 등
구전 문학	• 입으로(구두) 전해 오는 문학. • 설화, 민요, 판소리 등 ㉠ 구비 문학 ㉡ 기록 문학

문제 훈련 **Q.** 밑줄 친 말 중 구어적 표현이 <u>아닌</u> 것은?

① <u>무슨</u> 일이 있었구나.　② 너<u>한테</u> 좀 서운했어.
③ 덕분에 많은 <u>걸</u> 배웠어.　④ 형이 하<u>길래</u> 따라 했어.
⑤ 동아리 친구<u>랑</u> 갔다 왔어.

08 | 권위적

權 威 的
권세 권 | 위엄 위 | ~의 적

매3力 풀이	권력과 위신(위엄과 신망)을 내세워 억압하는 (것).
대표 예시	① 승선교와 달리 옥천교는 통행할 수 있는 대상에 제약이 있었던 것으로 보아, 권위적인 영역으로 진입하는 통로이겠군. — 2014학년도 수능(A형) ···> 승선교는 뭇사람들이 건널 수 있었지만 옥천교는 임금과 임금에게 허락받은 사람들만이 건널 수 있었다. 통행에 제한이 있었다는 점에서 옥천교는 **권위적**인 영역으로 진입하는 통로라고 볼 수 있다.
연관 개념	권위, 권위주의적

권위	권위주의적 = 권위적
• 남을 통솔하는 힘(⑩ 대통령의 권위). 또는 특정 분야에서 인정을 받고 영향을 끼칠 수 있는 능력(⑩ 권위 있는 대회). • 긍정적 의미를 지님.	• 권위를 내세우는 것. 또는 지위나 권력을 내세우며 상대를 억압하는 것(⑩ 권위적인 태도). • 부정적 의미를 지님.

문제 훈련 **Q.** 문맥으로 보아, { } 안의 말 중 적절한 것은?

{ 권위적인 / 권위 있는 } 인물이 중재함으로써 인물 간의 갈등이 해소되고 있다.

<table>
<tr><td>**09**</td><td>**극적**</td><td> 심할 **극**</td><td> ~의 **적**</td></tr>
</table>

연
극 적

~하는 (것)

매3力 풀이

연극의 특성을 띠는 (것).

❶ (극 문학의 특징인) 대화체, 갈등, 복선 등을 사용하는 것.

   예 극적 요소, 극적 장치

❷ (극을 보는 것처럼) 긴장이나 감동을 불러일으키는 드라마틱한 것.

   예 극적 만남

대표 예시

❶-1. 대화체를 사용한 것

「독자왕유희유오영」(권섭의 시조)에서, 제1·3·5수에서는 '나'가 화자가 되어 청자에게 놀러 가자고 권하는 말을 하고, 제2수(문관)와 제4수(또 다른 인물)에서는 청자가 화자가 되어 놀러 갈 수 없다고 답변한다. 이는 화자를 바꿔 가며 극적 요소를 가미하여 시상을 전개한 것이다.

❶-2. 극적 장치인 복선을 사용한 것

「오아시스 세탁소 습격 사건」(김정숙의 희곡)에서, 등장인물 '이'는 40년 전에 맡긴 어머니의 옷을 찾기 위해 오아시스 세탁소를 찾는다. 40년 전에 맡긴 옷을 다시 찾는 것은 현실적으로는 일어나기 어렵지만, 현실에서 일어날 법한 상황으로 느낄 수 있도록 작가는 왼쪽의 [1], [2]와 같이 극적 장치를 사용한다.

[1] 40년 전 오아시스 세탁소를 운영하던 '강'의 아들이 대를 이어 세탁소를 운영해 옴.

[2] 아버지 '강'이 세탁물에 관해 노트에 빠짐없이 기록해 두고 그것을 보관해 둠.

❷ 긴장이나 감동을 불러일으키는 것

「독 짓는 늙은이」(황순원 원작의 시나리오)에서, '옥수'는 남편(송 영감)과 아들을 버리고 야반도주(한밤중에 도망함)한다. 그러나 후에 이 일을 후회하며 생을 마감하려고 송 영감의 뜸막에 온다. 여기에서 옥수는 아들과 극적으로 만나게 된다.

연관 개념

극적 제시(인물 제시 방법)

• 소설에서, 인물의 성격을 대화와 행동을 통해 간접적으로 제시하는 방식

• 인물 제시 방법

간접적 제시	직접적 제시
• 보여주기(showing) 방식: 극적 제시, 장면적 제시라고도 함.	• 말하기(telling) 방식: 분석적·요약적·해설적·논평적 제시라고도 함.
• (흥부의 마음씨는 형 놀부와 달라) 굶어서 죽게 된 사람에게 먹던 밥을 덜어 주고 얼어서 병든 사람 입었던 옷 벗어 주기, …	• (흥부의 마음씨는 형 놀부와 달라) 부모에게 효도하고 어른을 존경하며 이웃 간에 화목하고 친구에게 신의 있어, …
→ 인물(흥부)의 성격(약자를 배려하는 마음)을 행동을 통해 드러냄.	→ 인물(흥부)의 성격을 서술자가 직접 설명해 줌.

문제 훈련

Q. 다음의 ( ) 안에 들어갈 말로 적절한 것은?

[인물 제시 방법] 말하기 방식 ↔ ( )

① 극적 흥미   ② 극적 효과

③ 극적 표현   ④ 극적 제시

⑤ 극적 반전

10 | 금기어

禁 忌 語
금할 금 꺼릴 기 말씀 어

언
금 기 어
지 피

매3力 풀이 금**지**하고 꺼리는(기**피**) **언**어.
···▶ 불쾌하고 두려운 것을 연상하게 하여 입 밖에 내기를 싫어하는 말, 또는 사회·문화적 관습 등에 의해 신성시되거나 부정(不淨)*한 것으로 생각되는 말.

대표 예시 천연두, 감옥, 유방, 죽다, 쥐, 똥 누다 등

연관 개념 완곡어 완만하게 곡선처럼 부드럽고 모나지 않은 언어.
···▶ 직설적으로 말하기 ✕, 돌직구 ✕

✓ 금기어를 완곡어로 바꾸기
• 질병 관련: 천연두 → 손님   • 죽음 관련: 죽다 → 돌아가시다
• 범죄 관련: 감옥 → 큰집   • 추한 동물 관련: 쥐 → 서생원
• 성(性) 관련: 유방 → 가슴   • 배설 관련: 똥 누다 → 뒤보다

문제 훈련 **Q.** '금기어'를 '완곡어'로 바꾼 것으로 적절하지 않은 것은?
① 변소 → 화장실   ② 청소부 → 환경미화원
③ 천연두 → 마마   ④ 후진국 → 개발도상국
⑤ 교도소 → 형무소

부정(不淨)
정결하지 않음.

11 | 다의어

多 義 語
많을 다 뜻 의 말씀 어

단
다 의 어
수 미

매3力 풀이 (하나의 단어가) 두 가지 이상의(다**수**) 의**미**를 가진 **단**어.
※ 다의어는 ❶ 중심 의미와 주변 의미로 구별됨.
❷ 뜻이 서로 연관성이 있음.

대표 예시 손, 발, 배 등

다의어	중심 의미	주변 의미
손	신체(手, 손 수)	노동력(손이 모자라다), 씀씀이(손이 크다)
발	신체(足, 발 족)	걸음(발이 빠름), 가구 밑을 받치는 부분(장롱의 발)
배	신체(腹, 배 복)	물건의 볼록한 부분(배가 불룩한 주전자)

연관 개념 동음이의어 음(소리)은 동일하지만 의미는 완전히 다른(이질적인) 두 단어.
···▶ 두 단어 사이의 의미가 서로 연관성이 없음.

손 ┃ 손(손님)을 치르다, 손(자손)이 귀하다: 신체의 '손'과 연관성 ✕
발* ┃ 문에 발[1]을 치다, 서 발[2] 막대, 한 발[3] 쏘다: 신체의 '발'과 연관성 ✕
배 ┃ 먹는 배(梨), 타는 배(舟): 신체의 '배'와 연관성 ✕

발
(1) 커튼 같은 가리개.
(2) 길이의 단위.
(3) 총알·화살을 세는 단위.

문제 훈련 **Q.** 다음의 '다리' 중 '다의 관계'에 있지 않은 것은?
① 안경다리   ② 책상 다리   ③ 징검다리
④ 지겟다리   ⑤ 오징어 다리

121

Q1~11. '매3力 풀이'로 익히기

1. 감정 이입	감정을 [①] 하여 [②] 함. ···> 자신의 감정을 불어넣음.
2. 개연성	[ ] **자**연스럽게 여기는 성**질**. ···> 확실하지는 않으나 아마 그럴 것이라고 생각하는 성질.
3. 격정적	[ ] **감**정이 일어나는 (것).
4. 관념적	[ ] 생각(**상**념)에 사로잡혀 있는 (것).
5. 관용적	[ ]으로 오랫동안 **사**용해 온 (것).
6. 관조적	한발 물러나서 [ ]하거나 비추어 보는(조**명**) (것). ···> 담담하게 바라보는 (것).
7. 구어적	일상적인 대화에서 쓰는, [ ] 하는 말(**언**어)인 (것).
8. 권위적	[①] 과 [②] 을 내세워 억압하는 (것).
9. 극적	[ ]의 특성을 띠는 (것).
10. 금기어	[①] 하고 [②] 하는 **단**어. ···> 불쾌하고 두려운 것을 연상하게 하여 입 밖에 내기를 싫어하는 말, 또는 사회·문화적 관습 등에 의해 신성시되거나 부정(不淨)한 것으로 생각되는 말.
11. 다의어	[①]의 [②]를 가진 **단**어.

Q12~16. 다음의 설명이 적절하면 ○, 적절하지 않으면 ×로 표시하시오.

12. 객관적 상관물이면 감정 이입의 대상이기도 하다. ————————————— (   )

13. 속담이나 격언, 고사 성어는 관용적 표현에 해당한다. ————————————— (   )

14. '얼짱'은 얼굴이 잘생겼거나 예쁜 사람을 이르는 금기어이다. —————————— (   )

15. 권위적인 논문을 인용하면 내용의 타당성을 인정받을 수 있다. —————————— (   )

16. 소설에서 벌어지는 일은 현실에서 반드시 일어나는 필연성을 갖는다. ——————— (   )

Q17~19. 왼쪽에 제시된 어휘의 사례에 해당하는 것을 오른쪽에서 찾아 서로 줄로 이으시오.

17. 격정적 •

    • ㉮ 부르다가 내가 죽을 이름이여!

    • ㉯ 구름에 달 가듯이 가는 나그네.

18. 관조적 •

    • ㉰ 잎새에 이는 바람에도 나는 괴로워했다.

    • ㉱ 몸살이 나려는지 아침부터 몸이 찌뿌둥했어.

19. 구어적 •

    • ㉲ 부모에게 효도하고 어른을 존경할 줄 안다.

Q20. 다음 중 관용적 표현이 쓰이지 **않은** 것은?

① 그 일은 이미 물 건너간 지 오래되었다.
② 손이 부족해서 일을 제때에 끝낼 수가 없었다.
③ 동생 생일이어서 오늘 아침은 미역국을 먹었다.
④ 너도나도 일회용품 사용 줄이기에 발 벗고 나섰다.
⑤ 그런 소문이 난 데는 이유가 있겠지. 아니 땐 굴뚝에 연기 날까?

Q21. 다음 설명으로 보아, '삼연패'와 관계 깊은 것은?

'삼연패'는 문맥에 따라 세 번 연속해서 졌다는 뜻을 나타내기도 하고, 세 번 연달아 우승했다는 뜻을 나타내기도 한다.

① 구어   ② 금기어   ③ 완곡어   ④ 다의어   ⑤ 동음이의어

12	대비	對 比
		대할 대 / 견줄 비

대 비
조 교

매3力 풀이 대조하여 비교함. ···▷ '차이'를 밝히기 위해 서로 맞대어 비교함.

대표 예시

❶ 현진건의 소설 「빈처」에서는 먹을 것을 사기 위해 살림을 내다 팔아야 하는 가난한 상황에서도 남편을 끝까지 이해해 주는 '아내'와, 물질적으로 풍족하면서도 남편의 흉을 보는 '처형'(아내의 언니)을 대비적으로 제시하여 물질보다 정신적 삶이 중요하다는 것을 보여 준다.

❷ 다음 윤선도의 시조에서는, 꽃은 피었다가 쉽게(빨리) 지고, 풀은 푸른 듯하다가 누렇게 되는 데 비해 바위는 변하지 않는 것에 착안하여 '꽃·풀'과 '바위'를 대비하여 변함없는 바위를 예찬하고 있다.

> 꽃은 무슨 일로 피면서 쉬이 지고
> 풀은 어이하여 푸르는 듯 누르나니
> 아마도 변치 아닐손 바위뿐인가 하노라.　　　　– 윤선도, 「오우가」〈제3수〉

연관 개념 대조, 대비(對備)

• 대조: 두 대상의 차이점을 견주는 방법이란 점에서 '대비'와 같다. 문학에서 흔히 쓰이는 대조의 대상으로는 이상과 현실, 과거와 현재, 인간의 유한성과 자연의 무한성, 어둠과 밝음, 젊음과 늙음 등이 있다.

• 대비(對比) vs. 대비(對備)

대비(對比)	대조하여 차이를 비교함. 예 색채 대비
대비(對備)	대응(대처)하기 위해 미리 준비함. 예 국어 시험 대비

문제 훈련 **Q.** 밑줄 친 '대비'의 쓰임이 나머지 넷과 다른 하나는?

① 손실을 대비하다.　② 면접을 대비하다.　③ 만일을 대비하다.
④ 공간을 대비하다.　⑤ 나중을 대비하다.

Q **'대비'가 아닌 것 같아서 오답에 답했어요!**

「상사곡」의 '그리워해도 못 보니 하루가 삼 년 같도다'에서, 임을 그리워하는 마음에 하루가 삼 년 같이 길게 느껴진다는 심정은 이해하겠는데, 이게 하루와 삼 년의 대비가 될 수 없다고 생각해 오답에 답했습니다. 대비는 두 가지 것을 놓고 화자가 다르다고 생각하는 것 아닌가요? 화자는 현재 하루가 삼 년 같다면서 하루와 삼 년을 동일시하고 있는데 이게 어떻게 대비가 되는 건지 모르겠습니다. 대비의 사전적 정의를 찾아보니 서로 다른 성질의 것을 나란히 놓았을 때, 그 차이가 현저히 드러나는 현상이라고 제시되어 있는데, 그렇다면 화자의 의도와는 무관하게 분명히 차이가 나는 두 가지 것이 함께 제시되면 무조건 대비라고 볼 수 있는 건가요?

A 2015학년도 수능(A형)에 출제된 박인로의 「상사곡」에 대한 질문이네요. '그리워해도 못 보니 하루가 삼 년 같도다'에서는 '하루'와 '삼 년'을 동일시하고 있는 것이 맞습니다. 그러나 '하루'는 짧은 시간을, '삼 년'은 긴 시간을 의미하므로 '하루' 같이 짧은 시간과 '삼 년' 같이 긴 시간의 **차이를 통해 서로 맞대어** 놓았다는 점에서 '하루'와 '삼 년'은 대비한 것입니다. 그리고 임이 없는 '하루'는 마치 '삼 년' 같이 길게 느껴진다는 것은 임을 기다리는 화자의 간절한 정서를 반영한 것이므로 '하루'와 '삼 년'을 대비한 것은 화자의 의도와 무관하지 않고요.

13 | 대응

對 대할 대 應 응할 응

응 조
대 응

매3力 풀이	❶ 어떤 일을 대하고 그에 맞추어 응(응대, 응수)함. 예 대응 방법
	❷ 두 대상이 마주 대하여(향하여) 짝을 이룸(조응, 상응). 예 대응 관계
대표 예시	• 대응 ❶: 고전 문학에 나오는 인물들은 이별의 상황에 소극적으로 대응하고 체념하는 경우가 많다.
	• 대응 ❷: 시에서 처음과 끝을 대응시키면 안정감을 주게 된다.

연관 개념 상응, 조응, 부응, 호응

상응	상호(서로) 대응함. 예 수미상응*, 노력에 상응하는 대가
조응	조명을 비추듯 서로 잘 대응함. 예 꿈에서 본 내용과 조응됨.
부응	요구나 기대에 좇아서 응함. 예 기대에 부응함.
호응	• 부름(호소)에 긍정적으로 반응(응답)함. 예 독자들의 호응
	• 앞에 어떤 말이 오면 거기에 응하는 말이 따라옴. 예 주술 호응

수미상응 ☞ p.137
수미상관. 문학에서, 처음과 끝
부분이 비슷한 내용이나 구절,
문장으로 배치되는 방식.

문제 훈련 Q. 다음 중 '대응'의 의미와 쓰임이 나머지 넷과 다른 하나는?

① 신중하게 대응하다   ② 일대일로 대응하다.
③ 발 빠르게 대응하다.   ④ 적극적으로 대응하다.
⑤ 환경 변화에 대응하다.

Q₁ '정서적 대응'이 궁금합니다. 어떤 의미로 쓰이는 표현인지 잘 모르겠습니다.

A₁ '정서적 대응'이란 '정서적 반응'으로 생각하면 됩니다. 황지우의 시 「겨울 – 나무로부터 봄 – 나무에로」에서 '겨울 – 나무'는 '온몸이 으스러지도록' '부르터지면서' '싹을 내밀고' 꽃 피는 (봄) 나무'가 됩니다.
이 과정에서 시적 화자는 '아아, 마침내, 끝끝내'라고 반응합니다. 여기에는 온갖 시련을 겪은 후에 결국에는 꽃을 피우는 나무에 대한 믿음과 감동, 그리고 안도의 정서가 담겨 있다고 볼 수 있습니다.
따라서 '아아, 마침내, 끝끝내'는 '자기의 온몸으로', '자기 몸으로 꽃 피는 나무'로 비약하는 데 대한 정서적 대응(정서적 반응)에 해당합니다.

나무
'자기의 온몸으로'
'자기 몸으로 꽃 피는 나무'
로 성장(비약)함.

▼ 정서적 대응

시적 화자
아아, 마침내, 끝끝내
(정서: 믿음, 감동, 안도)

Q₂ 대응과 대비

시에서 '이미지를 대응시키고 있다.'고 할 때 '대응'은 '대비'와 같은 의미로 쓰인 건가요?

A₂ 결론부터 말하면 대응과 대비는 다르게 쓰입니다. 오른쪽 시조를 예로 들면, 바람 불어 쓰러진 나무는 비가 온다고 해서 싹이 나지 않고, 임이 그리워 든 병은 약을 먹는다 해도 안 낫는다고 했는데, 이때 '쓰러진 나무'와 '병든 나'는 대응되고 있지만, 대비되고 있는 것은 아닙니다.

바람 불어 쓰러진 나무 비 온다 싹이 나며
임 그려 든 병이 약 먹다 나을쏘냐
저 임아 널로 든 병이니 네 고칠까 하노라
– 작자 미상의 시조

125

14 | 대칭적

對 대할 대　稱 일컬을 칭　的 ~의 적

천
대 칭 적
응
~하는
(것)

매3力 풀이	천칭(저울)처럼, (가운데를 중심으로 양쪽이) 서로 대응하여 동일한 모습으로 마주보며 짝을 이루고 있는 (것). ※ 데칼코마니*를 떠올릴 것!
대표 예시	미켈란젤로가 설계한 이탈리아 로마에 있는 캄피돌리오 광장은 타원형의 광장 중앙에 옛 로마 황제의 기마상이 있고, 기마상 아래의 바닥에는 별 모양의 장식이 있으며, 광장의 바닥은 기마상에서 뻗어 나온 선들이 교차하여 만들어진 무늬가 대칭적으로 조합되어 안정감을 준다.  〈캄피돌리오 광장〉
연관 개념	대칭적 구조, 비대칭성 • 대칭적 구조: 상하 또는 좌우가 짝(균형)을 이루는 구조. 고구려 제2대 왕인 유리왕은 왕비가 죽자 후실(후처)로 화희와 치희를 맞이한다. 그런데 화희와 치희가 싸우다 치희가 한나라로 가 버린다. 유리왕이 뒤쫓아가지만 치희는 돌아오지 않는다. 이에 유리왕은 사랑하는 치희를 잃은 자신의 처지를 노래하는데, 이것이 바로 「황조가」(p.116 참조)이다. 이 노래의 1~2구에서는 암수 서로 정답게 노니는 꾀꼬리를, 3~4구에서는 짝을 잃고 외로워하는 화자(유리왕)를 노래하고 있어, 1~2구와 3~4구가 대칭 구조를 이룬다. • 비대칭성: 대칭적이지 않은(非 , 아닐 비) 성질. 상하, 좌우 등이 서로 짝을 이루고 있지 않은 성질. ※ 정보의 비대칭성: 정보가 한쪽에만 존재하고 다른 한쪽에는 존재하지 않는 것. 또는 한쪽이 다른 한쪽보다 정보를 더 많이 가지고 있는 것.
문제 훈련	**Q.** '대칭적'인 것의 특징을 가장 잘 나타낸 것은? ① 균형적이다　② 대조적이다　③ 연속적이다 ④ 절대적이다　⑤ 추상적이다

데칼코마니
종이에 물감을 칠한 후 반으로 접어서 대칭적인 무늬를 만드는 회화 기법.

15 | 독백체

獨 홀로 독　白 흰/아뢸 백　體 몸 체

단 고 문
독 백 체

매3力 풀이	혼자(단독) 말하는(고백) 형식의 문체. 반 대화체
대표 예시	고전 소설 「별주부전」에서, 수궁에 도착한 토끼는 간을 달라는 용왕의 말을 듣고 자라에게 속았다는 것을 안다. 이때 토끼는 혼잣말로, '내 부질없이 영화부귀를 탐내어 고향을 버리고 오매 어찌 이외의 변이 없을쏘냐. ~ 술법이 있을지라도 능히 이때를 벗어나지 못하리니 어찌하리오.'라고 한다. 이처럼 청자(듣는 이)와 무관한, 혼자 하는 말을 독백 또는 내적 독백이라 하고, 독백의 형식으로 쓴 글을 독백체라고 한다.

연관 개념	대화체, 방백
	• **대화체**: 상대방(청자)과 **대화**를 주고받는 형식의 문체.

대화체와 독백체의 구분

• 청재(듣는 이)와 대화를 주고받거나 청자가 있으면 대화체, 청자가 없으면 독백체로 봄.
• 청자와 대화를 주고받지 않으나 청자에게 말하는 어투를 사용하면 '말을 건네는 방식을 사용' 또는 '대화의 말투를 구사'한 것으로 표현함.
• 청자가 있으나, 현재 화자 옆에 없으면 독백체로 봄.

• **방백**: 연극에서, 등장인물이 하는 말 중 무대 위의 다른 인물은 듣지 못하고 관객만 들을 수 있는 것으로 약속되어 있는 말.

문제 훈련	**Q.** 다음 중 독백체와 관계 깊은 것은?
	① 갉작거리다 ② 속닥거리다 ③ 수군거리다
	④ 웅성거리다 ⑤ 중얼거리다

---

16 | 무상감

無 없을 무   常 항상 상   感 느낄 감

전 항
무 상 감
정

매3力 풀이	**항상**됨이 없다(**전무**), 모든 것이 **무상***하다(덧없다)고 느끼는 **감정**.
대표 예시	❶ 정철의 가사 「관동별곡」에서, 화자는 멸망한 태봉국의 궁궐터에 간다. 그리고 나라는 망하고 없으나 그것을 아는지 모르는지 지저귀는 까막까치(까마귀와 까치)를 보고 **무상감**(영원한 것은 없다)을 느낀다.

> 궁왕 대궐 터에 오작이 지저귀니
> 천고 흥망을 아는가 모르는가   – 정철, 「관동별곡」

> (멸망한 태봉국의) 궁예 왕의 대궐 터에서 까막까치가 지저귀는데
> (까막까치는) 아주 먼 옛날 (태봉국의) 흥망을 알고 우는가, 모르고 우는가?

❷ 김만중의 고전 소설 「구운몽」에서, 주인공 성진은 꿈에서 양소유로 태어나 온갖 부귀영화를 다 누린다. 하지만 한때 영웅이었으나 지금은 죽고 없는 세 임금(진시황과 한 무제, 당 현종)을 생각하며 '어이 인생이 덧없지 아니리오?'라고 한다. 인생에 대한 **무상감**(덧없음, 헛됨)을 느끼고 있음을 드러낸 것이다.

연관 개념	무념무상, 무상하다(無狀−)
	• **무념무상**(無念無想): 무아(자아를 잊음)의 경지에 이르러 일체의 **상념**(생각)을 떠나 마음이 빈 상태.
	• **무상하다**(無狀−): 내세울 만한 공적이 없음.

> 무상한 이 몸에 무슨 지취(志趣) 있으련만   – 박인로, 「누항사」

> 변변치 못한(보잘것없는, 못생긴) 이 몸이 무슨 뜻이 있겠는가마는

무상(無常)
항상됨(변함없음)이 없음(전무).
덧없음(헛됨, 보람 없음).

무상(無想)
상념이 없음(전무).

무상(無狀)
공적[狀, 공적 상]이 없음(전무).

문제 훈련	**Q.** '무상감'과 의미가 통하는 것은?
	① 허구 ② 허무 ③ 허세 ④ 허식 ⑤ 허위

17 | 병렬적

立 列 的
나란할 병 벌일 렬 ~의 적

나
병렬적
행
(열) ~하는
(것)

매3力 풀이
나란히(병행) 나열하는 (것). ※ '직렬'과 '병렬'을 떠올릴 것!

대표 예시
❶ 논설문이나 설명문에서 각 문단이 '첫째, ~, 둘째, ~, 셋째, ~'와 같이 시작하면서 대등한 내용을 다룬 문단들을 죽 배열하면 **병렬적**으로 제시한 것이다.
❷ 소설에서, 두 개 이상의 대등한 이야기(사건)를 나란하게(대등하게) 또 독자적으로 제시하고 있으면 **병렬적**으로 사건을 배치한 것이다. 사건을 병렬적으로 제시하면 이야기의 입체감을 높일 수 있다.

연관 개념
병렬적 구성, 병치, 병용
• **병렬적 구성**: 위 '대표 예시'의 ❶, ❷와 같이 병렬적으로 내용(사건, 이야기)을 제시하고 있는 구성 방식.

> • 「한씨연대기」(황석영 원작, 김석만·오인두 각색의 희곡): 무대 한쪽에서는 주인공 한영덕과 강 노인이 대화를 하고 있고, 다른 한 쪽에서는 한영덕의 딸 한혜자가 아버지의 죽음에 대해 말하고 있는데, 이 두 내용은 별개로, 따로, 독자적으로 진행된다. 병렬적 구성을 취한 것이다.
> • 「임진록」(작자 미상의 고전 소설): 임진왜란 때 실재했던 여러 영웅들(이순신, 김덕령, 사명당 등)의 활약상과, 이여송을 도와 가등청정의 목을 베게 해 준 「삼국지」의 관운장 등의 이야기를 나열하고 있으므로 병렬적 구성을 취한 것이다.
> • 「눈」(박이문의 수필): 각 문단이 '눈은~'으로 시작하여 눈의 속성(따뜻함, 조용함, 고요함, 명상적임)을 제시하고 있으므로 병렬적 구성을 취한 것이다.

• 병렬 vs. 병치 vs. 병용

병렬(竝列)	병행하여(나란히) 나열(렬)함. ⑩ 직렬과 병렬
병치(竝置)	병행하여(나란히) 배치함(둠). ⑩ 유사한 구절의 병치
병용(竝用)	병행하여(한꺼번에, 아울러) 사용함. ⑩ 국한문(한글과 한자) 병용

문제 훈련
Q. '병렬적 구성'의 특징으로 알맞은 것은?

① 객관적이다　② 독립적이다　③ 유기적이다
④ 인과적이다　⑤ 필연적이다

Q 직렬과 병렬에 대한 예시를 안다면 이해가 더 잘될 것 같은데 알 수 있을까요?

A 초등학교 과학 시간에 배운, 전지나 전구를 직렬 또는 병렬로 연결하는 것을 떠올리면 됩니다. 오른쪽 그림과 같이 직렬은 전지나 전구 여러 개를 가로로(일렬로) 길게 연결하는 것이고, 병렬은 세로로 나란히 연결하는 것임을 떠올려 보세요. 이 그림을 바탕으로 병렬적 구성을 이해하면, 국어 영역에서 '병렬적 구성'은 두 개 이상의 사건(이야기)을 각각, 따로, 별개로, 나란하게 배치하여 전개하는 구성 방식인 것입니다. 한편 대부분의 글들은 인과적이거나 시간적, 공간적 순서 등으로 구성되는데, 이들은 '병렬적 구성'과 거리가 멉니다.

〈직렬 구조〉
〈병렬 구조〉

18 | 비속어

卑 낮을 비　俗 풍속 속　語 말씀 어

저 언 **비 속 어** 천	

매3力 풀이 | 비천하고 저속한 말(언어). ···▶ 비어*와 속어*.

대표 예시 | ❶ 네가 미친 자식이로다.! — 작자 미상, 「열녀춘향수절가」
❷ 눈깔 커다란 황소, 사위에게 이 자식 저 자식 하는 이놈의 장인님 — 김유정, 「봄·봄」

연관 개념 | 은어, 방언
• 은어: 특수한 집단이 남이 모르게(은밀하게) 자기들끼리만 알게 쓰는 어휘.
　– 깜지: 종이에 공부한 내용을 빼곡히 적어서 제출하는 과제를 이르는 말.
　– 짜퉁: 진품을 모방한 가짜 상품.
　　　　　　　　　　　　　　　　　　※ 짝퉁: 가짜나 모조품을 속되게 이르는 말.(비속어)
• 방언: 사투리.
　– 명(목숨)이 짜르다(← 짧다), 밭 가생이(← 가장자리) — 김유정, 「봄·봄」
　– 싸게싸게(← 빨리빨리) — 임철우, 「눈이 오면」

문제 훈련 | **Q.** '비속어'와 '방언' 사용의 효과와 거리가 먼 것은?
　① 실감 난다.
　② 격조를 높인다.
　③ 현실감(현장감)이 느껴진다.
　④ 계층 또는 사회의 분위기를 드러낸다.
　⑤ 같은 비속어나 방언을 사용하는 사람들에게 친근감을 준다.

비어
점잖지 못한. 천한 말.

속어
속된 말.

---

19 | 비언어

非 아닐 비　言 말씀 언　語 말씀 어

아닐 **비 언 어** 非	

매3力 풀이 | 언어가 아닌(非, 아닐 비) 것.
···▶ 표정, 태도, 몸짓, 눈길, 손짓, 옷차림 등.

대표 예시 | • 눈썹을 치켜 올려 소리를 지르며
• 아랫배를 툭 내밀고 걸음도 뒤틀리게 걷고 — 김유정, 「봄·봄」

연관 개념 | 준언어적 표현
• 언어에 준하는 표현. ···▶ 어조, 속도, 성량, 억양 등
• 부드러운 말투로 말하거나(어조), 빠르게 말하거나(속도), 큰 목소리로 말하거나(성량), 문장의 끝을 올려 말하는 것(억양)
• 약간 높은 목소리로 또박또박, 힘을 주어, 부드러운 말투로 등

문제 훈련 | **Q.** 다음 중 '비언어적 표현'에 해당하지 않는 것은?
　① 눈을 치켜뜨며　　　　② 다급한 목소리로
　③ 손을 내저으며　　　　④ 애처로운 눈빛으로
　⑤ 어깨를 두드리며

Q1~8. '매3力 풀이'로 익히기

1. 대비	[　　　]하여 **비**교함. ···> 차이를 밝히기 위해 서로 맞대어 비교함.
2. 대응	❶ 어떤 일을 대하고 그에 맞추어 [①]함. ❷ 두 대상이 마주 대하여(향함) 짝을 이룸([②]).
3. 대칭적	저울(**천칭**)처럼 (가운데를 중심으로 양쪽이) 서로 [　　　]하여 동일한 모습으로 마주보며 짝을 이루고 있는 (것).
4. 독백체	혼자(**단독**) 말하는(**고백**) 형식의 [　　　].
5. 무상감	모든 것이 [①]고 느끼는 [②].
6. 병렬적	나란히(**병행**) [　　　]하는 (것).
7. 비속어	[①]하고 [②]한 말(**언어**). ···> 비어와 속어.
8. 비언어	[　　　]가 아닌(非, 아닐 비) 것.

Q9. 다음 시에서 대비되는 것은?

꽃은 무슨 일로 피면서 쉬이 지고
풀은 어이하여 푸르는 듯 누르나니
아마도 변치 아닐손 바위뿐인가 하노라.

– 윤선도, 「오우가」〈제3수〉

① '꽃'의 개화와 낙화
② '꽃'의 붉은색과 '풀'의 푸른색
③ '꽃'의 화려함과 '풀'의 소박함
④ '풀'의 가변성과 '바위'의 불변성
⑤ '꽃'의 생명성과 '바위'의 무생명성

정답 1. 대조 2. ① 응대(행동), ② 상응(조응) 3. 대응 4. 문체 5. ① 무상하다(덧없다), ② 감정 6. 나열(렬) 7. ① 비천, ② 저속 8. 언어 9. ④ 10. ○ 11. × 12. × 13. ○ 14. × 15. ㉰ 16. ㉱ 17. ㉴ 18. 〈가로 풀이〉 (1) 비속어, (3) 방언, (4) 어조 〈세로 풀이〉 (1) 비언어, (2) 은어

Q10~14. 다음의 설명이 적절하면 ○, 적절하지 않으면 ×로 표시하시오.

10. 대비는 두 대상의 차이점을 밝힌다는 점에서 '대조'와 유사하다. ──────── (　　　)

11. 문학에서 수미상응은 앞 구절과 뒤 구절에 같은 내용이나 구절, 문장이 배치되는 것을 말한다.
──────────────────────────── (　　　)

12. 양쪽이 모두 정보를 가지고 있되 한쪽이 다른 한쪽보다 정보를 더 많이 가지고 있다면 정보의 '비대칭성'
이라 할 수 없다. ──────────────────── (　　　)

13. 박이문의 수필 「눈」에서 각 문단이 '눈은 ○○하다.'로 시작하여 눈의 속성을 '따뜻하다, 조용하다, 고요하
다, 명상적이다'라고 제시한 것은 병렬적 구성에 해당한다. ─────── (　　　)

14. 연극에서, 등장인물이 하는 말 중에서 무대 위의 다른 인물은 듣지 못하고 관객만 들을 수 있는 것으로 약
속되어 있는 말을 '독백'이라고 한다. ──────────── (　　　)

Q15~17. 왼쪽에 제시된 어휘의 사례에 해당하는 것을 오른쪽에서 찾아 서로 줄로 이으시오.

15. 대비 •
　　　　　　　　　　• ㉮ 깜지
　　　　　　　　　　• ㉯ 눈깔 커다란 황소
　　　　　　　　　　• ㉰ 어찌 이외의 변이 없을쏘냐.
16. 무상감 •
　　　　　　　　　　• ㉱ 어이 인생이 덧없지 아니리오?
　　　　　　　　　　• ㉲ 우리는 너희만 못하여 시름겨워 하노라.
17. 비속어 •
　　　　　　　　　　• ㉳ 우는 것이 뻐꾸기인가 푸른 것이 버들숲인가.

Q18. 다음 '십자말풀이'의 빈칸에 들어갈 말을 완성하시오.

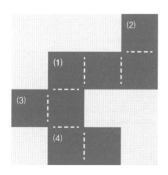

가로 풀이	(1) 비천하고 저속한 말. (3) 사투리. (4) 말투. 말의 가락.
세로 풀이	(1) 표정, 태도, 몸짓 등 언어가 아닌 것. (2) 특수한 집단이 자기들끼리만 알게 쓰는 어휘.

17일째

20 | 삽화 형식

挿 話 形 式
끼울 삽 | 이야기 화 | 모양 형 | 법 식

일 삽화형식 입

매3力 풀이	이야기 속에 여러 **일화***를 끼워 넣는(**삽입**) 형식.
대표 예시	❶ 「유자소전」(이문구의 소설): 유자의 일대기 속에 유자의 성품이나 미덕과 관련된 여러 일화(총수의 운전수로 일할 때 비단잉어의 죽음으로 인해 총수와 대립한 일, 그룹 내 교통사고를 뒤처리하는 노선 상무로 일할 때 어려운 사람에게 선행을 베푼 이야기 등)가 삽입되어 있다.
	❷ 「전우치전」(작자 미상의 고전 소설): 조선 시대에 실재했던 전우치의 이야기 속에, 도적의 우두머리인 엄준을 토벌하는 이야기와 역모했다는 누명을 쓴 전우치가 산수화에 나귀를 그린 후 그림 속의 나귀를 타고 그림 속으로 사라지는 이야기 등이 삽입되어 있다.
연관 개념	삽화(挿畵), 액자식 구성
	• 삽화(挿話) vs. 삽화(挿畵)

삽화(挿話)	에피소드, 이야기 속에 삽입된 짤막한 토막 이야기(話, 이야기 화).
삽화(挿畵)	일러스트, 신문·잡지 등에 삽입된 그림(회화, 수채화).

	• 액자식 구성: 액자 안에 그림이 있는 것처럼 바깥 이야기 안에 또 다른 이야기가 있는 구성을 말함(안 이야기가 작가가 하고자 하는 이야기임).
문제 훈련	**Q.** 문학에서 '사건을 삽화처럼 나열하고 있다.'고 할 때의 '삽화'에 해당하는 것은?
	① 발화 ② 대화 ③ 서화 ④ 설화 ⑤ 일화

일화(逸話)
세상에 널리 알려지지 않은(逸, 숨을 일) 이야기(화제).

Q 삽화 형식과 액자식 구성은 같은 건가요? 만약 다르다면 둘의 차이점은 무엇인가요?

A 삽화 형식과 액자식 구성은 다릅니다. 삽화 형식은 전체 이야기 속에 짤막한 토막 이야기를 끼워 넣은 것이고, 액자식 구성은 이야기 속에 또 하나의 이야기가 들어 있는 것입니다. 삽화 형식에 삽입된 이야기는 생략해도 전체 글의 흐름에 지장을 주지 않지만, 액자식 구성의 안 이야기(내화)는 작가가 말하고자 하는 핵심 이야기이므로 생략해서는 안 된다는 점에서 다릅니다.

예를 들면, 삽화 형식을 취하고 있는 「전우치전」에서 엄준 토벌 삽화나 역모 누명 삽화는 어느 하나를 생략해도 이야기 전개에 별 영향이 없지만, 액자식 구성인 「운영전」에서 안 이야기(운영과 김 진사의 사랑 이야기)는 「운영전」의 핵심 이야기이므로 생략하면 안 됩니다. 참고로, 액자식 구성의 작품은 다음과 같습니다.

액자식 구성	작자 미상, 「운영전」(고전 소설)	현진건, 「고향」(현대 소설)
바깥 이야기 – 외화(外話)	유영이 폐허가 된 안평대군의 궁궐터에서 혼자 술을 마시다 잠듦.	'나'가 대구에서 서울로 가는 기차에서 '그'를 만남.
안 이야기 – 내화(內話)	유영의 꿈 이야기(운영과 김 진사가 자신들의 사랑 이야기를 들려줌.)	'그'의 이야기(고향 대구에서 남부럽지 않게 살았으나, 일제의 강점으로 농토를 모두 빼앗긴 후 궁핍하게 삶.)
바깥 이야기 – 외화(外話)	꿈을 깨 보니 운영과 김 진사의 일을 기록한 책이 옆에 남아 있음.	이야기를 마친 '그'가 '나'와 술을 마시며 어릴 때 부르던 노래를 부름.

21 | 색채어

色 빛깔 색 彩 무늬 채 語 말씀 어

색채어
깔 색 휘

매3力 풀이	'붉다, 푸르다, 검다, 희다'와 같이 직접적으로 **색깔**(**채색**)을 나타내는 말(**어휘**).
대표 예시	<u>푸른</u> 산, <u>흰</u> 구름, <u>붉은</u> 사과, <u>검은</u> 까마귀 등
연관 개념	색채 이미지, 색채 대비

색채어	• 색채를 직접적으로 나타내는 말. 예 푸른, 흰, 붉은, 검은 등
색채 이미지	• 색채를 떠올릴 수 있는 것. 예 산, 눈, 사과, 까마귀 등 → 색채를 직접 드러내지 않아도 됨.
색채 대비	• 두 가지 이상의 색이 서로 뚜렷하게 대비되는 경우 예 하늘 밑 <u>푸른</u> 바다가 가슴을 열고 / <u>흰</u> 돛단배가 곱게 밀려서 오면 　　　　　　　　　　　　　　　　　　　　　　　　　　 – 이육사, 「청포도」 • 파란색과 붉은색, 흰색과 검은색, 흰색과 파란색, 흰색과 붉은색 등 (주황색과 붉은색, 초록색과 파란색 등은 색채 대비 ✕)

문제 훈련	**Q.** 다음 중 색채어가 쓰이지 <u>않은</u> 것은?

　　① 검은 머리　　　② 눈 위의 달빛　　　③ 짙푸른 산
　　④ 붉은 마음　　　⑤ 하이얀 모시 수건

22 | 생동감

生 날 생 動 움직일 동 感 느낄 감

활
생동감
기 각

매3力 풀이	생기 있게 살아 움직이는(**활동**) 듯한 느낌(**감각**).
대표 예시	**생동감**을 주는 표현들 ❶ **현재형 어미**: 맑고 깊은 연못 속에 온갖 고기 뛰노는구나 　　　　　　　　　　　　　　　　　　　　　　　　– 윤선도, 「어부사시사」 ❷ **구어적 표현**: 형님 형님 사촌 형님 시집살이 어떱뎁까. 　　　　　　　　　　　　　　　　　　　　　　– 작자 미상, 「시집살이 노래」 ❸ **방언(사투리)**: 그래서 오늘 아츰까지(아침까지) 끽소리 없이 왔다. 　　　　　　　　　　　　　　　　　　　　　　　　　　– 김유정, 「봄·봄」 ❹ **의성어***: 찌그덩 찌거덩 어영차(노 젓는 소리), 우당탕 ❺ **의태어***: 펄펄, 철철, 성큼성큼 ❻ **역동적·감각적 이미지**: 적벽강 불 싸움에 패군장 위왕 조조 정욱 따라 <u>도망하듯</u>, 북풍에 구름 <u>닫듯</u>, 편전살 <u>달아나듯</u> 　　　　　　　　　　　　　　　　　　　　　　– 작자 미상, 「토끼전」

의성어
소리(음성)를 흉내 내는(모의) 말
(어휘).

의태어
모양(형태)을 흉내 내는(모의) 말
(어휘).

연관 개념	역동적 • 힘차고(力, 힘 력) 활발하게 움직이는(**활동**적인) (것). ⑨ 동적 ⑩ 정적 • 역동적인 표현을 사용하면 생동감이 느껴짐.
문제 훈련	**Q.** '생동감'과 가장 거리가 먼 것은? 　　① 생생하다　② 시원하다　③ 활기차다　④ 실감 나다　⑤ 생기 있다

23 서사적

敍 事 的
펼서 일사 ～의적

서 사 적
술 건 ～하는
(것)

매3力 풀이

사건을 서술한 (것). ···▶ 소설을 '서사 문학'이라고 하는 것에서 알 수 있듯이, '서사적'이란 이야기가 담겨 있는 것을 말함.

대표 예시

❶ 고전 소설 「임장군전」에서는 임경업 장군이 김자점과 대립하다 죽음에 이른다. 이와 같은 대립 구도는 서사적인 흥미를 높인다*.

❷ 고전 소설 「최척전」에서는 최척과 그의 아내가 전쟁으로 인해 헤어진 후 안남(베트남)에서 극적으로 만난다. 이 과정에서 서사적(아내와의 이별과 만남 이야기) 긴장이 조성되는가 하면 해소되기도 한다.

연관 개념

서사적 구성
산문 문학의 특징인 서사적 구성이 서정 문학인 시에 쓰인 경우
• 최두석의 시 「낡은 집」에서는 화자가 오랜만에 고향 집에 와서 본 것을 시간의 흐름에 따라 서사적으로 구성하고 있다.

> 고향 집 마당에 들어서다. → 오리 한 마리가 도망간다. → 어머니는 빨래터에서 돌아오셔서 군불을 피운다. → 동생은 중학교에서 돌아와 반가워한다. → 아버지는 늦게 귀가하여 오리를 잡는다.

···▶ 시간의 흐름에 따른 서사적 구성

• 백석의 시 「여승」에서는 화자가 예전에 만났던 적이 있는 여인을 다시 만나 알게 된 그녀의 비극적인 삶을 서사적으로 구성하고 있다.

> [1연] '나'가 여승이 된 여인을 만난다.
> [2연] 과거에 '나'는 여인에게서 옥수수를 샀다.
> [3연] 그 여인의 남편은 십 년이 넘도록 집으로 돌아오지 않고, 그 사이 딸이 죽는다.
> [4연] 여인이 머리를 깎는다(여승이 됨).

···▶ 시간의 흐름을 따르지 않은 서사적 구성
(시간적 순서대로 배열하면 2연 → 3연 → 4연 → 1연이 됨.)

문제 훈련

서사적인 흥미를 높인다.
= 이야기에 재미를 더한다.

Q. '서사적'인 글의 대표적 갈래는?

① 시　　② 소설　　③ 수필　　④ 시조　　⑤ 향가

Q 사설시조 「임이 오마 하거늘~」은 서정 문학인데, 왜 서사적 성격이 드러나 있다고 하는지 궁금합니다.

A 사설시조 「임이 오마 하거늘~」은 서정 문학이 맞습니다. 하지만, 다음과 같이 소설처럼 인물, 사건, 배경이 있고, 마치 한 편의 이야기와 같은 내용을 담고 있으므로 서사적 성격을 지닌다고 할 수 있습니다.

> 임이 오겠다고 하여 화자는 저녁밥을 일찍 지어 먹고, 중문과 대문을 나서 손을 이마에 얹고 건너편에 있는 산을 바라본다. (임을 기다리는 마음이 간절하였던지라) 검은 듯 흰 듯한 주추리 삼대[삼(麻)]의 줄기를 보고 임인 줄 착각하여 버선도 벗고 신도 벗어 손에 지고 우당탕퉁탕 간다. 하지만 주추리 삼대를 임인 줄 착각한 것을 알고 화자는 '밤이기에 망정이지 낮이었다면 남의 웃음거리가 될 뻔했다.'고 한다.

24 | 서술자

敍 述 者
펼 서 ㅣ 말할 술 ㅣ 놈 자

사람
서 술 자
서술하다 ㅣ 者
= 말하다
= 진술하다

매3力 풀이 소설에서 이야기를 <u>서술</u>하는 사람(<u>者</u>, 사람 자).

대표 예시
❶ 거지반* 집에 다 내려와서 <u>나</u>는 호드기 소리를 듣고 발이 딱 멈추었다. 산기슭에 널려 있는 굵은 바윗돌 틈에 노란 동백꽃이 소보록하니 깔리었다.
— 김유정, 「동백꽃」
····> 서술자는 '나'로, 작품 속에 있음.

❷ 산허리는 온통 메밀밭이어서 피기 시작한 꽃이 소금을 뿌린 듯이 흐붓한* 달빛에 숨이 막힐 지경이다. … 앞장선 허 생원의 이야기 소리는 꽁무니에 선 동이에게는 확적히는 안 들렸으나, 그는 그대로 개운한 제멋에 적적하지는 않았다.
— 이효석, 「메밀꽃 필 무렵」
····> 서술자는 작품 밖에 있음.

※ 서술자가 사건을 바라보는 위치에 따라 소설의 '시점'(p.142)이 달라짐.

연관 개념 서술자의 개입, 편집자적 논평
• 3인칭 시점의 소설에서 작품 밖에 있어야 할 서술자가 작품에 직접 개입하여 자신의 견해를 서술하는 것을 <u>서술자의 개입</u>이라 하는데, 서술자가 소설 속 인물과 사건에 대해 자신의 견해를 말하거나 평가한다는 점에서 '편집자적 논평'이라고도 한다.

• 판소리계 소설에서 판소리의 공연 예술적 성격을 반영하여 서술자가 독자에게 직접 말을 거는 듯한 부분도 <u>서술자의 개입</u>에 해당한다.

• 서술자가 소설 속에 등장하지 않음에도 불구하고 독자에게 자신의 목소리를 드러내어 의견을 제시하는 <u>서술자의 개입</u>(편집자적 논평)의 예

> • (흥부는) 성덕*을 본받고 악인을 저어하며* 물욕에 탐이 없고 주색에 무심하니 마음이 이러하매 부귀를 바랄쏘냐? / 놀부 놈의 거동 보소.
> — 작자 미상, 「흥부전」
> • 세상에 턱없이 명리(名利)*를 탐하는 자는 <u>가히 이것을 보아 징계할지로다.</u>
> — 작자 미상, 「별주부전」

• <u>편집자적 논평</u>은 주로 고전 소설에서 나타나지만, 신소설이나 판소리 사설 문체를 이어받은 작품에서도 나타난다.

> • 남이 그 모양을 볼 지경이면 저렇게 어여쁜 젊은 여편네가 술 먹고 한길에 나와서 주정한다 할 터이나, 그 부인은 술 먹었다 하는 말은 고사하고 미쳤다, 지랄한다 하더라도 <u>그따위 소리는 귀에 들리지 아니할 만하더라.</u>
> — 이인직, 「혈의 누」
> • 이 이야기를 쓰고 있는 당자 역시 전라도 태생이기는 하지만 그 전라도 말이라는 게 좀 <u>경망스럽습니다*.</u>
> — 채만식, 「태평천하」

거지반 거의 절반.

흐붓한 흐뭇한.

성덕
성인의 덕.

저어하며
두려워하며.

명리(名利)
명예와 이익.

경망스럽다
행동이나 말이 가볍고 방정맞은 데가 있다. ㉔ 경거망동(경솔하여 생각 없이 망령되게 행동함.)

피륙
아직 끊지 아니한 베. 무명. 비단 따위의 천을 통틀어 이르는 말.

문제 훈련 **Q.** 다음 글에서 서술자를 찾아 쓰시오.

> 대구에서 서울로 올라오는 차중에서 생긴 일이다. 나는 나와 마주 앉은 그를 매우 흥미 있게 바라보고 또 바라보았다. 두루마기 격으로 기모노를 둘렀고, 그 안에서 옥양목 저고리가 내어 보이며, 아랫도리엔 중국식 바지를 입었다. 그것은 그네들이 흔히 입는 유지 모양으로 번질번질한 암갈색 피륙*으로 지은 것이었다.
> — 현진건, 「고향」

우
이
선 경 후 정
치 서

매3力 풀이 **우선** 경치부터 묘사한 다음, **이후**에 정서(감정)를 표현하는 것.

대표 예시

흥망이 유수하니 만월대도 추초*로다
오백 년 왕업이 목적(牧笛)*에 부쳐시니
석양에 지나는 객이 눈물계워 하노라   – 원천석의 시조

[현대어 풀이]
   흥하고 망하는 것은 운수에 달려 있으니 고려의 궁궐터인 만월대도 가을 풀
이 우거져 있구나(황폐해져 있구나).
   고려 500년 왕조의 업적이 목동의 피리 소리에 깃들어 있으니
   석양 무렵 이곳을 지나는 나그네가 눈물을 이기지 못하노라.

···> 만월대의 모습(**선경**)을 먼저 그린 후에 고려의 멸망에서 느끼는 화자의 안타
까운 심정과 무상감(**후정**)을 드러내고 있다.

연관 개념

원경*에서 근경*으로의 묘사*
원경, 즉 먼 경치부터 묘사한 후 근경, 즉 가까운 경치를 표현하는 방식

> 햇살 피여
> 이윽한* 후,
>
> 머흘 머흘
> 골을 옮기는 구름.
>
> 길경(桔梗)* 꽃봉오리
> 흔들려 씻기우고.
>
> 차돌부리
> 촉 촉 죽순(竹筍) 돋듯.   – 정지용, 「조찬(朝餐)」에서
> 〈하략〉
>
> *이윽한: 시간이 지난.
> *길경: 도라지.

···> 1~2연에서 비 온 뒤의 햇살과 구름의 모습(**원경**)을 묘사한 후, 3~4연에서
비 온 뒤의 길경과 차돌부리(**근경**)를 묘사하고 있다.

문제 훈련

Q. '선경후정'의 방식을 엿볼 수 있는 것은?

① 산에는 꽃 피네/꽃이 피네
   봄 여름 없이/꽃이 피네.   – 김소월, 「산유화」
② 들길은 마을에 들자 붉어지고
   마을 골목은 들로 내려서자 푸르러졌다.   – 김영랑, 「오월」
③ 강호 한 꿈을 꾼 지도 오래러니
   입과 배가 누가 되어 어즈버 잊었도다   – 박인로, 「누항사」
④ 밥 먹자 도리깨 잡고 마당에 나서니
   검게 탄 두 어깨 햇볕 받아 번쩍이네.   – 정약용, 「보리타작」
⑤ 훨훨 나는 꾀꼬리는/암수 서로 정다운데,
   외롭구나, 이 내 몸은/뉘와 함께 돌아갈꼬.   – 유리왕, 「황조가」

추초(秋草)
가을 풀.

목적(牧笛)
목동의 피리소리.

원경
원거리(먼 거리)의 경치.

근경
근처(가까운 곳)의 경치.

묘사
사물의 모습이나 상황을 그림 그
리듯이 눈에 그려지게 보여 줌.

26 | 수미상관

首 尾 相 關
머리 수 / 꼬리 미 / 서로 상 / 관계할 관

머리 꼬리
수 미 상 관
首 尾 **호 계**

매3力 풀이

맨 앞(首, 머리 **수**)과 맨 끝(尾, 꼬리 **미**)은 **상호 관**계가 있음.

┅> 문학에서, 처음과 끝 부분이 비슷한 내용이나 구절 또는 문장으로 배치되는 방식을 말함.　　※ 처음 부분과 끝 부분이 똑같지 않아도 됨!

대표 예시

¹ 모란이 피기까지는
² 나는 아직 나의 봄을 기다리고 있을 테요
³ 모란이 뚝뚝 떨어져 버린 날
⁴ 나는 비로소 봄을 여읜 설움에 잠길 테요
⁵ 오월 어느 날 그 하루 무덥던 날
⁶ 떨어져 누운 꽃잎마저 시들어 버리고는
⁷ 천지에 모란은 자취도 없어지고
⁸ 뻗쳐오르던 내 보람 서운케 무너졌느니
⁹ 모란이 지고 말면 그뿐 내 한 해는 다 가고 말아
¹⁰ 삼백예순 날 하냥 섭섭해 우옵네다
¹¹ 모란이 피기까지는
¹² 나는 아직 기다리고 있을 테요 찬란한 슬픔의 봄을

– 김영랑, 「모란이 피기까지는」

┅> 첫 행과 11행이 같고, 2행과 맨 끝 행은 똑같지는 않지만 비슷하다. 결국 비슷한 구절을 처음과 끝 부분에 배치하였으므로 **수미상관**에 해당한다.

연관 개념

운율　운문(시 문학)에서 느껴지는 율격. ㈜ 리듬

외형률	내재율
외부로 반복의 형식이 드러난 운율.	외부로 드러나지 않고 내부에 존재하는 운율.
예 정형시(4·4조, 4음보 등 정형적인 운율을 겉에서 확인 가능)	예 자유시(운율이 겉으로 드러나 있지 않으나 따져 보면 규칙성 확인 가능)

운율을 느끼게 하는 요소
수미상관. 음운·시어·시구·시행의 반복, 글자 수(음수율)·음보(끊어 읽는 단위)의 반복 등
※ 음수율, 음보율(p.149)

문제 훈련

Q. 수미상관 방식을 사용함으로써 얻을 수 있는 효과로 볼 수 없는 것은?

① 정서 심화　　② 주제(의미) 강조　　③ 안정감
④ 어조 변화　　⑤ 운율감(리듬) 형성

Q **헷갈리는 수미상관**

이육사의 「강 건너간 노래」는 첫 연과 마지막 연의 마지막 행만 같은데, 이것도 수미상관이라고 봐야 하나요? 왜 그런가요?

A 네, 수미상관으로 봐야 합니다. 오른쪽에 있는 이육사의 「강 건너간 노래」에서 밑줄 친 부분과 같이 처음(1연의 3행)과 끝 부분(5연의 3행)에 비슷한 구절이 배치되어 있기 때문입니다. '수미'를 첫 행과 끝 행으로 한정하지 마세요. 연 구분이 되어 있다면 첫 연과 끝 연을, 연 구분이 되어 있지 않다면 앞과 뒤의 1~3행 정도가 '수미'라고 보면 됩니다.

섣달에도 보름께 달 밝은 밤
앞내강 쨍쨍 얼어 조이던 밤에
내가 부른 노래는 강 건너 갔소

강 건너 하늘 끝에 사막도 닿은 곳
내 노래는 제비같이 날아서 갔소
〈중략〉
밤은 옛일을 무지개보다 곱게 짜내나니
한 가락 여기 두고 또 한 가락 어디멘가
내가 부른 노래는 그 밤에 강 건너 갔소.

Q1~7. '매3力 풀이'로 익히기

1. 삽화 형식	이야기 속에 여러 [　　　　]를 끼워 넣는(삽**입**) 형식.
2. 색채어	직접적으로 [　　　　]을 나타내는 말(어**휘**).
3. 생동감	[　　　　] 있게 살아 움직이는(**활동**) 듯한 느낌(감**각**).
4. 서사적	[　①　]을 [　②　]한 (것). ┈> 이야기가 담겨 있는 (것).
5. 서술자	소설에서 이야기를 [　　　　]하는 사람(者, 사람 자).
6. 선경후정	**우선** [　①　]부터 묘사한 다음, **이후에** [　②　]를 표현하는 것.
7. 수미상관	맨 앞(首, 머리 수)과 맨 끝(尾 , 꼬리 미)은 서로(상**호**) [　　　　]가 있음. ┈> 문학에서, 처음과 끝 부분이 비슷한 내용이나 구절 또는 문장으로 배치되는 방식.

Q8. 다음 중 생동감을 주는 표현과 거리가 <u>먼</u> 것은?

① 의성어　　　　② 구어적 표현　　　　③ 현재형 어미
④ 수미상관　　　　⑤ 역동적 이미지

정답 1. 일화 2. 색깔(채색, 색채) 3. 생기 4. ① 사건, ② 서술 5. 서술(전달, 말) 6. ① 경치, ② 정서(감정) 7. 관계 8. ④ 9. ○
10. × 11. ○ 12. ○ 13. ○ 14. ㉑ 15. ㉒ 16. ㉓ 17. 〈가로 풀이〉 (1) 서사적, (2) 생동감, (4) 액자식 구성 〈세로 풀이〉 (1) 서술자, (2) 생사, (3) 역동적

Q9~13. 다음의 설명이 적절하면 ○, 적절하지 않으면 ×로 표시하시오.

9. 소설에서 인물들 간의 대립 구도를 설정하는 것은 서사적 장치에 해당한다. ┄┄┄┄┄┄┄┄ (　　)

10. '가마귀 가왁가왁 울며 새었소.'(김소월, 「길」)에서는 색채어를 활용하고 있다. ┄┄┄┄┄┄┄┄ (　　)

11. 노신의 소설 「아큐정전」은 아큐라는 인물의 면모를 보여 주는 몇 가지 일화를 제시하고 있다. 이것은 삽화
형식을 활용한 것이다. ┄┄┄┄┄┄┄┄┄┄┄┄┄┄┄┄┄┄┄┄┄┄┄┄┄┄┄┄┄┄┄┄┄┄┄ (　　)

12. '호랑이 깜짝 놀라 … 녹수를 얼른 건너 동림을 헤치면서 쑤루쑤루 달아나'(고전 소설, 「토끼전」)에서는 호
랑이가 처한 긴박한 상황을 역동적으로 제시하고 있다. ┄┄┄┄┄┄┄┄┄┄┄┄┄┄┄┄┄ (　　)

13. '길동이 절하고 문을 나와 멀리 바라보니 첩첩한 산중에 구름만 자욱한데 정처 없이 길을 가니 어찌 가련
치 않으랴.'(고전 소설, 「홍길동전」)에는 편집자적 논평이 들어 있다. ┄┄┄┄┄┄┄┄┄┄┄ (　　)

Q14~16. 왼쪽에 제시된 어휘의 사례에 해당하는 것을 오른쪽에서 찾아 서로 줄로 이으시오.

14. 색채어 •

　　　　　　　　　　• ㉮ 에피소드

　　　　　　　　　　• ㉯ 일러스트

　　　　　　　　　　• ㉰ 산, 구름, 사과

15. 선경후정 •

　　　　　　　　　　• ㉱ 푸른, 흰, 붉은

　　　　　　　　　　• ㉲ 경치 먼저 묘사한 다음 정서를 표현하는 방식

16. 삽화(揷話) •

　　　　　　　　　　• ㉳ 맨 앞과 맨 뒤가 비슷한 내용으로 배치되는 방식

Q17. 다음 '십자말풀이'의 빈칸에 들어갈 말을 완성하시오.

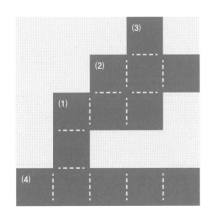

가로 풀이	(1) 이야기가 담겨 있는 것.
	(2) 생기 있게 살아 움직이는 듯한 느낌.
	(4) 이야기 속에 또 하나의 이야기가 들어 있는 구성.
세로 풀이	(1) 소설에서 이야기를 말하는 사람.
	(2) 삶과 죽음.
	(3) 힘차고 활발하게 움직이는 것.

27 | 수사법

修 辭 法
닦을 수 말씀 사 법 법

언 방
수 사 법
정

매3力 풀이	말(언사)을 꾸미고 다듬는(수정) 방법.
	····▷ 효과적·미적 표현을 위하여 문장과 언어를 꾸미고 다듬는 방법으로, 표현 방법에 따라 크게 비유법, 강조법, 변화법으로 나뉨.
대표 예시	비유법, 강조법, 변화법(각각에 해당하는 세부 수사법은 아래 표 참조)
연관 개념	유추, 음성 상징어, 중의법(중의문)

• 유추: 확장된 비유로, ❶ 범주가 다른 두 대상(법, 울타리)을, ❷ 유사점(불편하지만 안전함.)을 들어 이해하기 쉽게 설명(추리)하는 방법.

> 법을 지키는 일은 불편하기도 하지만 안전함을 준다. 울타리가 있으면 출입 시 불편하지만 도둑의 침입을 막아 주는 것과 마찬가지이다.

• 음성 상징어: 의성어와 의태어(p.133 참조).
• 중의법, 중의문

중의법	중의문
한 단어에 둘(이중) 이상의 의미를 담아 표현한 비유법.	하나의 문장이 둘(이중) 이상의 의미로 해석될 수 있는 모호한 문장.
예 석양에 지나는 객이 눈물겨워 하노라	예 나의 사랑하는 친구의 동생을 만났다.
➔ '석양'에 두 가지 의미(해가 저무는 시간, 고려 왕조의 몰락)가 담겨 있음.	➔ 내가 사랑하는 대상이 '친구'인지 '친구의 동생'인지가 모호함.

역설(逆說)
한 문장 내에서 모순이 일어나는 표현.

역설(力說)
역량껏(힘껏) 설명함.

문제 훈련	Q. '지는 달이 정답게 내 방을 엿보네.'에 쓰인 표현법은?
	① 대유법 ② 은유법 ③ 의인법 ④ 중의법 ⑤ 풍유법

비유법

표현하고자 하는 대상(원관념)을 그것과 비슷한 다른 대상(보조 관념)에 **빗대어** 표현하는 방법

※ '유' 또는 '의'가 들어감.

예시	수사법	개념
구름에 달 가듯이	직유법	'듯이'(또는 같이, 처럼, 양)를 사용하여 두 사물을 직접 비유하는 수사법
내 마음은 호수요	은유법	표현하고자 하는 대상인 원관념(내 마음)을 보조 관념(호수)에 빗댐. ➔ 'A = B이다' 또는 'A의 B' 식으로 (은밀하게) 비유하는 수사법
꽃이 인정스레 웃고	의인법	사람(인간)이 아닌 것(꽃)을 사람인 것처럼(모의) 사람에 비유하는 수사법
산맥들이 바다를 연모해 휘달릴 때도	활유법	생명(부활)이 없는 것(산맥, 바다)을 생명이 있는 것(또는 사람, 짐승)처럼 비유하여 표현하는 수사법 ➔ 산맥이 연모함. (활유 O, 의인 O) ※ 포효하는 바다: 바다가 (짐승처럼) 울부짖음. (활유 O, 의인 ✕)
❶ 백의의 천사(간호사) ❷ 빼앗긴 들에도 봄은 오는가	대유법	❶ 환유법: 사물의 특징(속성)을 나타내는 말(백의, 흰옷)로 바꿔서(전환) 비유하는 수사법 ❷ 제유법: 사물의 한 부분(들)을 제시하여 전체(국토)를 비유하는 수사법
천 리 길도 한 걸음부터	풍유법	속담이나 격언 등으로 풍자하여 비유하는 수사법
시계 소리만 똑딱똑딱	의성법	소리(음성, 똑딱똑딱)를 흉내 내어(모의) 표현하는 수사법

쭈빗쭈빗 흩날리는	의태법	모양(형태, 쭈빗쭈빗)을 흉내 내어(모의) 표현하는 수사법
물소리에, 내사 줄줄줄 가슴이 울어라	중의법	한 단어(줄줄줄)에 둘(이중) 이상의 의미(물소리, 눈물 흐르는 소리)를 담아 표현하는 수사법

강조법 표현하고자 하는 내용을 뚜렷한 인상이 느껴지게 **강조하여** 표현하는 방법

예시	수사법	개념
태산 같은 성난 물결	과장법	사물을 지나치게(과도) 떠벌려(확장) 표현하는 수사법
잠아 잠아 짙은 잠아	반복법	동일하거나 비슷한 단어나 구절(잠아) 또는 문장을 되풀이(반복)하여 표현하는 수사법
아아 고독한 모습.	영탄법	감탄사(오, 아 등)나 감탄형 어미(-구나, -어라 등)를 이용하여 감정을 강하게 나타내는 수사법
머리와 어깨와 다리에 / 가지와 줄기에	열거법	여러 개(머리, 어깨, 다리, 가지, 줄기)를 나열하여 내용을 강조하는 수사법
우리가 살린 우유 팩, 나무를 지키고 / 우리가 지킨 나무, 지구를 살립니다	점층법	**점점** 더 크게(높게, 강하게)(우유 팩 → 나무 → 지구) 계단(층계) 식으로 표현하는 수사법 ⊕ 점강법
티끌만 한 잘못이 맷방석만 하게	대조법	서로 반대되는 것(티끌 ↔ 맷방석)을 내세워 차이점을 선명하게(조명) 강조하는 수사법
무쇠로 성을 쌓고 성 안에 담 쌓고 담 안에란 집을 짓고~	연쇄법	사슬(鎖, 쇠사슬 鎖)처럼 연속적으로 앞 구절의 끝 말(성을 쌓고, 담 쌓고)을 다음 구절의 앞 구절(성 안에, 담 안에란)에 이어받아 뜻을 강조하는 수사법(p.145)

변화법 단조로움을 피하고 **변화를 주어** 표현하는 방법

예시	수사법	개념
손에 손을 잡고 ㅣ ㅣ ㅣ 볼에 볼을 문지르고	대구법	비슷한 문장 구조를 지닌 **구**절이나 문장을 짝지어(대응시켜) 문장에 변화를 주는 수사법
나는 안다. … 그녀의 삶.	도치법	정상적인 문장 배열(나는 그녀의 삶을 안다.)의 순서(배치)를 바꾸어(전도) 표현하는 수사법
어찌 불쌍하지 않으리.	설의법	의문 형식으로 설정되어 있으나 답변을 요구하지 않는, 상대방이 스스로 판단(불쌍하다.)하게 하는 수사법
(잊지 않은 상황에서) 잊었노라.	반어법	실제와 반대되는 뜻의 언어로 표현하는 수사법
찬란한 슬픔의 봄	역설법	겉으로는 모순된 설명이지만, 곰곰이(역으로) 생각하면 의미가 통하게 표현하는 수사법
왜 사냐건/웃지요.	문답법	묻고(질문) 답하는(대답) 형식을 취하는 수사법
산아, 우뚝 솟은 푸른 산아.	돈호법	이름을 불러(호명) 관심을 불러일으키는 수사법
하나 둘 서이 너이……	생략법	여운이나 암시를 주기 위해, 문장의 구절을 간결하게 줄이거나 빼 버리는(간략) 수사법
❶ 친구는 "국어가 재미있니?"라고 물었다. ❷ 친구는 국어가 재미있느냐고 물었다.	인용법	남의 말이나 글을 따오는(인용) 수사법 ❶ 직접 인용: 남의 말이나 글을 그대로 따옴. ❷ 간접 인용: 요약·정리하여 따옴.

視 點
볼시 점점

매3力 풀이

❶ 사물을 보는 **시각**과 **관점**.
❷ 소설에서 서술자가 작품 속 내용을 바라보는 위치(**시각**)나 **관점**.

대표 예시

❶ 같은 사건이라도 바라보는 시점에 따라 해석이 달라진다.
⋯> '관점, 각도'로 바꿔 쓸 수 있다.
❷ 소설에서의 시점: 1인칭 주인공 시점, 1인칭 관찰자 시점, 작가 관찰자 시점, 전지적 작가 시점
• 1인칭 시점과 3인칭 시점의 구분: 서술자의 위치에 따라 구분한다.
(서술자가 작품 안에 있으면 1인칭, 작품 밖에 있으면 3인칭)

> 대화가 아닌 서술 부분에 '나, 저(희), 우리'가 있으면 1인칭이다.

• 관찰자 시점의 구분: 인물의 심리가 드러나 있지 않으면 관찰자 시점이다. 단, 1인칭 관찰자 시점의 경우, 부수적 인물인 서술자 자신의 내면 심리는 드러낼 수 있다(주인공이나 다른 인물에 대해서는 관찰하거나 들은 이야기만 전달 가능).
• 시점의 특성: 1인칭 주인공 시점의 경우, 주인공이 자신의 이야기를 전달하므로 독자에게 신뢰와 친근감을 준다.

> 1인칭 주인공 시점은 주인공이 자신의 심리까지도 말해 주므로 독자의 상상력을 제한하지만, 관찰자 시점은 인물에 대해 관찰한 내용만 전달하므로 독자의 상상력을 극대화한다.

연관 개념

시점(時點) 시간의 흐름 위의 어느 한 순간. 예 현재 시점에서의 평가
⋯> '시기, 때'로 바꿔 쓸 수 있다.

문제 훈련

Q. 밑줄 친 '시점'의 의미가 나머지 넷과 다른 하나는?

① 시험을 앞둔 시점
② 최종 결론을 내린 시점
③ 사건이 일어난 시점
④ 중간 점검이 필요한 시점
⑤ 사물을 바라보는 시점

Q **시점이 대화에는 적용되지 않는 이유**

'대화'가 아닌 '서술' 부분에 '나'가 있으면 1인칭이라고 했는데, '대화'에는 적용되지 않는 이유가 무엇인가요?

A 인물의 대화에 나타나는 '나'는 화자(말을 하는 사람)이지 서술자가 아니기 때문입니다. 채만식의 소설 「미스터 방」을 예로 들면, ❶, ❷의 '나'는 백 주사이고, ❸의 '나'는 미스터 방입니다. 백 주사와 미스터 방은 소설 속 인물들로 대화를 하는 화자일 뿐 서술자가 아니기 때문에 시점을 구분할 때에는 대화가 아닌 '서술' 부분을 봐야 하는 것입니다.

"어쨌든지 그놈들을 말이네,⋯ 꿇어앉히구 항복 받구. 그리구 빼앗긴 것 일일이 도루 다 찾구. ⋯ 그렇게만 해 준다면, ❶내, ❷내, 재산 절반 노나 주문세, 절반. 응, 여보게 미씨다 방."
"염려 마슈." / 미스터 방은 선뜻 쾌한 대답이었다.
"진정인가?" / "머, 지끔 당장이래두, ❸내 입 한 번만 떨어진다 치면,⋯쑥밭을 만들어 놉니다, 쑥밭을." / "고마우이!"
백 주사는 복수하여지는 광경을 서언히 연상하면서, 미스터 방의 손목을 덤쑥 잡는다.
– 채만식, 「미스터 방」

29 | 시행

詩 시 시 行 행할 행

매3力 풀이 시(**시가 문학**)의 한 행(줄. **행렬**).

시
행
가
렬
문
학

대표 예시 다음 시에서, '❶ 나 보기가 역겨워, ❷ 가실 때에는, ❸ 말없이 고이 보내
드리오리다.' 등이 시행이다.

> 나 보기가 역겨워
> 가실 때에는
> 말없이 고이 보내 드리오리다.
>
> 영변에 약산
> 진달래꽃,
> 아름 따다 가실 길에 뿌리오리다.
>
> 가시는 걸음 걸음
> 놓인 그 꽃을
> 사뿐히 즈려 밟고 가시옵소서.
>
> 나 보기가 역겨워
> 가실 때에는
> 죽어도 아니 눈물 흘리오리다.
>
> ─ 김소월, 「진달래꽃」

···> 위 시는 총 12행(줄)으로 이루어져 있으므로 전체 **시행**은 12행이다.

연관 개념 시어, 시구

시어	시구	시행
• 시에 쓰인 언어.	• 시의 구절.	• 시가 배열되어 있는 한 행.
• 한 단어	• 2어절* 이상	• 한 줄 ⑩ 말없이 고이 보
⑩ 고이	⑩ 고이 보내	내 드리오리다.

문제 훈련 **Q.** 다음 중 시행에 해당하는 것은?

> 죽는 날까지 하늘을 우러러
> 한 점 부끄럼이 없기를,
> 잎새에 이는 바람에도
> 나는 괴로워했다.
> 별을 노래하는 마음으로
> 모든 죽어가는 것을 사랑해야지.
> 그리고 나한테 주어진 길을
> 걸어가야겠다.
>
> 오늘 밤에도 별이 바람에 스치운다.
>
> ─ 윤동주, 「서시」

① 죽는 날까지   ② 괴로워했다.
③ 사랑해야지.   ④ 걸어가야겠다.
⑤ 스치운다.

어절
띄어쓰기의 단위.

143

30 | 심상

心 象
마음 심 / 모양 상

매3力 풀이
마음속(**심**중)에 떠오르는 **인상**. ㉤ 이미지

대표 예시
심상은 다섯 가지 감각(시각, 청각, 촉각, 미각, 후각)을 통해 생생하게 느낄 수 있다.
- **시각적 심상**: 눈으로 보는 듯한 느낌. ㉠ 뜰에는 반짝이는 금모래 빛
- **청각적 심상**: 귀로 듣는 듯한 느낌. ㉠ 까악까악 울며 새었소.
- **촉각적 심상**: 피부에 닿는 듯한 느낌. ㉠ 차디찬 티끌
- **미각적 심상**: 혀로 맛을 보는 듯한 느낌. ㉠ 매운 계절
- **후각적 심상**: 코로 냄새를 맡는 듯한 느낌. ㉠ 매화 향기 홀로 아득하니
⋯> 국어 시험에서 '이미지(심상)'가 나오면 다섯 가지 감각적 이미지부터 떠올릴 것!

연관 개념
공감각적 심상, 복합 감각적 심상

공감각적 심상(= 이미지)	복합 감각적 심상(= 이미지)
둘 이상의 감각적 이미지가 함께 있으면서, 하나의 감각을 다른 감각으로 옮겨(전이) 표현한 것. ㉠ 향기로운 님의 말소리 → 말소리(청각)를 향기롭다(후각)고 표현함.(청각의 후각화)	둘 이상의 감각적 이미지가 함께 있기는 하지만, 감각의 이동(전이)이 없는 것. ㉠ 향기로운 꽃밭에서 듣는 님의 말소리 → 후각(향기로운)과 청각(말소리)이 함께 쓰였지만, 청각이 후각(또는 후각이 청각)으로 이동되지 않음.

문제 훈련
Q. '금으로 타는 태양의 즐거운 울림'에 쓰인 심상을 엿볼 수 있는 것은?
① 푸른 휘파람 소리　　　② 금빛 게으른 울음을 우는 곳
③ 새파란 초생달이 시리다.　　④ 이것(깃발)은 소리 없는 아우성
⑤ 피부의 바깥에 스미는 어둠

---

31 | 역전적

逆 轉 的
거스를 역 / 구를 전 / ~의 적

반
역 전 적
행
~하는
(것)

매3力 풀이
거꾸로(**역행**) 뒤집히는(**반전**) (것).

대표 예시
❶ 고전 소설 「토끼전」(작자 미상)에서는 토끼와 자라가 서로 속고 속이는 과정에서 둘의 관계가 역전된다.
❷ 현대 소설 「꺼삐딴 리」(전광용)에서는, 주인공 이인국이 미국 대사관으로 가는 길(현재)에 자신의 과거를 떠올린다. 그는 일제 시대에는 일제에 아부하며 부를 누렸고, 광복 후 소련군이 주둔할 때에는 러시아 어까지 익힌 덕분에 아들을 모스크바로 유학 보낼 수 있었다. 이와 같이 과거를 회상하는 방식은 역전적 구성*을 취한 것이다.

연관 개념	역순행적 구성, 입체적 구성
	'과거−현재−미래'의 시간적 순서를 따르지 않는 역전적 시간 구성을 <u>역순행적 구성</u> 또는 <u>입체적 구성</u>이라고도 한다.

역전적 구성
현재에서 과거를 회상하는 등 '과거−현재−미래'의 시간적 순서를 따르지 않는 구성.

역전적 구성
역순행적 구성
입체적 구성

〈····〉

순차적 구성
순행적 구성
평면적 구성
추보식 구성

시간의 흐름에 따르지 않은 전개
('현재 → 과거, 과거 → 대과거'의 순)

시간의 흐름에 따른 전개
('과거 → 현재 → 미래'의 순)

문제 훈련	**Q.** '역전적 구성'에서 사용되는 방법과 관련 있는 것은?
	① 회상 ② 회유 ③ 회의 ④ 회피 ⑤ 회한

---

32 | 연쇄적

連 鎖 的
이을 연 쇠사슬 쇄 ~의 적

쇠사슬

연 쇄 적
속 적
~하는
(것)

매3力 풀이	쇠사슬(鎖, 쇠사슬 쇄)처럼 **연속적**으로 이어지는 (것).
대표 예시	이태준의 소설 「농군」에서는 다음과 같이 예상되는 결과를 연쇄적으로 제시하여 대간선*을 만들어야 하는 상황이 급하다는 것을 강조하고 있다.
	이것(대간선을 만드는 것)을 실패하면 황무지엔 잡곡이나 뿌릴 수밖에 없고, 그 면적에 잡곡이나 뿌려 가지고는 그다음 해 먹을 수가 없다.
연관 개념	**연쇄법**
	앞 구절의 끝 말(어구)을 다음 구절의 앞부분에 이어받아 그 뜻을 강조하는 수사법.
	• 닭아 닭아 우지 마라 네가 울면 날이 새고 날이 새면 나 죽는다. — 작자 미상, 「심청전」
	• 집일을 고치거든 종들을 휘오시고 종들을 휘오거든 상벌을 밝히시고 상벌을 밝히거든 어른 종을 믿으소서. — 이원익, 「고공답주인가」
	• 고인도 날 못 보고 나도 고인을 못 봬 고인을 못 뵈어도 가던 길 앞에 있네. 가던 길 앞에 있으니 아니 가고 어찌할까. — 이황, 「도산십이곡」
문제 훈련	**Q.** '연쇄적'의 의미로 적절한 것은?
	① 연대하다 ② 연루되다 ③ 연상하다 ④ 연속되다 ⑤ 연합하다

대간선(大幹線)
수로나 도로 등의 시설에서 중심이 되는 큰 줄기의 선.

Q1~6. '매3力 풀이'로 익히기

1. 수사법	효과적·미적 표현을 위하여 말(언사)을 꾸미고 다듬는(　　　) **방법**.
2. 시점	❶ 사물을 보는 [　①　] 과 [　②　]. ❷ 소설에서 서술자가 작품 속 내용을 바라보는 위치나 [　②　].
3. 시행	**시가 문학**의 한 [　　　].
4. 심상	마음속(심중)에 떠오르는 [　　　].
5. 역전적	거꾸로(역행) 뒤집히는(　　　) (것).
6. 연쇄적	쇠사슬(鎖. 쇠사슬 쇄)처럼 [　　　]으로 이어지는 (것).

Q7. 다음 중 연쇄법이 사용되지 <u>않은</u> 것은?

① 닭아, 닭아, 울지 마라. 네가 울면 날이 새고, 날이 새면 나 죽는다.　　　　– 작자 미상, 「심청가」
② 구슬이 바위에 떨어진들 / 구슬이 바위에 떨어진들 / 끈이야 끊어지겠습니까.　　　– 작자 미상, 「정석가」
③ 무쇠로 성(城)을 쌓고 성 안에 담 쌓고 담 안에란 집을 짓고 집 안에란 뒤주 놓고 뒤주 안에 궤를 놓고
　　　　– 작자 미상의 시조
④ 집일을 고치거든 종들을 휘오시고 / 종들을 휘오거든 상벌을 밝히시고 / 상벌을 밝히거든 어른 종을 믿으소서.　　　　– 이원익, 「고공답주인가」
⑤ 고인도 날 못 보고 나도 고인을 못 봬 / 고인을 못 뵈어도 가던 길 앞에 있네. / 가던 길 앞에 있으니 아니 가고 어찌할까.　　　　– 이황, 「도산십이곡」

정답 1. 수정 2. ① 시각, ② 관점 3. 행(줄, 행렬) 4. 인상 5. 반전 6. 연속적 7. ② 8. ○ 9. × 10. ○ 11. × 12. 의인법 13. 과장법 14. 대구법 15. 설의법 16. 역설법 17. 〈가로 풀이〉 (1) 시점, (3) 역설(力說), (5) 의인법, (6) 적법 〈세로 풀이〉 (2) 점층법, (4) 설의법

Q8~11. 다음의 설명이 적절하면 ○, 적절하지 않으면 ×로 표시하시오.

8. 하나의 시어로 한 행을 구성할 수도 있다. ——————————— (　　　)

9. '매화 향기 홀로 아득하니'에서는 미각적 이미지를 활용하고 있다. ——————— (　　　)

10. 시간의 흐름을 따르지 않고 현재에서 과거를 회상하는 방식을 취한 것을 입체적 구성이라고도 한다.
———————————————————————————————————— (　　　)

11. 소설에서 대화가 아닌 서술 부분에 '나'가 나타나 있고, '나'가 부수적 인물이면서 '나'의 심리까지 제시하고 있으면 1인칭 주인공 시점이다. ———————————————— (　　　)

Q12~16. 다음에 사용된 수사법을 <보기>에서 고르시오.

12. 흰 점 꽃이 인정스레 웃고 ————————————————— (　　　　　　)

13. 산더미 같은 파도가 밀려온다. ———————————————— (　　　　　　)

14. 아버님 날 낳으시고 어머님 날 기르시니. ————————————— (　　　　　　)

15. 구슬이 바위에 떨어진들 끈이야 끊어지겠습니까. ——————————— (　　　　　　)

16. 님은 갔지마는 나는 님을 보내지 아니하였습니다. ———————————— (　　　　　　)

> ✓ **보 기**
>
> 과장법, 대구법, 반어법, 설의법, 역설법, 연쇄법, 은유법, 의인법

Q17. 다음 '십자말풀이'의 빈칸에 들어갈 말을 완성하시오.

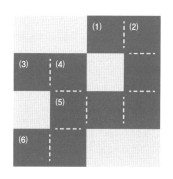

가로풀이
(1) 소설에서 서술자가 작품 속 내용을 바라보는 위치나 관점.
(3) 힘껏 설명함. '강조'로 바꿔 읽으면 의미가 통함. (☞ p.140)
(5) 사람이 아닌 것을 사람인 것처럼 비유하는 것.
(6) 법규에 맞음. (☞ p.41)

세로풀이
(2) 점점 더 크게 표현하는 수사법.
(4) 의문 형식으로 설정되어 있으나 답변을 요구하지 않는 수사법.

33 | 우의적

寓 맡길 **우** | 意 뜻 **의** | 的 ~의 **적**

매3力 풀이	**우화 소설***처럼 사물에 빗대어 **의미**를 전달하는 (것). ※'빗대어'로 바꿔 읽을 것!
대표 예시	❶「토끼전」에서, 용왕은 자신의 병을 고치기 위해 수단과 방법을 가리지 않고 토끼의 생명을 빼앗아 그 간을 얻으려 한다. 이는 인간 사회에서의 권력자의 횡포를 우의적으로 드러낸 것으로 볼 수 있다. ❷ 황석영의「아우를 위하여」에서, 등장인물 영래(부당한 권력자)는 아이들의 환심을 등에 업고 집단행동을 강요하고, 영래를 따르는 아이들(권력에 의존하는 인물)은 폭력으로 다른 아이들의 돈을 빼앗기까지 한다. 이 작품은 1970년대의 정치상을 우의적으로 표현하고 있는 것이다.
연관 개념	우화적, 우회적

우의적(寓意的) / 우화적(寓話的) / 우회적(迂廻的)

우의적(寓意的)	우화적(寓話的)	우회적(迂廻的)
寓: 빗대다, 意: 의미	寓: 빗대다, 話: 이야기	迂 廻: (빙빙) 돌다
빗대어 풍자함.		돌아서 감.(곧바로 ×)
간접적으로 의미를 전달하는 것(직접적 ×, 직설적 ×)		

문제 훈련	**Q.** '우의적'의 의미와 거리가 먼 것은? ① 간접적 ② 비판적 ③ 우호적 ④ 우화적 ⑤ 풍자적

우화 소설
「이솝 이야기」, 「토끼전」처럼 사람이 아닌 것(동물, 식물, 사물)을 인격화하여 풍자하고 교훈을 주는 이야기로, 현실 비판 의식을 간접적으로 드러냄.

세로 읽기 표: 우의적 / 화미소설 ~하는 (것)

---

34 | 율문체

律 법칙 **율** | 文 글월 **문** | 體 몸 **체**

매3力 풀이	**율격**(운율, 리듬감)을 지닌 **문체**. ㉤ 운문체 ㉫ 산문체

대표 예시	❶ 못 보겠네(4) / 못 보겠네(4) / 병든 용왕(4)/못 보겠네(4) //
	 ❷ 나의 충성(4) / 부족던가,(4) / 나의 정성(4)/부족던가?(4) // — 「토끼전」
	 ┈> 「토끼전」은 산문 문학이면서 위와 같이 부분적으로 4글자와 4글자를 일정하게 배열하고(4·4조), 한 문장이나 구절을 4마디씩 끊어 읽게 하는(4음보율), 리듬감이 있는 **율문체**를 사용하고 있다. 한편, ❶에서 aaba 형식을 사용하고 있는 점도 운율감을 자아낸다.

연관 개념	aaba 형식 동일하거나 유사한 구절이 두 번 반복(aa)된 후, 다른 구절이 한 번(b) 나오고, 다시 처음에 반복된 구절이 한 번 더(a) 나오는 형식.

못 보겠네	못 보겠네
a	a
병든 용왕	못 보겠네
b	a

문제 훈련	**Q.** 위 ❶과 ❷에서 율격을 느끼게 하는 요소는? ① 묘사 ② 반복 ③ 비유 ④ 심상 ⑤ 어조

세로 읽기 표: 율문체 / 격

35 | 음수율

音 數 律
소리 음 | 셈 수 | 규칙 율

매3力 풀이

음절*의 수(글자 수)를 일정하게 하여 이루는 운율*.

대표 예시

❶ 3글자 또는 4글자와 4글자의 반복에서 느껴지는 운율

[3·4조] 태산이 높다 하되 하늘 아래 뫼이로다
　　　　3자　　4자　　　4자　　　4자
　　　　　　　　　　　　　　　　　　－ 양사언(**시조**)

[3·4조] 강호에 병이 깊어 죽림에 누웠더니
　　　　3자　　4자　　3자　　4자
　　　　　　　　　　　　　　　－ 정철, 「관동별곡」(**가사**)

[4·4조] 잠아 잠아 짙은 잠아 이 내 눈에 쌓인 잠아
　　　　4자　4자　　4자　　4자　　4자
　　　　　　　　　　　　　　　　－ 작자 미상, 「잠노래」(**민요**)

❷ 7글자와 5글자로 이루어진 시구의 반복에서 느껴지는 운율

[7·5조] 진두강 가람 가에 살던 누나는 / 진두강 앞 마을에 / 와서 웁니다.
　　　　　　　7자　　　　　　5자　　　　7자　　　　5자
　　　　　　　　　　　　　　　　　　　－ 김소월, 「접동새」(**현대시**)

연관 개념

음보율

음수율	음보율
• 글자 수의 반복에서 느껴지는 운율. • 3·4조, 4·4조: 시조, 가사 　예 오백 년 도읍지를 필마로 돌아드니 　　　3자　　4자　　3자　　4자 • 7·5조: 현대시 　예 나 보기가 역겨워 가실 때에는 　　　　7자　　　　5자	• 끊어 읽기 단위에서 느껴지는 운율. • 3음보: 고려 가요 　예 가시리 / 가시리 / 잇고 // • 4음보: 시조, 가사 　예 더우면/꽃 피고/추우면/잎 지거늘 // 　　꽃 지고/새 잎 나니/녹음이 깔렸는데 //

문제 훈련

Q. 다음 시에서 확인할 수 있는 운율을 〈보기〉에서 고르면?

> 어제도 하룻밤
> 나그네 집에
> 가마귀 가악가악 울며 새었소.
>
> 오늘은　　　　　　　　여보소 공중에
> 또 몇 십 리　　　　　　저 기러기
> 어디로 갈까.　　　　　공중엔 길 있어서 잘 가는가?
>
> 산으로 올라갈까　　　　여보소 공중에
> 들로 갈까　　　　　　　저 기러기
> 오라는 곳이 없어 나는 못 가오.　열십자 복판에 내가 섰소.
>
> 말 마소 내 집도　　　　갈래갈래 갈린 길
> 정주 곽산　　　　　　　길이라도
> 차 가고 배 가는 곳이라오.　내게 바이 갈 길은 하나 없소.
>
> 　　　　　　　　　　　　　－ 김소월, 「길」

> ─ 보기 ─
> ㄱ. 3음보율　　　　　　　ㄴ. 4음보율
> ㄷ. 3(4)·4조 음수율　　　ㄹ. 7·5조 음수율

① ㄱ, ㄴ　② ㄱ, ㄷ　③ ㄱ, ㄹ　④ ㄴ, ㄷ　⑤ ㄴ, ㄹ

음절
발음할 때 한 뭉치로 이루어진 소리의 덩어리. 국어에서 음절의 수는 모음의 수와 일치함.
예 태산이(3음절)

운율
시를 읽을 때 느껴지는 리듬감. 말의 가락.

36 | 자조적

自 嘲 的
스스로 자 비웃을 조 ~의 적

자 조 적
기 롱
~하는
(것)

매3力 풀이
<u>자기</u>를 <u>조롱</u>하는 (것). ···> 자기 스스로를 비웃는 (것).

대표 예시
이상화의 시 「빼앗긴 들에도 봄은 오는가」에서는 현실은 들(국토)을 빼앗긴 상황인데 화자는 좋아라 하며 봄 들판을 다니는 내용이 나온다. 이런 자신에 대해 시적 화자는 '무엇을 찾느냐 어디로 가느냐 우습다 답을 하려무나.'라고 하는데, 이 표현에서 화자의 자조적인 태도를 엿볼 수 있다.

연관 개념
냉소적

자조적		냉소적
자기를 비웃는(조롱) (것).	**[공통점]** 비웃는 것!	쌀쌀하게 비웃는 (것). 냉랭하게(冷, 찰 냉)

문제 훈련
Q. '자조적인 웃음'을 뜻하는 말은?

① 고소(苦笑) ② 미소(微笑) ③ 실소(失笑)

④ 조소(嘲笑) ⑤ 폭소(爆笑)

웃음의 종류
p.79 참조

---

37 | 작위적

作 爲 的
지을 작 할 위 ~의 적

조 인
작 위 적
적
~하는
(것)

매3力 풀이
꾸며서(<u>조</u>작) <u>인위</u>적으로 한 듯한 (것).
···> 일부러 꾸며서 한 듯한 (것). 자연스럽지 못한 (것).

대표 예시
❶ 윤대성의 희곡 「출세기」에서는, 광산에서 갱도(굴)가 무너지는 사건이 발생한다. 이때 갱도에 지친 듯 쓰러져 있는 김창호라는 광부와 통화를 하는 비서관 이름이 '신난다'이다. '신난다'는 상황에 맞지 않는 작위적인 이름이라 할 수 있다.
❷ 방송 프로그램의 앞과 뒤에 붙어 방송되는 직접 광고와 달리 간접 광고인 PPL*에서는 광고 효과를 높이기 위해 프로그램 맥락과 동떨어진 상품을 작위적으로 노출시켜 프로그램의 질을 떨어뜨리기도 한다.

연관 개념
인위적, 작위(爵位)
• 인위적: 사람(인간)의 힘과 행위로 이루어지는 것(p.36 참조). ⑪ 자연적, 천연적
• 작위(作爲) vs. 작위(爵位)

작위(作爲)	꾸며서(조작, 인위적) 하는 행위. 예 작위에 의한 행동
작위(爵位)	벼슬(공작, 백작)과 지위. 예 공(公)의 작위에 오르다.

PPL(product placement)
간접 광고의 하나로, 영화나 드라마에 제품을 소품 등으로 끼워 넣거나 브랜드를 노출시켜 자연스럽게 광고하는 마케팅 전략.

문제 훈련
Q. '작위적'의 의미에 가까운 것은?

① 우연한 ② 갑작스러운 ③ 볼품없는

④ 천진한 ⑤ 억지스러운

38 | 전기성

傳 奇 性
전할 전 | 기이할 기 | 성질 성

전 기 성
달 이 질

매3力 풀이 기이한 것을 전(달)하는 성질. ※ '비현실적'으로 바꿔 읽을 것!

대표 예시 「심청전」에서 인당수에 빠진 심청이 연꽃에 실려 지상으로 올라오고, 왕비가 된 심청을 만난 심 봉사가 눈을 뜨는 것은 전기성을 띤 것이다.

연관 개념 전기적

전기적(傳奇的)	전해 오는 기이한 이야기를 다룬 (것). 예 전기소설*
전기적(傳記的)	사람의 일생을 기록한 (것). 예 이순신 전기

문제 훈련 **Q.** 다음 중 '전기성'을 엿볼 수 없는 것은?

① 길동은 푸른 도포에 검은 띠를 띠고 나귀 등에 올랐다. 부하 몇 명도 데리고 갔다. — 작자 미상. 「홍길동전」

② 홀연 찬바람, 기러기 소리에 깨달으니 승상은 간데없고 누웠던 자리에 (꿈에서 본) 갑옷과 투구 놓였거늘 — 작자 미상. 「소대성전」

③ 숙향을 잡아다 죽이려고 큰 매로 치라 하되 집장 사령이 매를 들지 못하여 죽이지 못하였사오나 — 작자 미상. 「숙향전」

④ (우치가) (그림 속의) 나귀 등에 올라 (그림 속의) 산 동구에 들어가더니, 이윽고 간 데 없거늘 — 작자 미상. 「전우치전」

⑤ 해산하고 돌아보니 아이는 아니요, 금방울 같은 것이 금광이 찬란하거늘 — 작자 미상. 「금방울전」

전기소설
기이한(비현실적인) 사건을 다룬. 우리나라 최초의 소설 양식. 예 산 사람(이생)과 죽은 사람(최낭)의 사랑을 다룬 「이생규장전」(김시습)

39 | 전형성

典 型 性
법 전 | 모형 형 | 성질 성

경 모 특
전 형 성

매3力 풀이 같은 부류에서 본보기(경전)가 되고 모형이 되는 가장 일반적이고 본질적인 특성.

대표 예시 고전 영웅 소설에서는 비범한 능력을 지닌 인물이 시련과 고난을 겪다가 그 고난을 극복하고 승리하는 전형성을 보인다. 예 「홍길동전」의 '길동'

연관 개념 전형적 인물, 인물의 유형

대표성	전형적 인물	어떤 사회·집단·계층을 대표하는 인물
	개성적 인물	독특한 성격을 지닌 인물
성격 변화	평면적 인물	성격이 변하지 않는 인물 ※ 평면적 구성(p.145)
	입체적 인물	성격이 변하는 인물 ※ 입체적 구성(p.145)
역 할	주동 인물	주인공
	반동 인물	주인공과 갈등 관계에 있는 인물

문제 훈련 **Q.** '전형적이다'와 바꿔 쓸 수 있는 것은?

① 진취적이다   ② 주체적이다   ③ 비현실적이다

④ 일반적이다   ⑤ 허구적이다

40 | 주술적

呪 術 的
빌 주 | 꾀 술 | ~의 적

점
주 술 적
문
~하는
(것)

매3力 풀이
❶ 비는 행위(주문)를 통해 소망을 이루고자 하는 (것).
❷ 다가올 일을 점치는(점술*) (것).

대표 예시
거북아 거북아 / 머리를 내어라 / 내놓지 않으면 / 구워서 먹으리
– 작자 미상, 「구지가」(고대 가요)

···> 거북(신령스러운 존재)에게 머리(군주, 왕)를 달라고 비는 내용으로, '거북'이
주술적 대상에 해당한다.

연관 개념
초자연적 존재
자연을 초월한 존재. 예 절대자. 「구지가」의 '거북', 「정읍사」의 '달님'

문제 훈련
Q. 다음은 아내가 행상 나간 남편이 무사히 돌아오기를 소망한 고대 가요
이다. '주술적 대상'을 찾아 쓰시오.

> 달님이시여 높이높이 돋으시어 / 멀리멀리 비춰 주소서
> – 어느 행상인의 아내, 「정읍사」

점술
점을 치는 술수와 방법.
소극적이고 수동적이라는 점에
서 '주술'과 구별됨.

---

41 | 직관적

直 觀 的
곧을 직 | 볼 관 | ~의 적

직 관 적
접 측
적
~하는
(것)

매3力 풀이
경험, 추리, 판단 등에 의하지 않고 대상을 ❶ 직접적(간접적 ✕)으로 파악
(관측)하는 (것). ❷ 직각적(즉시)으로 파악(관측)하는 (것).
※ '곧바로'로 바꿔 읽으면 뜻이 통함.

대표 예시
❶ 나무는 그림과 음악의 소재로 많이 쓰인다. 소나무는 산수화에, 버드나
무는 대중가요에 많이 등장하는데, 영상을 보여 주고 음악을 들려주면
이를 직관적으로 인식할 수 있다.
❷ 한국어를 모국어로 쓰는 화자라면 '내일 학교에 갔다.'라는 문장이 비문
(문법에 맞지 않는 문장)이라는 것을 직관적으로 알 수 있다.

연관 개념
직관, 직시, 직설적

직 관	대상이나 현상을 보고 직각적으로 느끼는 깨달음. 예 철학적 직관
직 시	(어떤 대상 또는 사물의 진실을) 똑바로 봄. 예 현실을 직시하다.
직설적	솔직하게(돌직구로) 말하는(설명) 것(간접적✕, 비유적✕, 완곡하게✕). 예 직설적 말하기

문제 훈련
Q. 다음 중 '직관적'의 의미로 적절한 것은?
① 경험에 의존하는 것　　② 즉각적으로 파악하는 것
③ 사유 작용을 거치는 것　　④ 논리적으로 인식하는 것
⑤ 추리를 통해 판단하는 것

42 | 초월적

超 越 的
뛰어넘을 **초** 넘을 **월** ~의 **적**

초 월 적
과 장 ~하는 (것)

매3力 풀이	(한계, 범위, 표준, 현실, 신분 등을) 벗어나고 뛰어넘는(**초과**, **월장***) (것). ※ '비현실적'으로 바꿔 읽으면 뜻이 통함. 逊 현실적
대표 예시	❶ 송기숙의 소설 「당제」에서, 등장인물인 한몰댁은 꿈에 나타난 초월적 존재인 미륵보살이 남편을 지켜 줄 것이라고 믿는다. ❷ 「홍길동전」의 '길동이 한번 몸을 움직이자, 쇠사슬이 끊어지고 수레가 깨어져, 마치 매미가 허물 벗듯 공중으로 올라가며, 나는 듯이 운무에 묻혀 가 버렸다.'에서 길동의 초월적 능력을 확인할 수 있다.

연관 개념

초월적 존재(인물), 초월적 세계(공간), 초월적 능력, 초연, 초탈
• 초월적 ○○ = 비현실적(초현실적) ○○. 현실 세계에 존재하지 않는 ○○.

초월적 존재(인물)	현실 세계에 존재하지 않는. 신선·용왕·옥황상제 등 逊 인간
초월적 세계(공간)	천상계, 신선계, 용궁 등 逊 현실 세계(공간), 인간 세계
초월적 능력	인간의 한계를 뛰어넘는 능력 예 도술 등을 사용

• '초'가 들어가는 국어 시험 빈출 어휘들의 의미 구분

초월	한계를 뛰어넘음. 예 생사를 초월하다. 신분을 초월하다.
초연	현실에 얽매이지 않음. 태연함. 느긋함. 예 죽음 앞에 초연하다.
초탈	세속적인 것이나 한계에서 벗어남(탈피). 예 번뇌를 초탈하다.

월장(越牆)
담장을 넘음.

문제 훈련 **Q.** '초월적'에서 '초'의 의미로 가장 알맞은 것은?

① 나아감 ② 달아남 ③ 뛰어남 ④ 지나감 ⑤ 뛰어넘음

43 | 탈속적

脫 俗 的
벗어날 **탈** 풍속 **속** ~의 **적**

탈 속 적
피 세 ~하는 (것)

매3力 풀이	속세(세속)를 벗어나는(탈피) (것).
대표 예시	❶ 고전 시가에는 속세를 벗어난 자연을 지향하는 화자가 많은데, 이들은 탈속적 세계를 지향하는 것으로 볼 수 있다. ❷ 윤선도는 시조 「어부사시사」에서, '선계*인가 불계*인가 인간이 아니로다'고 했다. 눈 덮인 어촌의 겨울 풍경을 마치 신선의 세계인 것 같다고 한 것에서 탈속적 분위기를 느낄 수 있다.

연관 개념

세속적, 초탈
• 세속적: 세상의 일반적인 풍속을 따르는 (것). 逊 통속적

세속적(출세 지향)인 삶 ↔ 자연 친화적인 삶

• 탈속과 초탈의 차이: '세속에서 벗어남'의 의미를 지녔다는 점에서 '탈속'은 '초탈'과 유사하지만, '탈속'은 '초탈'과 달리 공간(세상)의 개념을 지니고 있다.

선계(仙界)
신선의 세계.

불계(佛界)
불교의 세계.

문제 훈련 **Q.** '세속적'과 의미가 통하는 말은?

① 무속적 ② 민속적 ③ 속물적 ④ 종속적 ⑤ 토속적

Q1~11. '매3力 풀이'로 익히기

1. 우의적	우화 소설처럼 사물에 빗대어 [ ]를 전달하는 (것).
2. 율문체	[ ]을 지닌 문체.
3. 음수율	[①]의 수(글자 수)를 일정하게 하여 이루는 [②].
4. 자조적	[①]를 [②]하는 (것).
5. 작위적	[ ]으로 꾸며서(조작) 한 듯한 (것).
6. 전기성	[ ]한 것을 전달하는 성질.
7. 전형성	같은 부류에서 본보기(경전)가 되고 [ ]이 되는 가장 일반적이고 본질적인 특성.
8. 주술적	[ ]을 외어 소망을 이루고자 하거나 다가올 일을 점치는(점술) (것).
9. 직관적	[ ]으로 파악(관측)하는 (것).
10. 초월적	[ ]하고 뛰어넘는(월장) (것).
11. 탈속적	[ ]를 벗어나는(탈피) (것).

정답 1. 의미 2. 율격(운율) 3. ① 음절 ② 운율 4. ① 자기 ② 조롱 5. 인위적 6. 기이 7. 모형 8. 주문 9. 직접적(직각적) 10. 초과 11. 속세(세속) 12. ○ 13. ○ 14. ✕ 15. ○ 16. ✕ 17. ㉮ 18. ㉣ 19. ㉰ 20. 〈가로 풀이〉(1) 우의적, (3) 삽화, (4) 직설적 〈세로 풀이〉(1) 우화 소설, (2) 적서

Q12~16. 다음의 설명이 적절하면 ○, 적절하지 않으면 ✕로 표시하시오.

12. 자조적 웃음은 '조소'와 바꿔 쓸 수 있다. ──────────────────── (　　　)

13. '우의적'은 '빗대어'로 바꿔 읽으면 뜻이 통한다. ────────────── (　　　)

14. 어떤 사회나 집단, 계층을 대표하는 인물을 개성적 인물이라 한다. ──── (　　　)

15. '초탈'과 '탈속'은 둘 다 '벗어나다'는 의미를 지녔으나, '탈속'은 '초탈'과 달리 공간(속세)의 개념을 지니고
있다. ──────────────────────────────────── (　　　)

16. 유사할 뿐 동일하지 않은 구절이 차례로 나온 후, 다른 구절이 한 번 나오고, 다시 처음의 구절이 한 번 더
나오는 것은 aaba 형식이 아니다. ────────────────────── (　　　)

Q17~19. 왼쪽에 제시된 어휘의 의미와 관련 있는 것을 오른쪽에서 찾아 서로 줄로 이으시오.

17. 음수율　•

　　　　　　　　　　　　•　㉮ 3·4조

　　　　　　　　　　　　•　㉯ 3음보

　　　　　　　　　　　　•　㉰ 비현실적

18. 작위적　•

　　　　　　　　　　　　•　㉱ 인위적

　　　　　　　　　　　　•　㉲ 자조적

19 전기성　•

　　　　　　　　　　　　•　㉳ 전형성

Q20. 다음 '십자말풀이'의 빈칸에 들어갈 말을 완성하시오.

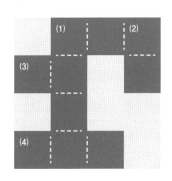

가로 풀이	(1) 사물에 빗대어 의미를 전달하는 것. (3) 이야기 속에 삽입된 짤막한 토막 이야기. 에피소드. (☞ p.132) (4) 솔직하게(돌직구로) 말하는 것.
세로 풀이	(1) 동식물을 인격화하여 풍자하고 교훈을 주는 이야기. (2) 적자(본부인이 낳은 아들)와 서자(양반과 양민 여성 사이에서 낳은 　 아들). (☞ p.41)

44 | 통사적

統 辭 的
거느릴 **통** 말씀 **사** ~의 **적**

통 사 적
= 문장 ~하는
(것)

매3力 풀이 문장(= 통사)과 관계되는 (것). 예 통사론(= 문장론)

대표 예시 ❶ **통사적 합성어**: 합성어에서, 두 어근이 연결된 방식이 우리말의 단어나 문장 배열 구조와 일치하는 것.

통사적 합성어	비통사적 합성어
두 어근이 연결된 방식이 우리말의 단어나 문장 배열 구조와 일치하는 합성어 •명사 + 명사: 눈물, 밤낮 •관형사 + 명사: 온종일, 첫사랑 •용언*의 어근 + 관형사형 어미 + 명사: 작은집[작 + 은 + 집] •부사 + 용언: 그만두다[그만 + 두다] •부사 + 부사: 곧잘[곧 + 잘] •조사 생략: 힘들다[힘(이) 들다] •용언 + 아/어 + 용언: 뛰어가다[뛰다 + 어 + 가다]	두 어근이 연결된 방식이 우리말의 단어나 문장 배열 구조와 일치하지 않는 합성어 •용언의 어근 + 명사: 날짐승(날 + 짐승), 늦잠[늦 + 잠] •부사 + 명사: 부슬비(부슬 + 비), 산들바람(산들 + 바람) •용언 + 용언(연결 어미 생략): 뛰놀다[뛰 + (어) + 놀다], 굳세다[굳 + (고) + 세다], 여닫다[열 + (고) + 닫다], 오르내리다[오르 + (고) + 내리다], 높푸르다[높 + (고) + 푸르다]

❷ **통사적 피동문***, **통사적 사동문***

통사적 피동문	'-어지다, -게 되다'에 의한 피동문 예 밥을 먹게 되다.
파생적 피동문	파생 접사(-이-, -히-, -리-, -기-)에 의한 피동문 예 밥이 먹히다[먹 + 히 + 다].
통사적 사동문	'-게 하다'로 실현되는 사동문 예 밥을 먹게 하다.
파생적 사동문	접미사(-이-, -히-, -리-, -기-, -우-, -구-, -추-)로 실현되는 사동문 예 밥을 먹이다.

연관 개념 유사한 통사 구조의 반복
•비슷한(= 유사한) 문장(= 통사) 구조를 반복하는 것.
•현대시와 고전 시가(시조)에서의 예

산산이 부서진 이름이여!
허공 중에 헤어진 이름이여!
불러도 주인 없는 이름이여!
부르다가 내가 죽을 이름이여!
　　　　　　　– 김소월, 「초혼」

강호에 봄이 드니 미친 흥이 절로 난다
탁료계변에 금린어가 안주로다
이 몸이 한가하옴도 역군은이샷다
　　　　　　　　　　　〈제1수〉

강호에 여름이 드니 초당에 일이 업다
유신한 강파는 보내나니 바람이로다
이 몸이 서늘하옴도 역군은이샷다
　　　　　　　　　　　〈제2수〉
　　　　　　　– 맹사성, 「강호사시가」

···▶ 두 작품의 밑줄 친 부분에서 비슷한 문장 구조(유사한 통사 구조)가 반복되고 있음을 확인할 수 있다.

용언
동사, 형용사.

피동문
주어가 다른 주체에 의해서 동작을 당하게(被, 당할 피) 되는 문장.

사동문
주어가 남에게 동작을 하도록 시키는(사역) 문장.

문제 훈련 **Q.** 다음 중 '통사적 합성어'가 아닌 것은?
① 논밭　　　② 덮밥　　　③ 봄비
④ 새해　　　⑤ 집안

Q₁ 시구(시행)의 반복과 유사한 통사 구조의 반복은 다른 건가요?

A₁ 결론부터 말하면 다릅니다.

'시구의 반복'은 시의 어구(2어절 이상)가 반복되는 것이고, '시행의 반복'은 시가 배열되어 있는 한 행(줄)이 반복되는 것이고, '유사한 통사 구조의 반복'은 '주어 + 서술어' 형태를 갖춘 문장의 구조가 반복되는 것으로, p.156의 「초혼」과 「강호사시가」를 예로 들면 다음과 같습니다.

구분	시구의 반복	시행의 반복	유사한 통사 구조의 반복
「초혼」	×	×	○
「강호사시가」	○ (이 몸이)	×	○

따라서 유사한 통사 구조가 반복된 경우에도 시구나 시행은 반복되지 않을 수 있습니다. 또 시구가 반복되어도 유사한 통사 구조의 반복이 이루어지지 않는 경우도 있으므로 시구(시행)의 반복과 유사한 통사 구조의 반복은 다른 것입니다.

Q₂ 유사한 통사 구조의 반복과 대구법의 차이가 뭔가요? 둘이 같은 개념인가요?

A₂ 비슷하면서도 다른 표현법입니다. '유사한 통사 구조'는 비슷한 문장 구조가 반복되는 것이고, '대구법'은 비슷한 어구를 짝지어 표현하는 것으로 문장 구조가 짝을 이룬다는 점에서는 비슷하다 할 수 있습니다. 하지만 유사한 통사 구조의 반복은 서로 맞대어 나란히 짝을 이루지 않더라도 문장 구조가 반복되면 되고, 대구법은 두 구절이 나란히 짝을 이루어야 한다는 점에서 둘은 다릅니다.

예를 들면, 다음은 비슷한 문장 구조(~로 ~면 ~랴)가 반복되는 유사한 통사 구조의 반복이면서, 비슷한 구절을 나란히 배치(외롭기로 - 가기로, 작정하면 - 목숨 걸면, 못 가랴 - 문제랴)하였으므로 대구법도 됩니다.

외롭기로	작정하면	어딘들	못 가랴
|	|		|
가기로	목숨 걸면	지는 해가	문제랴

– 고정희, 「상한 영혼을 위하여」

---

45 | 통시적

通 時 的
통할 **통** | 때 **시** | ~의 **적**

관 통 시 적
대
~하는 (것)

매3力 풀이	<u>시대(시간)</u>를 꿰뚫어 통하는(<u>관통</u>) (것). ···> 시간의 흐름과 관련되는 (것).
대표 예시	중세 국어의 역사적 변화 과정을 통시적으로 살펴보다.

연관 개념	공시적

통시적(通時的)	공시적(共時的)
• 어떤 시기를 <u>종적</u>으로 바라보는 것 • <u>시간의 흐름</u>에 따라 바라보는 것 예) 어휘의 역사적 변천을 살펴보는 것(의미 확대, 의미 축소, 의미 이동 등)	• 어떤 시기를 <u>횡적</u>으로 바라보는 것 • <u>공동의 시기</u>를 바라보는 것 예) 어휘의 지역적 차이를 살펴보는 것(경상 방언과 전라 방언의 차이 등)

문제 훈련 **Q.** 다음 ㉠, ㉡에 들어갈 말을 밝혀 쓰시오.

> 중세 국어 어휘인 '뿔'이 많은 시간이 흐른 뒤인 현대 국어에 와서 어떻게 '쌀'이라는 형태로 바뀌었는지 살펴보는 것은 ㉠ □□□ 연구이고, 중세 국어에서 사용한 '조뿔'을 역사적 변화 과정에 대한 고찰 없이 당시의 언어 현상의 관점에서 분석하는 것은 ㉡ □□□ 연구이다.

46 | 표제어

標 題 語
표할 표 제목 제 말씀 어

매3力 풀이	표제(표시한 제목)가 되는 말(단어). ···> 서적이나 장부 등에서 어떤 항목을 찾기 편리하도록 설정한 제목.
대표 예시	사전에 실린 단어가 표제어인데, 왼쪽 표(사전의 개정 내용)에서 '내음'이 표제어에 해당한다.
연관 개념	표제, 부제 • **표제**: 제목. 글의 내용을 압축하거나 대표해서 보여 주는 것. • **부제**: 부제목. 표제를 뒷받침해 주는 것.
문제 훈련	**Q. 다음을 참고할 때, '표제어'에 해당하는 것은?** 용언(동사, 형용사)의 활용형들은 별도의 단어가 아니므로 일일이 사전에 등재*하지 않으며, 활용형 중 어간에 평서형 종결 어미 '-다'를 결합한 것을 기본형이라 하여 이것만을 사전에 표제어로 등재한다. ① 읽다 ② 읽었고 ③ 읽었느냐 ④ 읽겠습니다 ⑤ 읽었습니까

개정 전 | **내음** 몡 '냄새'의 방언 (경상).

개정 후 | **내음** 몡 코로 맡을 수 있는 나쁘지 않거나 향기로운 기운. 주로 문학적 표현에 쓰인다.

등재
등록하여 올림(탑재).

---

47 | 해학성

諧 謔 性
화할 해 희롱할 학 성품 성

매3力 풀이	익살스러운(우스꽝스러운) 성질.
대표 예시	문학 작품에서 해학성은 다음을 통해 드러난다. ❶ **인물의 회화화***: 보통 사람보다 열등한 말이나 행동, 상황에 어울리지 않는 말이나 행동, 흉내 내는 행위 등 ❷ **비속어의 사용**: p.129 참조 ❸ **언어유희**: 언어 놀이. 유사한 발음 또는 동음이의어를 이용한 말장난. 　예 너의 서방인지 남방인지 걸인 하나 내려왔다. (「춘향가」에서) ❹ **과장된 희극적 상황의 설정**: 이근삼의 희곡 「원고지」에서 주인공 '교수'는 원고지 무늬의 옷을 입고 기계적으로 번역하며 무의미한 일상을 반복하며 살아간다. 이렇게 과장된 희극적 상황의 설정은 웃음을 유발하는 한편 규격화되고 기계적인 삶을 사는 현대인을 비판하는 효과를 거둔다.
연관 개념	풍자

해학		풍자
•공격성을 띠지 않는. 악의 없는 웃음. •우스꽝스러운 말이나 행동(유머)	**[공통점]** 웃음을 자아내는 것	•비웃는 웃음. 비꼬는 웃음. •빗대어 비판함.(간접적으로 비판함. 직접적 ✕)

문제 훈련	**Q. 다음 중 그 의미가 나머지 넷과 다른 하나는?** ① 골계 ② 과장 ③ 익살 ④ 희극적 ⑤ 희화적

회화화
인물의 외모나 성격, 또는 사건이 의도적으로 우스꽝스럽게(희극적으로) 묘사됨. ㉨ 익살, 해학, 희극적

48 행간

行 間
다닐 행 · 사이 간

행 간
렬 격

매3力 풀이
❶ 줄(**행렬**)과 줄의 사이(**간격**).
❷ 문장 속에 숨은 뜻을 비유적으로 이르는 말.

대표 예시
❶ 시에 사용된 행간 걸침은 시적 의미를 강조하는 효과가 있다.
❷ 행간의 의미를 읽을 줄 알아야 한다.

연관 개념
행간 걸침 의미상 한 행으로 배열되어야 하는 시구를 의도적으로 행을 나누어 다음 행에 걸쳐 놓는 표현 기법.

> 괴로웠던 사나이, / 행복한 예수 그리스도에게
> 처럼 / 십자가가 허락된다면   – 윤동주, 「십자가」 중에서

⋯⋯> '처럼'은 의미상 2행과 한 행으로 배열되어야 한다. 그런데 의도적으로 행을 나누어 3행에 걸쳐 놓음으로써 '예수 그리스도'를 닮고자 하는 소망을 강조하는 효과를 거두고 있다.   ※ '/'는 행을 나눈다는 표시임.

문제 훈련
Q. 다음 중 '행간 걸침'이 쓰이지 <u>않은</u> 것은?
① 어둠은 새를 낳고, 돌을 / 낳고   – 박남수, 「아침 이미지 1」
② 밧줄이 날아와 나는 / 뛰어가 밧줄을~   – 장석남, 「배를 매며」
③ 그립다 / 말을 할까 / 하니 그리워   – 김소월, 「가는 길」
④ 산꿩이 알을 품고 / 뻐꾸기 제철에 울건만   – 정지용, 「고향」
⑤ 쓰러지는 법이 없는 둥근 / 공처럼   – 정현종, 「떨어져도 튀는 공처럼」

49 형상화

形 象 化
모양 형 · 코끼리 상 · 될 화

대 변
형 상 화
체

매3力 풀이
형체를 가진 **대상**으로 분명하게 나타냄(**변화**하게 함).
※ '(구체적으로) 나타냄'으로 바꿔 읽으면 의미가 통함.

대표 예시
❶ 인물의 내면 심리를 형상화하다.
❷ 대상의 특징을 감각적으로 형상화하다.

연관 개념
구체화 추상적인 것을 구체적인 것으로 나타냄. (p.117 참조)
• 눈에 보이지 않는 추상적인 것을 구체적으로 표현한다는 점에서 '구체화'는 '형상화'와 유사하다고 볼 수 있다. 다만, '형상화'는 '눈에 보이는 대상을 예술적으로 재창조하다.'는 의미를 지닌다는 점에서 '구체화'와 구별된다. 예를 들면,
 – 송순의 가사 「면앙정가」에서, '백척 난간에 긴 조으름 내어 펴니'는 화자의 한가로운 모습을 구체화했다기보다는 형상화한 것으로 볼 수 있고,
 – 이호철의 소설 「나상*」에서, 제목 '나상'은 천진난만한 벌거숭이 인간인 형의 모습을 구체화한 것이 아니라 형상화한 것이다.

-화(化)
일부 명사 뒤에 붙어, '그렇게 만들거나 됨'의 뜻을 더하는 말.
예 현대화, 기계화

나상(裸像)
벌거벗은(나체) 모습(형상).

문제 훈련
Q. '시 속에 <u>형상화된</u> 사회'에서 '형상화된'은 '표현된'으로 바꿀 수 있다.
(○ , ×)

50 | 화자

발
사람
화 ┊ 자
者

매3力 풀이
말(**발화***)하는 사람(**者**, 사람 **자**). ⑭ 청자

대표 예시
❶ 한용운의 「님의 침묵」(아래의 '문제 훈련' 참조)에서의 '나'
❷ 김소월의 「길」(p.149)에서의 '나'(3연), '내'(4, 6, 7연)
❸ 윤동주의 「서시」(p.143)에서의 '나'(4, 7행)

연관 개념
시적 화자
• 시 속에서 말하는 사람을 말한다.
• 시적 자아, 서정적 자아라고도 한다.
• 겉으로 드러나기도 하지만 드러나 있지 않은 경우도 있다.
┄┄> 시 속에 '나, 내, 우리' 등이 있으면 시적 화자가 겉으로 드러나 있는 것임.
• '시적 대상'과 구분해서 알아 두어야 한다.

시적 화자	시 속에서 말하는 사람(시인 ≠ 시적 화자)
시적 대상	시 속에서 시적 화자가 말하고 있는 사물 또는 사람

문제 훈련
Q. 다음 시에서 (1) 시적 화자와 (2) 시적 대상을 밝혀 쓰고, (3) 시적 화자가 겉으로 드러나 있는지? 있다면, (4) 그 근거는 무엇인지를 밝혀 쓰시오.

> ¹님은 갔습니다. 아아, 사랑하는 나의 님은 갔습니다.
> ²푸른 산빛을 깨치고 단풍나무 숲을 향하여 난 작은 길을 걸어서 차마 떨치고 갔습니다.
> ³황금의 꽃같이 굳고 빛나던 옛 맹세는 차디찬 티끌이 되어서 한숨의 미풍에 날려 갔습니다.
> ⁴날카로운 첫 키스의 추억은 나의 운명의 지침을 돌려놓고 뒷걸음쳐서 사라졌습니다.
> ⁵나는 향기로운 님의 말소리에 귀먹고, 꽃다운 님의 얼굴에 눈멀었습니다.
> ⁶사랑도 사람의 일이라 만날 때에 미리 떠날 것을 염려하고 경계하지 아니한 것은 아니지만, 이별은 뜻밖의 일이 되고 놀란 가슴은 새로운 슬픔에 터집니다.
> ⁷그러나 이별을 쓸데없는 눈물의 원천을 만들고 마는 것은 스스로 사랑을 깨치는 것인 줄 아는 까닭에 걷잡을 수 없는 슬픔의 힘을 옮겨서 새 희망의 정수박이에 들어부었습니다.
> ⁸우리는 만날 때에 떠날 것을 염려하는 것과 같이 떠날 때에 다시 만날 것을 믿습니다.
> ⁹아아, 님은 갔지마는 나는 님을 보내지 아니하였습니다.
> ¹⁰제 곡조를 못 이기는 사랑의 노래는 님의 침묵을 휩싸고 돕니다.
> – 한용운, 「님의 침묵」

(1) 시적 화자 : _____

(2) 시적 대상 : _____

(3) 시적 화자가 겉으로 드러나 있는가? : _____

(4) (3)의 근거 : _____

발화
소리를 내어 말을 하는 행위.

51 | 환몽 구조

幻 夢 構 造
헛보일 환 · 꿈 몽 · 얽을 구 · 지을 조

몽 꿈
환 몽 구 조
夢

환몽
현실성이 없이 헛되고 미덥지 못한 꿈(夢, 꿈 몽).

몽환
꿈과 환상.
(허황한 생각을 이르는 말)

매3力 풀이 꿈(환몽*, 몽환*)과 현실을 오가는 이야기 전개 **구조**.

대표 예시 '현실(욕망) → 꿈(욕망의 실현) → 현실(욕망의 덧없음을 깨달음)'의 구조
예 김만중의 소설 「구운몽」

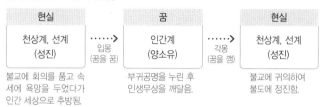

현실		꿈		현실
천상계, 선계 (성진)	·····▶ 입몽 (꿈을 꿈)	인간계 (양소유)	·····▶ 각몽 (꿈을 깸)	천상계, 선계 (성진)
불교에 회의를 품고 속 세에 욕망을 두었다가 인간 세상으로 추방됨.		부귀공명을 누린 후 인생무상을 깨달음.		불교에 귀의하여 불도에 정진함.

연관 개념 몽자류 소설, 몽유록계 소설, 액자식 구성
• 몽자류 소설, 몽유록계 소설: 환몽 구조로 이루어진 소설.
　예 김만중의 「구운몽」, 작자 미상의 「조신지몽(조신의 꿈)」, 임제의 「원생몽유록」
• 액자식 구성: p.132 참조(외화 속의 내화가 꿈일 때 환몽 구조가 됨.)

문제 훈련 **Q.** '환몽 구조'에서 '환(幻)'의 의미는?
① 환하다　② 헛되다　③ 변하다　④ 보이다　⑤ 바뀌다

52 | 회의적

懷 疑 的
품을 회 · 의심할 의 · ~의 적

품을
회 의 적
懷 ~하는
심 (것)

심회
마음속(심중) 생각.

감회
지난일을 생각하며 느끼는 회포.

양비론적(兩非論的)
양쪽 말이 모두 틀렸다(非, 그를 비)고 주장(이론)하는 (것).

매3力 풀이 **의심**을 품는 (것).

대표 예시 ❶ 실현 가능성에 대해 회의적인 시각을 가진 사람들이 많다.
❷ 절대자의 존재에 대해 회의적 태도를 드러내다.

연관 개념 회고(회상), 회유, 회포

회고(회상)	회유	회포
옛날을 생각함. 고대 懷, 생각 회 예 지난날을 회고하다.	구슬리고 달램. *구스르고✗ 柔, 부드러울 유 예 설득하고 회유하다.	품은 생각. 포부 예 회포를 풀다.

·····▶ '회(懷)'는 '품다', '달래다' 또는 '생각'의 뜻을 지님.
　　　회의적　회유　　　회고, 회상, 심회*, 감회*

문제 훈련 **Q.** 밑줄 친 '회의적인'이 의미하는 바는?

아인슈타인은 양자 역학의 해석에 <u>회의적인</u> 태도를 취하였다.

① 긍정적인　　② 부정적인　　③ 소극적인
④ 수동적인　　⑤ 양비론적인

Q1~9. '매3力 풀이'로 익히기

1. 통사적	☐과 관계되는 (것).
2. 통시적	☐를 꿰뚫어 통하는(**관통**) (것).
3. 표제어	**표시**한 ☐이 되는 말(**단어**).
4. 해학성	익살스러운(우스꽝스러운) ☐.
5. 행간	❶ 줄(**행렬**)과 줄의 ☐. ❷ 문장 속에 숨은 뜻을 비유적으로 이르는 말.
6. 형상화	☐를 가진 **대**상으로 분명하게 나타냄(**변화**하게 함).
7. 화자	☐하는 사람(**者**, 사람 **자**).
8. 환몽 구조	꿈(☐)과 현실을 오가는 이야기 전개 구조.
9. 회의적	☐을 품는(**懷**, 품을 **회**) (것).

Q10. 다음 중 '회상'과 바꿔 쓸 수 있는 말은?

① 회포　　　　② 회유　　　　③ 회고　　　　④ 심회　　　　⑤ 감회

정답 1. 문장(통사) 2. 시대(시간) 3. 제목 4. 성질 5. 간격 6. 형체 7. 발화 8. 환몽(몽환) 9. 의심 10. ③ 11. ✕ 12. ○ 13. ○ 14. ○ 15. ✕ 16. ㉿ 17. ㉣ 18. ㉤ 19. 〈가로 풀이〉 (1) 교언영색, (3) 회유, (4) 희화화 〈세로 풀이〉 (2) 언어유희, (5) 일화

162

Q11~15. 다음의 설명이 적절하면 ○, 적절하지 않으면 ×로 표시하시오.

11. 과거에 대해 회상하는 것을 회의적 태도라고 한다. ───────────────── (　　)

12. 표제는 글 전체의 내용을 압축하거나 대표해서 보여 주는 '제목'이다. ───────── (　　)

13. 유사한 통사 구조가 반복된 경우에 시구나 시행은 반복되지 않을 수 있다. ────── (　　)

14. 시 속에 '나, 내, 우리' 등이 있으면 시적 화자가 겉으로 드러나 있는 것이다. ───── (　　)

15. '늦잠, 부슬비' 등은 두 어근이 연결된 방식이 우리말의 단어나 문장 배열 구조와 일치하는 통사적 합성어에 해당한다. ─────────────────────────────── (　　)

Q16~18. 왼쪽에 제시된 어휘의 의미와 관련 있는 것을 오른쪽에서 찾아 서로 줄로 이으시오.

16. 통시적 •

                       • ㉮ 비웃는 웃음.

                       • ㉯ 악의 없는 웃음.

                       • ㉰ 구체적으로 나타냄.

17. 해학 •

                       • ㉱ 비유적으로 표현함.

                       • ㉲ 어떤 시기를 횡적으로 바라보는 것.

18. 형상화 •

                       • ㉳ 어떤 시기를 종적으로 바라보는 것.

Q19. 다음 '십자말풀이'의 빈칸에 들어갈 말을 완성하시오.

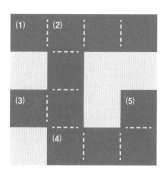

가로 풀이	(1) 교묘하게 꾸민 말과 아첨하는 얼굴색. (☞ p.69) (3) 구슬리고 달램. (4) 인물의 외모나 성격, 또는 사건을 의도적으로 우스꽝스럽게 묘사함.
세로 풀이	(2) 유사한 발음 또는 동음이의어를 이용한 말장난. (5) 세상에 널리 알려지지 않은 이야기. (☞ p.49)

Q1~10. 다음에 사용된 것을 <보기>에서 고르시오.

1. 향기로운 님의 말소리 ⋯⋯⋯⋯⋯⋯⋯⋯⋯⋯⋯⋯⋯⋯⋯⋯⋯⋯⋯⋯⋯⋯⋯

2. 사슴의 무리도 슬피 운다. ⋯⋯⋯⋯⋯⋯⋯⋯⋯⋯⋯⋯⋯⋯⋯⋯⋯⋯⋯⋯

3. 접동 접동 아우래비 접동 ⋯⋯⋯⋯⋯⋯⋯⋯⋯⋯⋯⋯⋯⋯⋯⋯⋯⋯⋯⋯⋯

4. 인생은 마라톤과 흡사한 점이 많다. ⋯⋯⋯⋯⋯⋯⋯⋯⋯⋯⋯⋯⋯⋯⋯

5. 신 것 많이 먹어 안 시건방질까 몰라. ⋯⋯⋯⋯⋯⋯⋯⋯⋯⋯⋯⋯⋯

6. 우는 것이 뻐꾸기인가 푸른 것이 버들숲인가 ⋯⋯⋯⋯⋯⋯⋯⋯⋯

7. 괴로웠던 사나이, 행복한 예수 그리스도에게처럼 ⋯⋯⋯⋯⋯⋯⋯

8. 구부러진 길은 산을 품고 마을을 품고/구불구불 간다. ⋯⋯⋯⋯

9. 사명당의 재주에 놀란 왜왕은 울며 겨자 먹기로 항서를 써 보낸다. ⋯⋯

10. 말을 마치며 몸을 공중에 솟구쳐 구름에 싸여 가니, 그 가는 곳을 알 수가 없었다. ⋯⋯

✓ 보 기

| ㉠ 역설 | ㉡ 유추 | ㉢ 색채어 | ㉣ 전기성 | ㉤ 감정 이입 | ㉥ 관용어구 |
| ㉦ 선경후정 | ㉧ 수미상관 | ㉨ 언어유희 | ㉩ aaba 형식 | ㉪ 음성 상징어 | ㉫ 공감각적 심상 |

Q11~19. 서로 관련이 있는 말끼리 연결하시오.

ㄱ. 꾸미다 •

           • **11.** 격정적 •   • ㅂ. 마주하다

           • **12.** 관조적 •

ㄴ. 나란하다 •

           • **13.** 권위적 •   • ㅅ. 북받치다

           • **14.** 대칭적 •

ㄷ. 담담하다 •

           • **15.** 병렬적 •   • ㅇ. 비웃다

           • **16.** 우의적 •

ㄹ. 뛰어나다 •

           • **17.** 자조적 •   • ㅈ. 억압하다

           • **18.** 작위적 •

ㅁ. 뛰어넘다 •

           • **19.** 초월적 •   • ㅊ. 풍자하다

Q20. 다음에서 밑줄 친 '의' 중 '반신반의'에 쓰인 '의'와 의미가 같은 것은?

① 우의적   ② 임의적   ③ 자의적   ④ 중의적   ⑤ 회의적

✓ 20문항 중 17~20문항을 맞혔으면 헷갈리는 어휘만 다시 보고, 16문항 이하를 맞혔으면 전체 어휘를 다시 보기!

정답 1. ㉫   2. ㉤   3. ㉨   4. ㉡   5. ㉩   6. ㉢   7. ㉠   8. ㉪   9. ㉥   10. ㉣   11. ㅅ   12. ㄷ   13. ㅈ   14. ㅂ   15. ㄴ   16. ㅊ   17. ㅇ   18. ㄱ   19. ㅁ   20. ⑤

헷갈리는 맞춤법

① 맞는 표기와 틀린 표기
② 구분해서 써야 하는 어휘
③ 앞뒤 말을 살펴 써야 하는 어휘
➕ 쓸 때마다 헷갈리는 빈출 띄어쓰기

O	고마워
X	고마와

어휘력, 독서력, 국어력은 매3력!

매3력에 **고마와**하지 마세요.

고마워하게 될 거예요!

01 | 거예요

O 거예요

X 거에요

매3力 강의	앞말에 받침이 있을 경우　-이에요, -이어요　예 것이에요, 것이어요 앞말에 받침이 없을 경우　-예요, -여요　예 거예요, 거여요 [예외] 아니에요, 아녜요
독서 훈련	유태인의 경전 주석서인 『미드라쉬』에 나오는 이야기다. 다윗 왕이 보석 세공인에게 반지를 만들어 달라고 하면서, 승리의 순간에 기쁨을 억제할 수 있고 절망에 빠졌을 때 용기를 얻을 수 있는 문구를 새겨 달라고 한다. 고민 끝에 세공인은 지혜롭다고 소문난 솔로몬 왕자를 찾아간다. 솔로몬은 '이 또한 지나가리라(Soon it shall also come to pass).'를 새기라고 하면서 "다윗 왕이 이 글귀를 보면 승리에 도취한 순간에는 자만심에서 벗어날 수 있고, 절망의 순간에는 용기를 얻을 거예요."라고 했다고 한다.
압축 훈련	'이 또한 지나가리라.'는 글귀를 보면 절망의 순간에 용기를 얻을 거예요.
문제 훈련	**Q.** 다음 중 맞춤법에 어긋난 것은? 　① 저 곳이에요.　　　　　　② 도와주세요. 부탁이에요. 　③ 바로 여기예요.　　　　　④ 이것은 생일 선물이에요. 　⑤ 여기가 어디예요?

02 | 고마워

O 고마워

X 고마와

매3力 강의	'ㅂ' 불규칙 활용을 하는 용언의 경우, 어간 뒤에 결합하는 어미는 '워'임. ····> 와 ✕ 예 가까워(가깝다), 미워(밉다), 반가워(반갑다), 안타까워(안타깝다) 등
✓	단, '곱다, 돕다'는 '고와, 도와'와 같이 '와'로 쓴다.
독서 훈련	일상생활에서 우리는 "고마워.", "미안해."라고 말하는 것에 인색하다. 반면, 서양 사람들은 "Thank you.", "I am sorry."를 자주 한다.
압축 훈련	"고마워.", "미안해."라고 말하는 것에 인색한 우리
문제 훈련	**Q.** 다음 { 　 } 안의 말 중 맞춤법에 맞는 것에 ○로 표시하시오. 　(1) 반찬이 { 매왔다 / 매웠다 }. 　(2) 힘들고 { 괴로왔다/ 괴로웠다 }. 　(3) 어머니를 { 도와 / 도워 / 돕아 } 청소를 했다.

03 | 곱빼기

O 곱빼기

X 곱배기

매3力 강의

❶ 음식의 두 그릇 몫을 한 그릇에 담은 분량. **예** 자장면* 곱빼기

❷ 같은 일을 두 번 거듭하는 것. **예** 욕을 곱빼기로 먹음.

[빼기]로 발음될 경우	둘로 나눠질 경우	
곱빼기, 코빼기	곱＋빼기	코＋빼기
	갑절, 배 └→그런 특성이 있는 것	└→낮잡아 이르는 말

✔ **뚝배기**: [빼기]로 발음되지만, '뚝＋배기'가 아님(한 형태소임).

언덕배기: [빼기]로 발음되고 '언덕＋배기'이지만, '언덕바지'와의 형태적 연관성을 유지하기 위함.

독서 훈련

뉴욕의 명소 중 하나인 브루클린 다리는 개통한(1883년) 지 130년이 넘었지만 디자인은 물론 기술적인 측면에서도 높이 평가되고 있다. 다리를 설계한 존 로블링은 공사 시작 전 부상을 당해 사망한다. 아들 워싱턴 로블링이 공사를 진행하지만 공사 시작 다음 해에 온몸이 마비되는 병에 걸린다. 그럼에도 불구하고 워싱턴은 포기하지 않고, 브루클린 언덕배기에 있는 자신의 집에서 망원경으로 공사 현장을 지켜보면서, 손가락으로 의사를 표시하는 훈련을 해 아내를 통해 공사를 지휘한다. 비록 다리가 완공되기 전에 워싱턴은 사망하지만 브루클린 다리는 공사를 시작한 지 14년 만에 완공된다.

압축 훈련

브루클린 **언덕배기**에 있는 집

맞춤법 하나 더!
자장면 O 짜장면 O
p.239 참조

문제 훈련 **Q.** 다음 중 맞춤법에 어긋난 것은?

① 주정배기 ② 진짜배기 ③ 악착배기 ④ 고들빼기 ⑤ 이마빼기

04 | 그러고 나서

O 그러고 나서

X 그리고 나서

매3力 강의

'그렇게 하고 나서'의 뜻에는 '그러고 나서'를 씀.

※ 그러고는(그리고는 X): 그렇게 하고는. **예** 그러고는 아무 말이 없었다.

독서 훈련

르네상스 시대의 3대 예술가(레오나르도 다빈치와 미켈란젤로, 라파엘로) 중 한 사람인 미켈란젤로가 다비드상을 완성하자, 교황은 그에게 어떻게 이와 같은 훌륭한 작품을 만들 수 있었는지를 물었다. 이에 미켈란젤로는 "다비드와 무관한 것은 모두 버렸습니다. 그러고 나서 다비드의 정수만을 드러내려고 노력했습니다."라고 답했다고 한다.

압축 훈련

"… 모두 버렸습니다. **그러고 나서** … 노력했습니다."라고 답하다.

문제 훈련 **Q.** 다음 { } 안의 말 중 맞춤법에 맞는 것에 O로 표시하시오.

먼저 자신을 잘 되돌아보아야 한다. { 그러고 나서 / 그리고 나서 } 다른 사람의 행동을 문제 삼아야 한다.

167

05 | 금세

O | 금세
X | 금새

어느새 '어느 사이'의 준말.
어느새 O 어느 새 X
[참고] 요새, 그새

매3力 강의	'금세'는 '금시에'의 준말임. ※ 금시: 바로 지금. 지금 시간.
독서 훈련	기러기들은 빠르게 이동할 때 사람 인(人) 자의 대형을 이루며 난다. 이렇게 날면 맨 앞의 새의 날갯짓으로 뒤따르는 새들은 힘들이지 않고 날 수 있으며 혼자 날 때보다 훨씬 더 오래 날 수 있다고 한다. 대신 맨 앞자리는 번갈아 가며 맡고, 한 마리가 대열에서 벗어나면 금세 다시 합류한다.
압축 훈련	대열에서 벗어나면 금세 다시 합류한다.
문제 훈련	**Q.** '눈코 뜰 { 세 / 새 } 없다'의 바른 표기는?

06 | 깍듯이

O | 깍듯이
X | 깍드시, 깍듯히

깍듯하다
예의범절을 분명하게 갖추다.

매3力 강의	'깍듯하다*'의 부사임. ※ '(칼로) 깎다'의 의미에는 '깎듯이' @ 사과를 깎듯이
독서 훈련	한 젊은이가 소크라테스를 찾아와 깍듯이 인사한 후 지혜로워지는 방법을 알려 달라고 했다. 소크라테스는 그를 강가로 데려가 그의 머리를 물속으로 넣고 빼 주지를 않았다. 발버둥 치며 겨우 물 밖으로 나온 젊은이에게 소크라테스는 숨 막혀 죽기 직전에 원했던 것이 무엇인지를 질문한 후 그때와 같이 절박한 마음으로 지혜를 구하면 얻을 수 있다고 했다.
압축 훈련	깍듯이 인사하다.
문제 훈련	**Q.** '깍듯이'와 어울리지 <u>않는</u> 말은? ① 절하다 ② 모시다 ③ 인사하다 ④ 끄덕이다 ⑤ 대접하다

07 | (하늘을) 나는 (비행기)

O | 나는
X | 날으는

매3力 강의	'ㄹ' 받침의 말이 활용할 때 'ㄹ'이 탈락됨.

O	거친(거칠다)	나는(날다)	낯선(낯설다)	녹슨(녹슬다)
X	거칠은	날으는	낯설은	녹슬은

독서 훈련	리처드 바크의 소설 「갈매기의 꿈」에 '가장 높이 나는 새가 가장 멀리 본다.'는 구절이 있다. 눈앞의 일에 연연해 하는 사람은 멀리 볼 수 없어 꿈을 이루기 어렵다는 의미이다.
압축 훈련	가장 높이 나는 새
문제 훈련	**Q.** 밑줄 친 말 중 맞춤법에 맞는 것은? ① 시들은 배추 ② 땀에 절은 운동복 ③ 기름에 <u>찌든</u> 때 ④ 가늘은 바늘귀 ⑤ 햇볕에 그을은 얼굴

08 | 대가, 초점

O 대가, 초점

X 댓가, 촛점

매3力 강의

한자어에는 사이시옷(ㅅ)을 붙이지 않음.
⑩ 대가(代價), 초점(焦點) 등. 단, 다음 6개는 예외!

> 곳간(庫間), 셋방(貰房), 숫자(數字), 찻간(車間), 툇간(退間), 횟수(回數)

사이시옷을 붙이면 안 되는 경우
- 위 6개를 제외한 모든 한자어
- 뒷말의 첫소리가 본래 된소리*나 거센소리*일 때
  아래쪽   위층

사이시옷을 붙여야 하는 경우

❶ 합성어이고,

❷ 순우리말이 결합되고,

❸ 뒷말의 첫소리가 된소리로 발음되거나,
  ⑩ 나뭇가지[나무까지], 바닷가[바다까], 찻잔[차짠], 등굣길[등교낄] 등

❹ 뒷말의 첫소리 ㄴ, ㅁ 앞에서 'ㄴ' 소리가 덧나거나,
  ⑩ 아랫니[아랜니], 잇몸[인몸], 훗날[훈:날] 등

❺ 뒷말의 첫소리 ㅇ 앞에서 'ㄴㄴ' 소리가 덧날 경우
  ⑩ 뒷일[뒨:닐], 나뭇잎[나문닙], 훗일[훈:닐]

독서 훈련

NIH 증후군이라는 말이 있다. 'NIH'는 'Not Invented Here.'(여기서 개발한 것이 아니다.)의 **머리글자***로, 다른 조직에서 개발한 기술이나 아이디어를 하찮게 여기거나 수용하지 않는 배타적인 태도를 일컫는다.

압축 훈련

NIH 증후군에서 NIH는 'Not Invented Here.'의 **머리글자**이다.

문제 훈련

Q. 다음 중 맞춤법에 맞는 것에 O로 표시하시오.

(1) 보리쌀 / 보릿쌀   (2) 예사일 / 예삿일   (3) 치과 / 칫과
(4) 제사날 / 제삿날   (5) 기차간 / 기찻간   (6) 차집 / 찻집

된소리
ㄲ, ㄸ, ㅃ, ㅆ, ㅉ

거센소리
ㅊ, ㅋ, ㅌ, ㅍ

머리글자(머릿글자 ✕)
❶, ❷에는 해당되지만, ❸, ❹,
❺에는 해당되지 않음.

Q '해님'이 맞고 '햇님'이 틀리는 이유

사이시옷을 붙여야 하는 경우 ❶~❺에 따르면, '햇님'이 맞는 것 아닌가요?

A '해님'은 위 다섯 가지 조건 중 ❶에 어긋나므로, 즉 합성어가 아니므로 사이시옷이 들어가지 않습니다. '부모님, 선생님'처럼 접미사(-님)가 붙거나 '새파랗다, 새까맣다'처럼 접두사(새-)가 붙은 단어는 합성어가 아닌 파생어입니다. '해님'은 '하나님(하낫님 ✕), 어머님(어멋님✕), 아우님(아웃님✕)'과 같은 경우인 거죠.

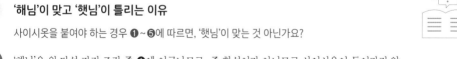

- **합성어**: 두 개 이상의 단어가 합쳐져 하나의 단어가 된 말. ⑩ 밤낮, 논밭 등
- **파생어**: 접두사(드-, 치- 등)나 접미사(-질, -님 등)가 결합된 말. ⑩ 드높다, 걸레질 등
- **접두사**: 어떤 단어의 앞에 붙어 새로운 단어가 되게 하는 말. ⑩ 풋과일, 맨손 등
- **접미사**: 어떤 단어의 끝에 붙어 새로운 단어가 되게 하는 말. ⑩ 덮개, 느림보 등

09 | 덥석, 법석

O	덥석, 법석
X	덥썩, 법썩

매3力 강의	ㄱ, ㅂ 받침 뒤에서 나는 된소리는 된소리로 쓰지 않음.	O	국수 깍두기 색시 | 갑자기 덥석 법석
		X	국쑤 깍뚜기 색씨 | 갑짜기 덥썩 법썩

독서 훈련 '법석'은 소란스럽게 떠드는 것을 말하는데, '부처님이 야단(야외)에서 불법을 펴는 자리(좌석)'라는 의미의 '야단법석'에서 나온 말이라고 한다.

압축 훈련 '법석'은 소란스럽게 떠드는 것을 말한다.

문제 훈련 **Q.** 다음 중 맞춤법에 어긋난 것은?
　① 딱지　② 싹뚝　③ 잔뜩　④ 털썩　⑤ 몹시

---

10 | 동갑내기

O	동갑내기
X	동갑나기

예외
아지랑이 O 아지랭이 X

매3力 강의	뒤에 'ㅣ' 소리가 붙을 경우 'ㅐ' O, 'ㅏ' X	O	냄비 동댕이치다 서울내기 신출내기 풋내기
		X	남비 동당이치다 서울나기 신출나기 풋나기

독서 훈련 '동갑내기 과외하기'라는 영화가 있었다. 대학 2학년인 과외 선생과 동갑내기 고등학생에게 일어나는 사건들을 코믹하게 그린 영화였다.

압축 훈련 **동갑내기** 과외하기, **동갑내기** 고등학생

문제 훈련 **Q.** '여간내기, 보통내기'는 바른 표기이다. 　(O , X)

---

11 | 떡볶이

O	떡볶이
X	떡복기

破 깨뜨릴 **파**　山 메 **산**
中 가운데 **중**　賊 도적 **적**
易 쉬울 **이**

心 마음 **심**　難 어려울 **난**

매3力 강의	'깎다, 꺾다, 볶다'는 뜻의 받침에는 'ㄲ'을 씀.	O	연필깎이 꺾꽂이 떡볶이
		X	연필깍기 꺾꽂이 떡복기
✔	'깎다'(표면을 얇게 벗겨 내다)와 무관한 말에는 'ㄲ'을 쓰지 않음.	O	깍듯하다 깍두기 깍쟁이
		X	깎듯하다 깎두기 깎쟁이

독서 훈련 '파산중적이(破山中賊易) 파심중적난(破心中賊難)'이란 말이 있다. 산 속의 적을 깨뜨리기는 쉬워도 마음속의 적을 깨뜨리기는 어렵다는 뜻이다. 진정한 승리는 경쟁자가 아닌 자신을 꺾는 것임을 새길 수 있다.

압축 훈련 진정한 승리는 경쟁자가 아닌 자신을 **꺾는** 것이다.

문제 훈련 **Q.** '용돈도 깍기고 체면도 깍기었다.'를 맞춤법에 맞게 고쳐 쓰시오.

12 | 떼려야 뗄 수 없는

O 떼려야 뗄 수 없는

X 뗄래야 뗄 수 없는

매3力 강의 '-려고 하여야'의 준말인 '-려야' 앞에 'ㄹ'을 붙이면 안 됨.
예 -ㄹ려야(뗄려야, 막을려야) **X** . -ㄹ래야(뗄래야, 막을래야) **X**

| O | 구하려야 구할 수 없는 끊으려야 끊을 수 없는 |
| X | 구할려야 구할 수 없는 끊을래야 끊을 수 없는 |

✔ -려고 O, -ㄹ려고 X

| O | 가려고 먹으려고 보려고 오려고 잡으려고 … |
| X | 갈려고 먹을려고 볼려고 올려고 잡을려고 … |

독서 훈련 스웨덴, 노르웨이 등 북유럽은 추운 날씨 때문에 사람들이 집 안에만 머무는 시간이 많아 가구, 인테리어 등이 발달했고, 따뜻한 지역인 이탈리아는 사람들이 외출을 많이 하여 옷, 신발, 가방 등이 발달했다고 한다. 날씨와 사람들의 생활 방식은 **떼려야 뗄 수 없는** 관계에 있는 것이다.

압축 훈련 날씨와 사람들의 생활 방식은 **떼려야 뗄 수 없는** 관계에 있다.

문제 훈련 **Q.** 다음 { } 안의 말 중 맞춤법에 맞는 것에 O로 표시하시오.

> 그것은 { 막으려야 / 막을래야 } 막을 수가 없는 상황이었다.

13 | -ㄹ걸, -ㄹ게

O 할걸, 할게

X 할껄, 할께

매3力 강의 'ㄹ' 받침 뒤에서 된소리로 발음되는 것은 된소리로 적지 않음.

| O | 할걸 할게 할지라도 할 거야 |
| X | 할껄 할께 할찌라도 할 꺼야 |

✔ 단, 의문을 나타내는 경우와 청유형 '-자꾸나'는 된소리로 적음.
예 내가 할까, 어찌 할꼬, 할쏘냐, 하자꾸나

독서 훈련 죽음이 가까워 오면 사람들은 대개 세 가지를 후회한다고 한다. 과거를 돌아보며 "좀 더 베풀걸.", "좀 더 참을걸.", "좀 더 즐길걸." 하면서 반성하게 된다는 것이다. 뒤늦게 후회하지 말고 좀 더 베풀고, 좀 더 참고, 좀 더 즐기도록 하자.

압축 훈련 "좀 더 베풀걸.", "좀 더 참을걸.", "좀 더 즐길걸."

문제 훈련 **Q.** 밑줄 친 말 중 맞춤법에 어긋난 것은?

① 내가 챙겨 줄게. ② 진작 할걸.
③ 여기서 그만둘소냐? ④ 내일 갈게.
⑤ 숙제를 미리 해 둘껄….

띄어쓰기
할걸 O 할 걸 X

171

Q1~13. 다음의 { }에서 맞춤법에 맞는 표기에 ○로 표시하시오.

1	매일 복습. 꼭 지킬 { 거에요 / 거예요 }.
2	수학 여행지에서 본 노을. 생각할수록 참 { 아름다왔어 / 아름다웠어 }.
3	자장면은 { 곱배기 / 곱빼기 }로 먹어야 제맛이다!
4	버킷 리스트를 작성해 보았다. { 그러고 나서 / 그리고 나서 } 바로 계획을 짰다.
5	처음엔 어색했지만 { 금새 / 금세 } 친해졌다.
6	예의바른 그는 항상 { 깍듯하게 / 깎듯하게 } 인사를 했다.
7	하늘다람쥐는 하늘을 { 나는 / 날으는 } 포유류로 알려져 있다.
8	{ 치과 / 칫과 }에서 올바른 { 치솔질 / 칫솔질 } 방법을 배웠다.
9	{ 깍두기 / 깍뚜기 / 깎두기 / 깎둑이 }를 맛있게 담그는 법이 담긴 동영상을 봤다.
10	{ 서울나기 / 서울내기 }는 서울에서 태어나고 자란 사람을 말한다.
11	{ 손톱깎기 / 손톱깍이 / 손톱깎기 / 손톱깎이 }는 우리나라를 방문한 외국인들이 꼭 사 가는 기념품 중 하나다.
12	도저히 { 피하려야 / 피할려야 / 피할래야 } 피할 수 없는 상황이었다.
13	'진작에 { 할걸 / 할껄 }.' 하고 후회할 일은 만들지 말자.

Q14~18. 다음 속담에서 [   ] 안에 들어갈 알맞은 말을 <보기>에서 골라 기호로 쓰시오.

14. [   ] 배추 속잎 같다. ···> 기운이 없이 축 늘어져 있음.

15. 가난한 집 [   ] 돌아오듯. ···> 힘든 일이 자주 닥쳐옴.

16. [   ] 놓은 밤알 같다. ···> 생김새나 겉모양이 단정하고 깔끔함.

17. [   ] 보다 장맛이 좋다. ···> 겉모양은 보잘것없으나 내용은 훌륭함.

18. 지키는 [   ] 가 더디 끓는다. ···> 마음이 급할수록 더 늦어지는 것처럼 느낌.

✓ 보기				
㉠ 깍아	㉡ 남비	㉢ 뚝배기	㉣ 시든	㉤ 제사날
㉥ 깎아	㉦ 냄비	㉧ 뚝빼기	㉨ 시들은	㉩ 제삿날

Q19. 다음에서 밑줄 친 말 중 맞춤법에 맞게 표기된 것은?

① 색깔이 너무 <u>고와</u> 혼자 보기 아쉬웠다.
② 친구가 너무 <u>괴로와해서</u> 가슴이 아팠다.
③ 이미 끝난 일이라 <u>안타까와해도</u> 소용없다.
④ 지구촌 시대라 세상이 <u>가까와졌다</u>는데…….
⑤ 오늘 따라 그가 찾아온 것이 무척 <u>반가왔다.</u>

Q20. 다음에서 맞춤법에 <u>어긋난</u> 부분을 찾아 바르게 고쳐 쓰시오.

누가 뭐라 해도 오늘 너와 약속한 이것만은 꼭 지킬께.

14 | -ㄹ는지

매3力 강의

실현 가능성에 대한 의문을 나타낼 때는 '-ㄹ는지'임.

O		X
-ㄹ는지	-ㄹ런지	-ㄹ른지
있을는지	있을런지	있을른지
믿어 줄는지	믿어 줄런지	믿어 줄른지

O 있을는지

X 있을런지
있을른지

독서 훈련

고려 시대 문익점이 중국에서 붓두껍에 목화씨를 숨겨 왔다는 이야기가 있다. 이 일의 진위 여부를 떠나 문익점으로 인해 목화 재배에 성공했다는 것은 『태조실록』에서도 확인할 수 있다. 목화 재배의 성공으로 추위를 막아 주는 솜옷이 우리나라 전역에 확산되는 계기가 마련되었다는 점에서 문익점이 없었다면 우리 조상들은 추위에 떨며 살았을는지도 모른다.

압축 훈련

문익점이 없었다면 우리 조상들은 추위에 떨며 **살았을는지**도 모른다.

문제 훈련

Q. 밑줄 친 말 중 맞춤법에 어긋난 것은?

① 비가 올<u>는지</u> 날씨가 흐리네.
② 내 마음을 알아주기나 <u>할는지</u>.
③ 이 방법이 <u>빠를는지</u> 누가 알겠어?
④ 엄마가 허락하실<u>는지</u>는 모르겠어요.
⑤ 과소 평가하고 있는 것은 <u>아닐런지요</u>.

15 | 만듦

매3力 강의

받침 'ㄹ'이 들어간 용언의 명사형은 'ㄲ' 받침을 씀.

갈다,	만들다,	베풀다,	살다,	알다,	줄어들다,	흔들다
갊	만듦	베풂	삶	앎	줄어듦	흔듦

O 만듦

X 만듬

독서 훈련

팬옵티콘은 영국의 철학자 벤담이 고안한 원형 감옥으로, 중앙에 높은 감시탑이 있고 감시탑의 둘레를 따라 원형으로 죄수들의 방을 만듦으로써 죄수를 효과적으로 감시할 수 있게 한 것이다. 감시탑을 어둡게 하고 죄수들의 방을 밝게 비추면 감시자는 죄수들을 볼 수 있으나 죄수들은 감시자의 시선이 어디로 향했는지 몰라 항상 감시받고 있다고 느끼게 된다.

압축 훈련

원형으로 죄수들의 방을 **만듦**으로써 죄수를 효과적으로 감시하다.

문제 훈련

Q. 다음 (   ) 안에 들어갈 말을 쓰시오.

늘다 ↔ 줄다, 늚 ↔ (   )

16	며칠

O	며칠
X	몇 일

매3力 강의	'몇 달, 몇 년'과 달리 '몇 일'은 어원이 불분명해 표준어에서 탈락함.
독서 훈련	일본 전국 시대에 세 장수가 있었는데, 그들의 성격 차이를 알게 하는 일화가 있다. 손 안에 울지 않는 새가 있을 때 오다 노부나가는 "단칼에 베어 버리겠다."고 했고, 도요토미 히데요시는 "울게 만들겠다."고 했으며, 도쿠가와 이에야스는 "몇 날 며칠이고 울 때까지 기다리겠다."고 했다는 것이다.
압축 훈련	몇 날 며칠이고 울 때까지 기다리겠다.
문제 훈련	**Q.** '몇 년 몇 월 몇 일'을 맞춤법에 맞게 고쳐 쓰시오.

17	무릅쓰다

O	무릅쓰다
X	무릎쓰다

신체의 일부인 '무릎'은 'ㅍ' 받침임.

매3力 강의	'힘든 일을 참고 견디다.'는 뜻을 지닌 '무릅쓰다'는 'ㅂ' 받침임. (무릎쓰다 ✕)
독서 훈련	'앙스트블뤼테'는 독일어로 불안, 초조를 뜻하는 앙스트(Angst)와 개화(꽃을 피움.)를 뜻하는 블뤼테(Blüte)의 합성어로, '불안 속에 핀 꽃'이란 뜻을 담고 있다. 화려함(성공)은 역경을 무릅쓰고 얻은 결과임을 새기게 한다.
압축 훈련	화려함(성공)은 역경을 무릅쓰고 얻은 결과!
문제 훈련	**Q.** '할머니를 { 무릅베개 / 무릎베개 }한 채 잠이 들었다.'에서 { } 안의 말 중 맞춤법에 맞는 것에 ○로 표시하시오.

18	뵈다, 봬요

O	뵈다, 봬요
X	봬다, 뵈요

뵙다
'뵈다'보다 더 겸양의 뜻을 나타낼 때 씀.

매3力 강의	'뵈다'(윗사람을 대하여 보다.)는 '뵈어'로 바꿀 수 있으면 '봬'로 씀.
	O	뵙다* 뵈러 뵌 지 봬요 봤다 봤습니다 봬라(뵈어라)
	X	뵙다 봬러 봰 지 뵈요 뵀다 뵀습니다 뵈라
독서 훈련	당장 눈앞의 결과에 연연해 하는 사람이 공자님을 뵙고 조언을 구하면 '인무원려 필유근우(人無遠慮必有近憂)'를 강조하실 것이다.

人	無	遠	慮	必	有	近	憂
사람 인	없을 무	멀 원	생각할 려	반드시 필	있을 유	가까울 근	근심 우
사람이 멀리까지 내다보고 생각하지 않으면 반드시 가까운 미래에 근심이 있게 된다.								

압축 훈련	공자님을 뵙고 조언을 구하다.
문제 훈련	**Q.** 다음에서 맞춤법에 어긋난 표현을 찾아 바르게 고쳐 쓰시오.

어제 봤는데 오늘 또 뵙네요. 내일 또 봬요.

175

19 | 삼가다

매3力 강의

'(말이나 행동 등을) 조심하다'는 뜻을 나타내는 말은 '삼가다'임.

O	삼가라	삼가야 해	삼간다면	삼갑시다
X	삼가해라	삼가해야 해	삼가한다면	삼가합시다

독서 훈련

율곡 이이는 「자경문(自警文)*」에서 '신독(愼獨, 삼갈 신·홀로 독)'을 강조하였다. 신독은 홀로 있을 때에도 도리에 어긋남이 없도록 조심하여 말과 행동을 삼가라는 뜻이다.

압축 훈련

신독은 홀로 있을 때에도 말과 행동을 **삼가라**는 뜻이다.

문제 훈련

Q. 다음 { } 안의 말 중 맞춤법에 맞는 것에 O로 표시하시오.

(1) 오늘부터 커피는 { 삼가기로 / 삼가하기로 } 했어.
(2) 꼭 필요한 지출이 아니면 { 삼가야지 / 삼가해야지 }.
(3) 독감이 유행해 되도록이면 외출을 { 삼갔다 / 삼가했다 }.

자경문
자기 스스로를 경계하는 글(문장).

---

20 | 생각건대

매3力 강의

어간의 끝음절 '-하'가 줄어진 형태의 준말로 쓸 때, '-하' 앞의 말에 따라 다르게 씀.

• 'ㄱ, ㅂ, ㅅ'의 받침: '하'를 생략
• 받침이 없는 모음이거나 'ㄱ, ㅂ, ㅅ' 이외의 받침: 거센소리(ㅊ, ㅋ, ㅌ, ㅍ)

독서 훈련

세계적인 바이올리니스트 조슈아 벨의 공연을 보려면 수개월 전에 예약을 해야 할 정도인데, 그가 청바지 차림의 평범한 모습으로 워싱턴 역 부근에서 바이올린을 연주했을 때 생각지도 못한 일이 벌어졌다. 45분간 6곡을 연주했는데도 관심을 갖고 들은 사람은 10명 남짓이었다고 한다.

압축 훈련

생각지도 못한 일이 벌어지다.

문제 훈련

Q. 다음의 '준말'에서 어간의 끝음절 '하'가 줄 때의 적절한 표기법에 O로 표시하시오.

구분	'하' 앞의 말	본말	준말
(1)	모음	연구하도록	연구도록 / 연구토록
(2)	ㄴ	간편하게	간편게 / 간편케
(3)	ㅇ	회상하건대	회상건대 / 회상컨대
(4)	ㄱ	생각하다 못해	생각다 못해 / 생각타 못해
(5)	ㅂ	섭섭하지 않게	섭섭잖게 / 섭섭찮게
(6)	ㅅ	깨끗하지	깨끗지 / 깨끗치

21 섣불리

O 섣불리
X 섯불리

매3力 강의

끝소리가 'ㄹ'인 말(설다*)과 딴 말(부르다)이 어울릴 때에 'ㄹ' 소리가 'ㄷ'으로 소리 나는 것은 'ㄷ'으로 적음.

끝소리가 ㄹ인 말	O	X	끝소리가 ㄹ인 말	O	X
설~	섣부르다	섯부르다	술~	숟가락	숫가락
바느질~	반짇고리	반짓고리	이틀~	이튿날	이틀날
사흘~	사흗날	사흘날	잘~	잗다랗다	잘다랗다

✔ '섣불리'는 '솜씨가 설고 어설프게'의 뜻임.

독서 훈련

퇴계 이황은 58세 때 제자에게 보낸 편지에서, 벗들은 자신과 진리 탐구에 대해 편지로 주고받은 내용을 기억하고 있는데 자신은 벌써 잊은 것이 많음을 **부끄러워**했다. 아울러 옛 성현들은 자신의 행동이 말에 미치지 못함을 **부끄러워**하여 함부로 말하고 **섣불리** 판단하지 않았다면서 자신의 행동에 대해 더 **부끄러워**했다고 한다.

압축 훈련

옛 성현들은 함부로 말하고 **섣불리** 판단하지 않았다.

문제 훈련

Q. 밑줄 친 말 중 맞춤법에 <u>어긋난</u> 것은?

① <u>섣부른</u> 판단은 금물이다.
② <u>잗다란</u> 일까지 신경 쓸 수가 없다.
③ 음력 3월 3일을 <u>삼짇날</u>이라고 한다.
④ 중국도 <u>젓가락</u>과 <u>숟가락</u>을 사용한다.
⑤ 음력 12월 마지막 날을 <u>섣달그믐날</u>이라 한다.

설다
익숙하지 못하다.

Q 숟가락은 'ㄷ' 받침인데 젓가락은 'ㅅ' 받침인 이유

A 인우야, 젓가락은 ㅅ 받침인데 숟가락은 왜 ㄷ 받침이야?
젓가락이랑 숟가락은 한 쌍이잖아, 그치?
근데 왜 받침이 다를까?

영화 「번지점프를 하다」에 나오는 대사이다.
영화 속 연인 사이인 태희의 질문에 국문학도인 인우는 '숟가락'의 '숟'과 '젓가락'의
'젓'의 받침이 다른 것은 기원이 다르기 때문이라고 답한다.
인우의 답변 내용을 정리하면 다음과 같다.

숟가락	젓가락
술+가락	저+ㅅ+가락
'밥 한 술, 두 술' 할 때의 '술'	젓가락 저(箸)

22 | 설렘

| O | 설렘 |
| X | 설레임 |

매3力 강의

'설레다(설레이다×)'가 기본형임.

| O | 설렘 | 설레어 | 설레는 | 설레며 | 설렌다 | 설레었다 |
| X | 설레임 | 설레여 | 설레이는 | 설레이며 | 설레인다 | 설레였다 |

기본형에 '이'가 잘못 들어가 사용되는 또 다른 예

기본형	개다	목메다	헤매다	에다	되뇌다
O	갠 (하늘)	목메어	헤매는	(살을) 에는	되뇌는
X	개인 (하늘)	목메여	헤매이는	(살을) 에이는	되뇌이는

독서 훈련

여행을 떠나기 전 대부분의 사람들은 새로운 풍경과 경험할 내용에 대한 기대로 마음이 **설렌다**. 하지만 프랑스 소설가 마르셀 프루스트는 『잃어버린 시간을 찾아서』(서울대 선정 도서)에서 '참된 여행은 새로운 풍경을 찾는 것이 아니라 새로운 눈(통찰력)을 갖는 것'이라고 했다.

압축 훈련

여행을 떠나기 전 대부분의 사람들은 기대로 마음이 **설렌다**.

문제 훈련

Q. 밑줄 친 말 중 맞춤법에 맞게 표기된 것은?

① 비가 개인 후 무지개를 본 느낌이었다.
② 하루하루를 설레이는 마음으로 보냈다.
③ 목표를 수없이 되뇌이며 졸음을 참았다.
④ 약도만 믿고 갔다가 길을 잃고 헤매였다.
⑤ 생각만 해도 목이 메어 말을 할 수 없었다.

---

23 | 쇠다

| O | 쇠다 |
| X | 쇄다, 쉬다 |

매3力 강의

생일·설날 등을 기념하고 지내는 것은 '쇠다'이고, '쇠다'의 과거형인 '쇠었다'의 준말은 '쇘다'임.

독서 훈련

우리 민족은 전통적으로 음력설을 **쇘다**. 일제는 음력설을 버려야 할 낡은 풍습이라며 '구정'이라고 부르는 등 양력설(신정)을 쇠기를 강제했고, 한때 양력설을 법정 공휴일로 제정했지만, 우리의 전통은 쉽게 바꿀 수가 없었고, 현재 설날은 음력 1월 1일로 정착되었다.

압축 훈련

우리 민족은 전통적으로 음력설을 **쇘다**. 양력설을 **쇠기**를 강제하다.

문제 훈련

Q. (1)~(6)의 의미를 지닌 말을 ㄱ~ㄷ에서 고르면?

| ㄱ. 쇠다 | ㄴ. 세다 | ㄷ. 새다 |

(1) 날이 밝아 오다.
(2) 비밀이 알려지다.
(3) 맞힌 문제를 헤아리다.
(4) 환갑을 맞이하여 보내다.
(5) 머리카락이 하얗게 되다.
(6) 토론이 엉뚱한 곳으로 흘러가다.

24 | 쌍둥이

O 쌍둥이

X 쌍동이

매3力 강의

양성 모음과 어울려도 '-동이'가 아닌, '-둥이'임. **예** 꼬마둥이, 막내둥이 등
※ 양성 모음*과 어울려도 음성 모음* 형태가 표준어인 경우

| O | 깡충깡충 발가숭이 오뚝이(☞ p.184) |
| X | 깡총깡총 발가송이 오똑이 |

독서 훈련

2001년 9월 11일, 9·11 테러 사건으로 뉴욕 맨해튼에 있는 110층짜리 **쌍둥이** 빌딩(세계 무역 센터)이 무너졌고, 많은 희생자가 발생했다. 이 자리에는 현재 이들을 기리는, 'No day shall erase you from the memory of time.'(어떤 날도 시간의 기억으로부터 당신을 지우지 못할 것이다.)이라는 문구가 새겨져 있다.

압축 훈련

뉴욕 맨해튼에 있는 110층짜리 **쌍둥이** 빌딩(세계 무역 센터)

문제 훈련

Q. 다음 중 맞춤법에 어긋난 것은?

① 귀염둥이 ② 바람둥이 ③ 흰둥이 ④ 껑충껑충 ⑤ 벌거숭이

양성 모음
ㅏ, ㅗ, ㅑ, ㅛ, ㅘ, ㅚ, ㅐ 등

음성 모음
ㅓ, ㅕ, ㅔ, ㅖ, ㅜ, ㅠ, ㅝ, ㅞ, ㅟ, ㅡ, ㅢ 등

25 | 씌어, 쓰여

O 씌어, 쓰여

X 씌여

매3力 강의

어간의 끝모음 'ㅏ, ㅗ, ㅜ, ㅡ' 뒤에 '-이어'가 결합하여 줄어질 때
예 쓰+이+어, 뜨+이+어

(1) '이'가 앞(어간) 음절에 올라붙으면서 줄어지기도 하고, **예** 씌어, 띄어

(2) 뒤(어미) 음절에 내리이어지면서 줄어지기도 함. **예** 쓰여, 뜨여

단, | O | 띄어쓰기 띄어 쓰기 띄어 놓다 |
| X | 뜨여쓰기 뜨여 쓰기 뜨여 놓다 |

독서 훈련

우리는 글자를 왼쪽에서 오른쪽 방향으로 쓰고 있으나, 옛날 서적을 보면 위에서 아래로, 오른쪽에서 왼쪽 방향으로 글씨가 쓰여 있다. 그 이유는 글씨를 쓰는 재료가 달랐기 때문이다. 옛날 서양에서는 가죽에 글을 썼는데, 왼손으로는 가죽을 붙잡고 오른손으로 글을 써야 가죽이 밀리지 않았기 때문에 왼쪽에서 오른쪽으로 쓰는 것이 자연스러웠다. 반면 중국에서는 얇게 자른 대나무 조각을 여러 개 엮어서 만든 죽간에 글을 썼는데 위에서 아래로 써야 자연스러웠고, 대부분의 사람들이 오른손잡이여서 오른손으로 죽간을 잡고 왼손으로 펼치면서 읽는 것이 자연스러웠기 때문에 오른쪽에서 왼쪽 방향으로 글을 쓰고 읽게 되었다고 한다.

압축 훈련

옛날 서적을 보면 위에서 아래로, 오른쪽에서 왼쪽 방향으로 글씨가 **쓰여** 있다.

문제 훈련

Q. '-이어'가 어울려 준 말을 잘못 나타낸 것은?

① 누이어 → 뉘어 ② 보이어 → 뵈어 ③ 싸이어 → 싸여
④ 쏘이어 → 쏘여 ⑤ 트이어 → 틔여

Q1~12. 다음의 {　　　}에서 맞춤법에 맞는 표기에 ○로 표시하시오.

1	적에게 전략이 { 먹힐는지는 / 먹힐런지는 / 먹힐른지는 } 의문이다.
2	오늘도 오답 노트를 { 만듬 / 만듦 }.
3	원서 마감일이 { 몇 월 몇 일 / 몇 월 며칠 }인가요?
4	온갖 고난을 { 무릅쓰고 / 무릎쓰고 } 드디어 그 일을 해냈다.
5	어제 할머니를 { 찾아뵀습니다 / 찾아뵜습니다 }.
6	복도에서 뛰는 것을 { 삼가 / 삼가해 } 주세요.
7	그런 일이 일어날 줄은 미처 { 생각지 / 생각치 } 못했다.
8	상황을 정확하게 파악하지 않은 채 { 섣불리 / 섯불리 } 행동하면 낭패를 볼 수도 있다.
9	내비게이션만 믿고 출발했는데, 오는 길에 많이 { 헤매었다 / 헤매였다 }.
10	명절을 { 새러 / 세러 / 쇄러 / 쇠러 / 쉬러 } 서울로 올라오는 역귀성객들이 늘었다고 한다.
11	선물을 받은 아이들은 신이 나서 { 깡총깡총 / 깡충깡충 } 뛰었다.
12	{ 띄어쓰기 / 뜨여쓰기 } 검사 프로그램은 편리하지만 오류도 있으므로 주의해야 한다.

정답 1. 먹힐는지는　2. 만듦　3. 몇 월 며칠　4. 무릅쓰고　5. 찾아뵀습니다　6. 삼가　7. 생각지　8. 섣불리　9. 헤매었다　10. 쇠러
11. 깡충깡충　12. 띄어쓰기　13. ⓒ　14. ⓑ　15. ⓐ　16. ⓔ　17. ⓓ　18. ④　19. 몇 일 → 며칠

Q13~17. 다음 속담에서 [　　] 안에 들어갈 알맞은 말을 <보기>에서 골라 기호로 쓰시오.

13. [　　]그믐날 개밥 퍼 주듯. ···> 너무 많이 헤프게 퍼 줌.

14. [　　] 응석 받듯 ···> 어떠한 말과 행동을 해도 하는 대로 내버려 둠.

15. 시아버지 [　　]에 앉은 것 같다. ···> 몹시 민망하고 불편한 상황에 처함.

16. 부엌에서 [　　]을 얻었다. ···> 대단하지 않은 일을 해 놓고선 성공한 듯이 자랑함.

17. 빈대 [　　] 초가삼간 태운다. ···> 마땅치 않은 것을 없애려다 오히려 크게 손해를 봄.

✓ 보 기

㉠ 막내동이	㉢ 무릅	㉣ 섣달	㉤ 숟가락	㉥ 잡으려고
㉺ 막내둥이	㉸ 무릎	◎ 섯달	㉾ 숫가락	㉿ 잡을려고

Q18. 다음에서 밑줄 친 말 중 맞춤법에 맞게 표기된 것은?

① 비가 그치지 않아 하루 종일 집에서만 <u>머뭄</u>.
② 오랫동안 쓰지 않아 작동이 <u>될런지</u> 모르겠다.
③ 시험이 끝나자마자 맞힌 문제부터 <u>새어</u> 보았다.
④ 전화기 너머로 들려오는 <u>목멘</u> 소리에 울컥 했다.
⑤ 오늘 강의의 핵심은 성실한 사람이 <u>돼라는</u> 것이었다.

Q19. 다음에서 맞춤법에 <u>어긋난</u> 부분을 찾아 바르게 고쳐 쓰시오.

두고 봐. 몇 일 후면 또 마음이 바뀔 테니까.

26 │ 안절부절못하다

O 안절부절못하다

X 안절부절하다

매3力 강의

'마음이 초조하고 불안하여 어찌할 바를 모르다.'는 뜻은 '안절부절못하다'
로, 붙여 씀. ····> 안절부절 못하다 ✕, 안절부절하다 ✕

독서 훈련

일제 시대 때 김용환은 파락호*로 소문난 인물이었다. 하지만 알고 보니 만
주에 독립 자금을 보내기 위해 철저하게 노름꾼으로 위장했던 것이었다. 뒤
늦게 이 사실이 알려져 1995년 건국 훈장을 받았는데, 이때 그의 외동딸이
아버지를 회고하며 「우리 아배 참봉 나으리」라는 글을 발표했다. 이 글에서
는 시집가는 날, 시집에서 농을 사 오라고 맡긴 돈마저 쓴 아버지를 기다리
며 안절부절못했던 사연도 소개되었다.

압축 훈련

시집가는 날 아버지를 기다리며 **안절부절못했던** 사연

파락호
집안의 재산을 몽땅 털어먹는 난
봉꾼.

문제 훈련

Q. '하루 종일 안절부절하며 서성거렸다.'에서 맞춤법에 <u>어긋난</u> 말을 찾아
바르게 고쳐 쓰시오.

27 │ 알맞은

O 알맞은

X 알맞는

매3力 강의

현재 시제에서, 형용사에는 '-은', 동사에는 '-는'(단, 동사의 경우 과거의 의
미에서는 '-은')을 씀.

-은/-는	형용사				동사	
O	알맞은	걸맞은	옳은	좋은	(지금) 먹는 것	※ 과거: 먹은 것
✕	알맞는	걸맞는	옳는	좋는	(지금) 먹은 것	

독서 훈련

세종 때의 대학자 맹사성은 어린 나이에 장원 급제를 하고 파주 군수가 되었
다. 어느 날 그가 무명 스님을 찾아가 군수에게 걸맞은 좌우명을 알려 달라고
하자, 스님은 나쁜 일을 하지 말고 착한 일을 많이 하면 된다고 한다. 평범한
답변에 실망한 맹사성이 일어나자, 스님은 그를 붙잡아 앉힌 후 찻잔에 차를
따르는데, 차가 흘러넘쳐 방바닥을 적셨다. 맹사성이 걱정하자, 스님은 찻물
이 흘러넘치는 것은 걱정하면서 지식이 넘쳐 인격을 망치는 것은 어찌 모르
냐고 했다. 맹사성은 부끄러워하며 황급히 나가다 문에 이마를 부딪쳤는데,
스님은 다시 고개를 숙이면 부딪치지 않는다고 했다고 한다.

압축 훈련

군수에게 **걸맞은** 좌우명

문제 훈련

Q. 다음 { } 안의 말 중 표기가 적절한 것에 O로 표시하시오.

> 독해력은 국어뿐만 아니라 다른 과목 성적에도 영향을 미친다. 독해
> 의 핵심은 주어진 내용을 빠르고 정확하게 이해하는 것인데, 독해력을
> 기르기 위해서는 내 수준에 { 알맞는 / 알맞은 } 책을 선택해 읽어야 하
> 고, 막히는 어휘가 있을 땐 반드시 그 뜻을 이해하고 넘어가야 한다.

28 | 엊저녁

| O | 엊저녁 |
| X | 엇저녁 |

매3力 강의	'어제저녁'의 준말. ※ 단어(어제) 또는 어간(가지-, 디디-)에서 끝음절의 모음이 줄어들고 자음만 남는 경우, 그 자음을 앞 음절의 받침으로 적음.

본말	어제저녁	어제그저께	가지고	가지지	디디고	디디지
준말	엊저녁	엊그저께	갖고	갖지	딛고	딛지

독서 훈련	미국의 유명한 사업가인 카네기는 1년 후면 다 잊어버릴 일들을 갖고 우리는 괴로워하면서 현재의 소중한 시간을 낭비하고 있다고 했다. 지금은 힘들어도 시간이 지나면 대수롭지 않게 여길 수도 있다는 것이다.
압축 훈련	1년 후면 다 잊어버릴 일들을 갖고 괴로워하다.
문제 훈련	**Q.** '어제저녁'이 '엊저녁'으로 준 것을 참고하여 '기러기야'의 준말을 쓰시오.

29 | 역할

| O | 역할 |
| X | 역활 |

'할인'과 '활인'은 다른 뜻

할인 (割引)	덜어내고(분할) 인하함. 세일(sale). 예 할인 판매
활인 (活人)	사람(인간)을 살림(부활). 예 활인검(사람을 살리는 칼)

매3力 강의	'마땅히 해야 할 일'의 뜻을 지닌 말은 '역할'임.(역활 ×)
독서 훈련	「그리스 신화」에 나오는 오디세우스는 트로이 전쟁에 나가면서 자신의 아들 텔레마코스를 친구인 멘토에게 맡긴다. 멘토는 10년 후 오디세우스가 전쟁에서 돌아올 때까지 텔레마코스의 친구이자 스승의 역할을 다했고, 덕분에 텔레마코스는 훌륭하게 성장할 수 있었다. 이후 멘토는 스승이나 조언자라는 의미로 쓰였고, 멘토에게 지도나 조언을 받는 사람은 멘티라 했다.
압축 훈련	친구이자 스승의 역할을 다하다.
문제 훈련	**Q.** 다음 중 맞춤법에 어긋난 표현은? ① 할증 ② 할부 ③ 원할 ④ 부활 ⑤ 활발

30 | 예부터

| O | 예부터 |
| X | 옛부터 |

온고지신
p.91 참조

매3力 강의	뒤에 명사가 올 경우에는 '옛(관형사)'이고, 나머지는 '예(명사)'임. 예 옛 노래, 옛 생각, 옛날, 옛적, 예부터, 예스럽다 [예외] 예전
독서 훈련	예부터 전해 오는 독서 습관으로 '고칠현삼(古七現三)'이 있다. 옛것은 7, 현대의 것은 3의 비율로 읽어야 한다는 말이다. 과거를 통해 현재를, 현재를 통해 미래를 읽어야 한다는 뜻에서 온고지신*과 의미가 통한다고 볼 수 있다.
압축 훈련	예부터 전해 오는 독서 습관, 옛것은 7, 현대의 것은 3으로 읽다.
문제 훈련	**Q.** 다음 중 맞춤법에 어긋난 표현은? ① 옛말 ② 옛일 ③ 옛집 ④ 옛부터 ⑤ 옛이야기

31 │ 오뚝이

<table>
<tr><td></td></tr>
</table>

O	오뚝이
X	오뚜기

매3力 강의

'-하다, -거리다'가 붙는 말 어근에 '-이'가 붙는 경우에는 그 원형을 밝혀 씀.
···> 오뚝이 O, 오뚜기 X, 오똑이 X, 오또기 X

-하다	-거리다
오뚝이(오뚝하다), 홀쭉이(홀쭉하다)	삐죽이(삐죽거리다), 꿀꿀이(꿀꿀거리다)

※ '-하다, -거리다'가 붙을 수 없는 말 어근에 '-이'가 붙는 경우에는 그 원형을 밝혀 쓰지 않음.

O	X
누더기, 얼루기, 깍두기	누덕이, 얼룩이, 깍둑이

독서 훈련

중국의 정치 지도자였던 덩샤오핑에게 붙어 다닌 수식어가 있다. '작은 거인, 오뚝이' 등이다. 그는 150센티미터의 작은 키 때문에 어렸을 때부터 놀림을 당했지만, 하늘이 무너지면 키가 큰 사람부터 다친다며 당당했다. 그리고 가난한 집안에서 태어나 많은 어려움을 겪었지만 오뚝이처럼 일어나 중국 최고 지도자의 자리에 오른 것에서 '오뚝이'라는 별명을 얻었다.

압축 훈련

많은 어려움을 겪었지만 **오뚝이**처럼 일어나 중국 최고 지도자가 되다.

문제 훈련

Q. 다음 중 맞춤법에 어긋난 것은?

① 삐죽이　　　② 살살이　　　③ 뻐꾹이
④ 쌕쌕이　　　⑤ 배불뚝이

'오뚜기 카레'는 '오뚝이 카레'여야 한다?

'오뚜기 카레, 오뚜기 케첩' 등으로 유명한 '오뚜기'라는 회사 때문에 '오뚜기'가 맞는 표현이라고 생각하는 사람들이 많은데, '오뚜기'는 맞춤법 상으로는 틀린 표현이다. 회사 이름이 꼭 맞춤법에 맞아야 하는 것은 아니며, 또 부르기 좋아 쉽게 인식된다면 그것이 브랜드로서 더 효용성이 높을 것이지만, 이로 인해 '오뚜기'가 맞춤법에 맞는 표현인 것으로 잘못 인식할 수도 있으므로 짚고 넘어간다.

㈜오뚜기 측에서도 맞춤법을 크게 염두에 둔 것 같지는 않다. 1969년 '오뚜기'라는 상표명을 처음 썼을 당시에도 한글 맞춤법 규정에 맞게 쓰려면 '오뚜기'가 아닌 '오뚝이'라고 써야 했기 때문이다. ㈜오뚜기는 '오뚝이'가 지닌 상징적 의미(어떠한 어려움이 있더라도 넘어지지 않고 꿋꿋이 바로 서서 버텨 내는 강직함)를 중시하여 상호를 '오뚜기'로 정했다고 한다. 당시에는 '타미나(화장품. ← 탐이 나), 유니나(샴푸. ← 윤이 나)'처럼 소리 나는 대로 상표를 쓴 경우가 많았는데, '오뚜기'도 이런 경향을 따른 것으로 볼 수 있다.

따라서 '오뚜기 카레는 오뚝이 카레로 바뀌어야 한다.'고 주장하기보다 오뚝이의 정신을 되새겨 보고, '오뚝이'가 맞춤법에 맞는 표현이라는 것과, 한글 맞춤법 규정에서는 왜 '오뚝이'로 적기로 했는지를 알아 두도록 한다.

32 | 오랫동안

O 오랫동안

X 오랜동안

매3力 강의

오랫동안 = 오래(순우리말) + 동안(순우리말)

····> 순우리말끼리 결합한 합성어로, 앞말이 모음으로 끝나고 뒷말의 첫소리가 된소리로 발음되므로 사이시옷을 적음.(p.169 참조)

O	X
오랫동안	오래동안
오랜만*	오래만
오랜만에	오래만에

독서 훈련

말콤 글래드웰의 『아웃라이어』에 소개된 '1만 시간의 법칙'은 한 분야의 전문가가 되려면 최소 1만 시간의 훈련이 필요하다는 것이다. 1만 시간은 매일 3시간씩이면 10년이 걸리는 시간이다. 이것은 세계적으로 성공한 사람들이 그들의 성공 비결로 **오랫동안** 꾸준히 갈고 닦으며 연습한 것을 꼽는 것과 통한다.

압축 훈련

세계적으로 성공한 사람들의 성공 비결은 **오랫동안** 꾸준히 갈고 닦으며 연습한 것

오랜만
'오래간만'의 준말.

띄어쓰기
'오랫동안, 오랜만, 오래간만'은 붙여 쓰고, '오랜 시간'은 띄어 씀.

문제 훈련

Q. '(　　　) 만나니 몰라보겠더라.'에서 (　　　) 안에 들어갈 말로 적절한 것은?

① 오랜동안 ② 오랜 만에 ③ 오랜만에

④ 오랫만에 ⑤ 오래 간만에

33 | 으레

O 으레

X 으례

매3力 강의

'두말할 것 없이 당연히' 또는 '틀림없이 언제나'의 뜻을 나타내는 말은 '으레'임.

※ '으레'와 같이 모음이 단순화한 형태를 표준어로 삼는 예

O	으레	괴팍하다	여느	케케묵다	미루나무	허우대	허우적거리다
X	으례	괴퍅하다	여늬	케케묵다	미류나무	허위대	허위적거리다

독서 훈련

『초우량 기업의 조건』의 저자이자 세계적인 경영 컨설턴트인 톰 피터스는 나이가 많은 경영자일수록 젊은이들과 대화를 더 많이 나누어야 한다고 강조한다. 연륜이 쌓임으로써 지혜가 축적되기도 하지만 케케묵은 경직된 사고방식으로 유연성이 떨어질 위험이 있기 때문이다.

압축 훈련

케케묵은 경직된 사고방식

문제 훈련

Q. 밑줄 친 말 중 맞춤법에 어긋난 것은?

① 실속은 없고 허위대만 좋은 사람이 있다.
② 물에 빠져 허우적거리는 꿈에서 깨어났다.
③ 그는 괴팍해 보이지만 맘은 따뜻한 사람이다.
④ 그날은 여느 날과 달리 새벽부터 길을 나섰다.
⑤ 명절 때에는 으레 차가 막힐 거라고 생각한다.

185

34 | 있음, 있습니다

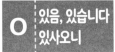

O	있음, 있습니다 있사오니
X	있슴, 있읍니다 있아오니

매3力 강의 '있다, 없다' 등의 명사형 표기는 '-음'이고, '-니다' 앞에서는 '-습-'임.

O	없음 없소 없습니다 없사오니 먹음 먹소 먹습니다 먹사오니
X	없슴 없오 없읍니다 없아오니 먹슴 먹오 먹읍니다 먹아오니

독서 훈련 명연설 중 하나로 꼽히는 마틴 루서 킹 목사의 "I have a dream(나에게는 꿈이 있습니다)."은 좌절의 순간에도 꿈과 희망을 가질 것을 강조한 것이다.

압축 훈련 "나에게는 꿈이 있습니다."는 꿈과 희망을 가질 것을 강조하는 말이다.

문제 훈련 **Q.** 다음 중 맞춤법에 맞지 <u>않는</u> 것은?
① 운동했으니 ② 운동했음 ③ 운동했읍니다
④ 운동했사오니 ⑤ 운동했소

35 | 적잖은

O	적잖은
X	적잖은

매3力 강의 '잖(-지 않-), 찮(-하지 않-)'의 모음은 'ㅑ'가 아니라 'ㅏ'임.

-지 + 않은 = 잖은 O, 잖은 X	그렇잖은 O, 그렇잖은 X
-하지 + 않은 = 찮은 O, 찮은 X	변변찮은 O, 변변찮은 X

독서 훈련 불특정 다수에게 일방적으로 대량으로 전달되는 광고성 전자 우편인 '스팸 메일'은 '스팸'이라는 돼지고기 햄 통조림의 상표에서 유래하였다. '스팸'을 만드는 회사가 엄청난 광고를 했고, 이 광고가 사람들을 귀찮고 짜증 나게 하자, 사람들을 괴롭히는 대량의 광고를 '스팸'이라고 불렀던 것이다.

압축 훈련 사람들을 귀찮고 짜증 나게 하는 광고

문제 훈련 **Q.** 밑줄 친 말 중 맞춤법에 <u>어긋난</u> 것은?
① 시원찮은 대답 ② 달갑잖은 손님 ③ 시답잖은 표정
④ 만만찮은 비용 ⑤ 어쭙잖은 행동

36 | 천장

O	천장
X	천정

천정부지(天井不知)
천장을 알지 못한다는 뜻. 물가 등이 한없이 오르기만 함을 비유한 말.

매3力 강의 지붕의 안쪽을 뜻하는 말은 '천장'임(값이 치솟을 때는 '천정부지*'로 씀).

독서 훈련 여성의 고위직 승진을 막는, 회사 내의 보이지 않는 장벽을 '유리 천장(Glass Ceiling)'이라고 하는데, 이때의 '천장'은 승진의 최상한선을 뜻한다.

압축 훈련 회사 내의 보이지 않는 장벽을 '유리 천장'이라고 한다.

문제 훈련 **Q.** '물가가 { 천장부지 / 천정부지 }로 치솟자, 우두커니 앉아 { 천장 / 천정 }만 바라보다.'에서 { } 안의 말 중 맞춤법에 맞는 것에 ○로 표시하시오.

37 | 치르다

O 치르다

X 치루다

매3力 강의
- 시험, 대가, 손님 등은 '치르는' 것임.(치루는 ✕)
- '치르다'가 활용할 때에는 어간(치르-)의 끝 'ㅡ'가 탈락함.

	치르다	담그다	잠그다
O	치러 치르니 치렀다	담가 담그니 담갔다	잠가 잠그니 잠갔다
✕	치뤄 치루니 치뤘다	담궈 담구니 담궜다	잠궈 잠구니 잠궜다

✓ '물건을 봉투에 담다.'라고 할 때의 '담다'의 활용형은 '담아'임.(담가 ✕)
⋯⟩ 김치는 '담그는' 것이고, 봉투에는 물건을 '담는' 것임.

독서 훈련
'정직한 에이브'로 불린 링컨 대통령은 대통령이 되기 전 공화당 주의회 의원 후보로 출마해 당에서 지급한 200달러로 선거를 치렀지만 당선된다. 당선이 확정되자 링컨은 쓰고 남은 199달러 25센트를 당에 반납했다. 75센트는 목이 마르다고 한 선거 운동원에게 음료수를 사 주는 데 썼다고 했다.

압축 훈련 200달러로 선거를 치렀지만 링컨은 당선되었다.

문제 훈련 **Q.** 다음 ㉠, ㉡에 들어갈 말로 알맞은 것은?

김치를 (㉠) 김장독에 (㉡).

	㉠	㉡		㉠	㉡		㉠	㉡
①	담가	담았다	②	담그어	담그었다	③	담궈	담궜다
④	담아	담갔다	⑤	담구어	담구었다			

38 | 햅쌀

O 햅쌀

X 햇쌀

매3力 강의
'당해에 새로 난 쌀'은 '햅쌀'임.(햇쌀 ✕)
※ '햅쌀'을 제외한 '당해에 새로 난 것'에는 '햇-'을 씀. 단, 된소리(ㄲ, ㄸ, ㅃ, ㅆ, ㅉ)와 거센소리(ㅊ, ㅌ, ㅋ, ㅍ) 앞에서는 '해-'를 씀.

햇-	햇곡식, 햇과일, 햇감자	해-	해쑥, 해콩, 해팥

독서 훈련
당해에 새로 난 쌀과 과일을 '햅쌀'과 '햇과일'이라고 하는데, '햇과일'과 달리 '덜 익은 과일'은 '풋과일'이라고 한다. 이때 쓰인 '햅'과 '햇-'은 '당해에 새로 난'의 뜻을, '풋-'은 '덜 익은'의 뜻을 나타낸다. 한편 '풋과일'과 달리 '풋내기'의 '풋-'은 '서투른, 미숙한'의 의미이다.

쌀과 결합된 찹쌀, 좁쌀, 멥쌀
앞말의 받침이 모두 'ㅂ'임.
'쌀'의 원래 형태는 '쌀'로, 초성 'ㅂ'의 흔적이 남은 것임.

압축 훈련 당해에 새로 난 쌀은 '햅쌀'이라고 한다.

문제 훈련 **Q.** 다음 중 '햇-'의 쓰임이 잘못된 것은?
① 햇쌀 ② 햇나물 ③ 햇양파 ④ 햇고구마 ⑤ 햇병아리

187

O	X	맞춤법에 맞게 3번 이상 써 보기
거꾸로	꺼꾸로	거꾸로
곯아떨어지다	골아떨어지다	곯아떨어지다
구슬리다	구스르다	구슬리다
깎다	깍다	깎다 ✏️ 연필깎이, 손톱깎이
끄나풀	끄나불	끄나풀
끼어들다	끼여들다	끼어들다
나무라다	나무래다	나무라다
낭떠러지	낭떨어지	낭떠러지
내로라하다	내노라하다	내로라하다
너끈하다	느끈하다, 넉근하다	너끈하다
널따란	넓다란	널따란
넓적한	넙적한	넓적한
넝쿨 덩굴	덩쿨	넝쿨 덩굴
높이다	높히다	높이다
뇌졸중	뇌졸증	뇌졸중
눈살	눈쌀	눈살
닦달하다	닥달하다	닦달하다
(기운이) 달리다	(기운이) 딸리다	달리다
도떼기시장	돗데기시장	도떼기시장
떠들썩하다	떠들석하다	떠들썩하다
뜨내기	뜨네기	뜨내기
망설이다	망서리다	망설이다
멋쩍다	멋적다	멋쩍다
메우다 메꾸다	매우다 매꾸다	메우다 메꾸다

O	X	맞춤법에 맞게 3번 이상 써 보기
몸 둘 바	몸 들 바	몸 둘 바 💡 몸 둘 바를 모르다: 어떻게 처신해야 할지 모르다. 몸을 두다 O 몸을 들다 X
무 총각무	무우 총각무우	무 총각무 💡 알타리무 X
무엇	무었	무엇
번거로운	번거러운	번거로운 💡 기본형이 '번거롭다'임.
베개	벼개, 배게	베개 💡 누울 때 베는 것은 '베개', 지우는 것은 '지우개', 덮는 것은 '덮개'!
복불복	복골복, 복걸복, 복궐복	복불복 💡 아니 불(不)! 복이 되기도 하고 복이 아니(不) 되기도 하고~
봉숭아 봉선화	봉숭화	봉숭아 봉선화
부조 부조금	부주 부주금	부조 부조금 💡 도와주는(협조, 보조) 것!
비로소	비로서	비로소
빨간색	빨강색	빨간색
사글세	삭월세, 삯월세	사글세
사돈	사둔	사돈 💡 '사돈, 삼촌'은 양성 모음(ㅏ, ㅗ)끼리
삼촌	삼춘	삼촌
새벽녘	새벽녁	새벽녘 💡 동녘, 저물녘, 동틀 녘, 해 뜰 녘, 해 질 녘
서슴지	서슴치	서슴지 💡 '서슴다'가 기본형임. 서슴하다 X
설거지	설겆이	설거지
손목시계	팔목시계	손목시계 💡 손목 또는 팔목에 차는 장신구는 '팔찌'(손찌 X), 시계는 '손목시계'(팔목시계 X).
싫증	실증	싫증 💡 싫증도 싫은 것임!
싫지 (않다)	싫치	싫지
십상	쉽상	십상 💡 십상(十常) = 십중팔구(十中八九), 열 십(10) 자임!
아무튼	아뭏든	아무튼
애당초 애초	애시당초	애당초 애초

O	X	맞춤법에 맞게 3번 이상 써 보기
어이없다	어의없다	어이없다 ☞ 유의어: 어처구니없다
얽히고설키다	얽히고섥히다, 얼키고설키다	얽히고설키다
열쇠	열쇄	열쇠
염두에 두다	염두해 두다	염두에 두다
염치 불고	염치 불구	염치 불고 ☞ 고(顧, 돌아볼 고). 염치(체면)를 불고(돌아보지 않는)하는 것임.
요컨대	요컨데	요컨대
원활하다	원할하다	원활하다 ☞ 비행기 활주로처럼 거침없이 미끄러지듯 원활함.
을씨년스럽다	을씨년하다	을씨년스럽다
재떨이	재털이	재떨이 ☞ 먼지떨이 O 먼지털이 X
조그만 조그마한	조그만한	조그만 조그마한
짓궂다	짖궂다	짓궂다 ☞ 하는 짓이 얄궂음.
짜깁기	짜집기	짜깁기 ☞ 떨어지거나 해어진 곳을 꿰매는 것은 '(양말을) 깁다'임.(집다 X)
창피하다	챙피하다	창피하다
초주검	초죽음	초주검 ☞ 죽음: 죽는 것(목숨이 끊어지는 것). 주검: 죽은 사람의 몸.
칠칠맞지 못한	칠칠맞은	칠칠맞지 못한 ☞ 칠칠맞다: '칠칠하다'(야무지다)의 속어. 칠칠한 것은 야무진 것이고, 야무지지 못한 것은 '칠칠맞지 못하다'임. '안절부절못하다'(안절부절하다 X)와 함께 구분해서 외워 둘 것!
칸막이	간막이	칸막이 ☞ '칸'을 막는 것이므로 '칸막이'임!
풍비박산	풍지박산	풍비박산 ☞ '풍비박산(風飛雹散)'은 바람(풍)에 날려(비행) 우박이 흩어지듯(분산) 사방으로 날아 산산조각으로 흩어짐을 뜻하므로 '날 비(飛)' 자임.
혈혈단신	홀홀단신	혈혈단신 ☞ '혈(孑)'은 외로울 혈, 홀로 혈 자임.
혼꾸멍내다	혼구멍내다, 혼구녕, 혼꾸녕	혼꾸멍내다
휴게실	휴계실	휴게실 ☞ '핑계'는 순우리말이고, '휴게실'의 '게'는 한자어(憩, 쉴 게)임.
희한하다	희안하다	희한하다 ☞ '희한하다'는 보기 드물다는 뜻으로, '드물 한(罕)' 자를 씀.

O	X	맞춤법에 맞게 3번 이상 써 보기
갈치조림	칼치졸임	갈치조림 💡 칼치 ✕, 졸임 ✕ 요리에서 국물이 없어질 정도로 바짝 끓이는 것은 '조리다'임(졸이다 ✕). 생선조림, 고등어조림, 연근조림
김치찌개	김치찌게	김치찌개 💡 된장찌개도 찌개!
김칫국 만둣국 순댓국 북엇국	김치국 만두국 순대국 북어국	김칫국 만둣국 순댓국 북엇국 💡 김칫국(김치 + 국), 만둣국(만두 + 국), 순댓국(순대 + 국), 북엇국(북어 + 국): 순우리말인 '국' 과 결합되었고, '국'이 된소리 [꾹]으로 발음되므로 사이시 옷을 붙여야 함. ※ 김치전: 순우리말 '김치'가 결합되었지만, '전'이 된소리로 발음되지 않고, 'ㄴ' 소리나 'ㄴㄴ' 소리가 덧나지 않으므로 사이시옷을 붙이면 안 됨.(p.169)
떡볶이	떡복기	떡볶이 💡 밥을 볶으면 볶음밥, 떡을 볶으면 떡볶이~
마늘종 마늘장아찌	마늘쫑 마늘짱아찌	마늘종 마늘장아찌
메밀국수	모밀국수	메밀국수 💡 메밀꽃 필 무렵(이효석의 현대 소설)
미숫가루	미싯가루 미수가루	미숫가루
부침개	부침게	부침개 💡 찌개, 부침개, 육개장 모두 '개'
상추겉절이	상치겉절이	상추겉절이 💡 상추, 배추, 부추, 고추 모두 '추'
설렁탕	설농탕	설렁탕
아귀찜	아구찜	아귀찜 💡 아귀를 국으로 맵게 끓이면 아귀매운탕!
육개장	육계장	육개장 💡 소고기(육류) 대신 닭을 넣어 끓이면 닭개장!
주꾸미	쭈꾸미	주꾸미 💡 '주꾸미'라 적고, 표기대로 [주꾸미]로 읽는다.

Q1~13. 다음의 { 　　　 }에서 맞춤법에 맞는 표기에 ○로 표시하시오.

1	발표 시간이 다가오자 { 안절부절했다 / 안절부절못했다 / 안절부절하지 못했다 }.
2	대화할 때에는 상황에 { 걸맞는 / 걸맞은 } 호칭어를 사용해야 한다.
3	{ 엇저녁 / 엇저녁 / 엊저녁 / 엊저녁 }에는 비가 억수같이 쏟아졌다.
4	모임에서 주도적인 { 역할 / 역활 }을 하는 사람은 미리 결정해야 한다.
5	{ 예부터 / 옛부터 } 우리나라는 효를 중요하게 여겨 왔다.
6	힘들어도 { 오똑이 / 오또기 / 오뚝이 / 오뚜기 }처럼 다시 일어나야 해.
7	{ 오랜만에 / 오랫만에 } 만났지만 자주 만난 것처럼 편한 친구가 있다.
8	그분을 직접 뵙기 전에는 { 괴팍하신 / 괴팍하신 } 줄 알았다.
9	분명히 만난 적이 { 있슴 / 있음 }에도 불구하고 그는 딱 잘라 모른다고 했다.
10	{ 머잖아 / 머찮아 } 꿈은 반드시 이루어질 것이다.
11	명절을 앞두고 물가가 { 천장부지 / 천정부지 }로 치솟았다.
12	매일 복습하고, 복습하며 작성한 오답 노트 덕분에 오늘 시험은 잘 { 치렀다 / 치뤘다 }.
13	추석 명절에는 { 해쌀 / 햅쌀 / 햇쌀 }로 송편을 빚어 차례를 지낸다.

정답 1. 안절부절못했다　2. 걸맞은　3. 엊저녁　4. 역할　5. 예부터　6. 오뚝이　7. 오랜만에　8. 괴팍하신　9. 있음　10. 머잖아
11. 천정부지　12. 치렀다　13. 햅쌀　14. ⓒ　15. ⓔ　16. ⓙ　17. ⓐ　18. ⓧ　19. ③　20. 삼춘 → 삼촌

Q14~18. 다음 속담에서 ☐ 안에 들어갈 알맞은 말을 <보기>에서 골라 기호로 쓰시오.

14. 빛 ☐ 개살구. ···> 겉만 그럴듯하고 실속이 없음.

15. 손자 밥 떠먹고 ☐ 쳐다본다. ···> 어색한 상황에 처하자 모른 척함.

16. ☐ 사돈집 안방. ···> 사돈집 안방에 앉아 있는 것처럼 불편하고 거북함.

17. ☐ 그른 데 없다. ···> 예로부터 전해 내려오는 말은 옳지 않은 것이 없음.

18. ☐ 없는 무덤이 없다. ···> 무슨 일이든지 둘러댈 이유를 만들어 낼 수 있음.

✔ **보 기**

㉠ 만만찮기는	㉡ 예말	㉢ 좋은	㉣ 천장	㉤ 핑게
㉥ 만만챦기는	㉦ 옛말	㉧ 좋는	㉨ 천정	㉩ 핑계

Q19. 다음에서 밑줄 친 말 중 맞춤법에 맞게 표기된 것은?

① 먹기에 알맞는 크기의 깍두기였다.
② 형은 나의 짓궂은 질문에 무척 당황해 했다.
③ 시험 때가 되면 으레 밤늦게까지 공부하곤 했다.
④ 잠들기 전에 문을 잘 잠궜는지를 확인하는 것이 좋다.
⑤ 그 집은 고가구와 골동품들이 옛스러운 분위기를 풍긴다.

Q20. 다음에서 맞춤법에 <u>어긋난</u> 부분을 찾아 바르게 고쳐 쓰시오.

어렸을 때부터 삼춘이라 불렀는데, 결혼했다고 작은아버지라고 부르려니 어색해 삼춘을 만나면 말수가 적어진다.

01 가르치다 / 가리키다

가르치다 teach

VS

가리키다 지적하다

매3力 강의

가르치다 '배우다'의 반의어.(가르키다 ✕)

가리키다 손가락으로 지시하거나 특별히 지적하는 것.(가리키다 ✕)

가르치다	가리키다
지식을 전수하다. 예 선생님이 학생을 가르치다.	손가락으로 지시하다. 예 손가락으로 3번 출구를 가리켰다.

독서 훈련

부처님에게 욕을 한 사람이 있었다. 하지만 부처님이 미소만 짓자 더 화가 난 그 사람은 부처님에게 왜 웃느냐고 따졌다. 이에 부처님은 상대방이 준 것을 받지 않으면 그것은 준 사람의 것이 된다고 했다. 부처님이 가르치고자 하는 것은 누군가가 나를 욕하고 험담해도 내가 받지 않으면 그것은 도리어 욕한 사람의 것이 된다는 것이다.

압축 훈련

부처님이 **가르치고자** 하는 것

문제 훈련

Q. 다음 { } 안의 말 중 맞춤법에 맞는 것에 ○로 표시하시오.

> 유태인들은 자식에게 고기를 잡아 주기보다는 고기 잡는 법을 { 가르쳐 / 가리켜 } 준다고 한다.

02 갔다 / 갖다 / 같다

갔다 go

VS

갖다 have

VS

같다 same

매3力 강의

갔다 이동하다.   갖다 가지다.   같다 다르지 않다.

갔다	갖다	같다
• '가다'(go)의 과거 예 할머니 댁에 갔다.	• '가지다'의 준말 예 우산을 갖다 주다.	• 동일하다. 예 고향이 같다. • 추측 예 비가 올 것 같다.

✔ '가지다'의 과거: 가졌다(○), 갖었다(✕)

독서 훈련

'불학장면(不學牆面, 아니 불·배울 학·담장 장·얼굴 면)'이라는 말이 있다. 배우지 않으면 담장을 마주하고 있는 것과 같다는 뜻이다. 담벼락을 마주하고 있는 답답한 모습을 상상해 보면, 배움의 중요성이 크게 와닿을 것이다.

압축 훈련

배우지 않으면 담장을 마주하고 있는 것과 같다.

문제 훈련

Q. 다음에서 맞춤법에 어긋난 표현을 찾아 바르게 고쳐 쓰시오.

> 우리는 확신을 같고 같은 꿈을 향해 달려갔다.

03 | 갱신 / 경신

갱신 renewal
VS
경신 break

매3力 강의 '갱신'과 '경신'은 둘 다 '새롭게 하다, 바꾸다, (기존의 것을) 고치다'의 뜻이지만, 기간을 연장하는 것은 '갱신'이고, 기존의 기록을 깨뜨리는 것은 '경신'임.
※ '기록을 깨는 것은 **경신**!'으로 기억할 것 **경**이로우니까~

갱신	경신
기간을 연장하다. 예 주민등록증 갱신	기록을 깨뜨리다. 예 세계 기록 경신

✓ 노년기로 접어드는 시기를 나타내는 '**갱**년기'는 '갱'임.

독서 훈련 1950년대까지 높이뛰기에서 인간의 한계는 2미터를 넘지 못했다. 그때까지 높이뛰기 선수들은 모두 앞으로 뛰어넘었다. 그런데 1968년 멕시코 올림픽에서 미국의 딕 포스베리 선수가 인간의 한계인 2미터의 기록을 경신하여 2.24미터를 뛰어넘었다. 이 기록은 그가 체조와 다이빙에서 힌트를 얻어 몸을 뒤로 뉘어 장애물을 넘는 배면뛰기를 시도했기 때문에 가능했다. 배면뛰기를 '포스베리 플롭'이라고 부르는데, 이는 그의 이름에서 따온 것이다.

압축 훈련 높이뛰기에서 인간의 한계인 2미터의 기록을 **경신**하다.

문제 훈련 **Q.** 여권은 갱신하는 것인가, 경신하는 것인가?

04 | 거치다 / 걷히다

거치다 들르다 과정을 겪다
VS
걷히다 없어지다 모아지다

매3力 강의 거치다 경유하다 　　　　 걷히다 '걷다'의 피동형

거치다	걷히다
• 잠깐 들르다. 예 대전을 거쳐 왔다.	• 사라지다, 없어지다 예 안개가 걷히다.
• 단계를 밟다. 예 서류 전형을 거친 후 합격했다.	• 거두어지다 예 외상값이 잘 걷힌다.

독서 훈련 중국에서 들어온 유교 경전은 우리나라를 거쳐 일본에 전파되었다. 이를 전파한 사람은 백제 시대의 왕인 박사이다. 그는 일본에서 학자를 보내 줄 것을 백제에 요청해 일본으로 가게 되는데, 이때 『논어』와 『천자문』을 가지고 가 일본에 한자와 유교를 전한다. 그뿐만 아니라 일본 태자의 스승이 되기도 했는데, 지금까지도 일본에는 왕인 박사를 모시는 신사*가 있고, 일본 역사책에도 기록되어 있을 정도로 왕인 박사는 일본에서 높이 평가되고 있다. 이는 그가 일본 유학 발전에 크게 기여했기 때문일 것이다.

신사(神祠)
일본에서 왕실의 조상이나 고유의 신앙 대상인 신 또는 국가에 공로가 큰 사람을 신으로 모신 사당.

압축 훈련 중국에서 들어온 유교 경전은 우리나라를 **거쳐** 일본에 전파되었다.

문제 훈련 **Q.** 다음 { }에서 맞춤법 표기에 맞는 것에 ○로 표시하시오.

예선과 본선을 { 거쳐 / 걷혀 } 마지막 결선에 진출하였다.

05

걷잡다 / 겉잡다

걷잡다 붙잡다

VS

겉잡다 어림잡다

매3力 강의

걷잡다* 걷-(거두다) + 잡다(붙잡다) = 거두어 붙잡다.
겉잡다 겉으로만 보고 짐작하다.

걷잡다	겉잡다
거두어 바로잡다.	겉으로 대강 짐작하다.
예 걷잡을 수 없는 상태	예 겉잡아서 이틀 걸릴 일

독서 훈련

'악화(惡貨)가 양화(良貨)를 구축(驅逐)한다.'는 말이 있다. '매3力 풀이'를 적용하면 '나쁜 화폐(악화)가 양질의 화폐(양화)를 몰아낸다(축출).'는 뜻이다. 그레셤의 법칙이라고 하는 이 말은 16세기에 영국이 당시 사용하던 화폐인 은화에 은의 함량을 줄여 유통시킨 것에서 비롯되었다. 사람들은 순도 높은 은화(양화)는 보관해 두고 순도 낮은 은화(악화)만 사용하였고, 악화는 **걷잡을** 수 없는 속도로 퍼져나가 악화가 양화를 내몰게 된 것이다.

압축 훈련 걷잡을 수 없는 속도로 퍼져나가다.

문제 훈련 **Q.** 다음 { } 안의 말 중 맞춤법에 맞는 것에 ○로 표시하시오.

> '호미로 막을 것을 가래로 막는다.'는 속담이 있다. 처음에 작은 문제를 사소한 것으로 생각해 방치했다가 { 걷잡을 / 겉잡을 } 수 없는 상황에 이르는 경우를 경계하는 말이다.

걷잡다
주로 '없다, 못하다'가 이어짐.

06

낫다 / 낮다 / 낳다

낫다 좋아지다

VS

낮다 ↔ 높다

VS

낳다 출산하다

매3力 강의

낫다 나아지다. **낮다** 높지 않다. **낳다** 내놓다*, 이루다, 가져오다.

낫다	낮다	낳다
• 병이 고쳐지다.	• 지대가 높지 않다.	• 아이를 몸 밖으로 내놓다.
예 감기가 낫다.	예 가장 낮은 곳	예 딸을 낳았다.
• ~보다 좋거나 앞서 있다.	• 수준이 높지 않다.	• 결과를 이루다.
예 실물이 더 낫다.	예 삶의 질이 낮다.	예 노력이 낳은 결과

독서 훈련

가장 낮은 음을 연주하는 콘트라베이스는 활을 사용하는 악기 중에서 가장 크다. 약 180cm나 되는 길이 때문에 콘트라베이스를 가지고 비행기를 탈 경우에는 별도의 좌석값을 지불해야 하기도 하는 등 이동에 어려움이 많다. 하지만 교향악 연주에서 콘트라베이스가 없어서는 안 된다. 묵직한 저음이 고음들을 살아나게 하기 때문이다.

압축 훈련 가장 **낮은** 음을 연주하는 콘트라베이스

문제 훈련 **Q.** 다음에서 밑줄 친 '나은'의 활용 전 형태는?

> 어제보다 나은 오늘, 오늘보다 나은 내일!

① 나다 ② 낫다 ③ 났다 ④ 낮다 ⑤ 낳다

내놓다
출산·생산·배출하다.

07 | 다르다 / 틀리다

다르다 *같지 않다*
VS
틀리다 *옳지 않다*

매3力 강의

다르다 ⟨···⟩ 같다   틀리다 ⟨···⟩ 옳다

다르다	틀리다
• 같지 않다. 예 내 생각은 너와 달라.	• 옳지 않다. 예 네 생각이 틀렸어.
• 특별하다. 예 반장은 역시 다르군.	• 가망이 없다. 예 애당초 틀린 일이야.

독서 훈련 매우 비슷한 2개의 그림을 놓고 같지 않은 부분을 찾아내는 놀이는 '틀린 그림 찾기'가 아니라 '다른 그림 찾기'라고 해야 규범에 맞다.

압축 훈련 '틀린 그림 찾기'가 아니라 '다른 그림 찾기'라고 해야 규범에 맞다.

문제 훈련 **Q.** 〈보기 2〉는 〈보기 1〉의 대화에 바로 이어질 통화 내용을 옮겨 놓은 것이다. (   ) 안에 들어갈 말로 적절한 것은? 　1999학년도 수능

— 보기 1 —

– 따르릉, 따르릉 –
남: 여보세요.
여: 응, 난데. 지금 뭐해?
남: 누구세요?
여: 나라니까. 내 목소리도 못 알아듣니?
남: 아, 너구나. 목소리가 이상해서 못 알아들었어.
여: 응. 감기 기운이 좀 있어서 그래. 그렇다고 내 목소리도 못 알아듣냐? 기분 나쁘게시리.
남: 무슨 소리 하고 있는 거야? 기분 나쁘다고 할 것까진 없잖아. 목소리 한 번 못 알아들은 걸 가지고. 그러니까 누구라고 밝히고 나서 말을 해야지.
여: 야, 우리가 언제부터 누구라고 밝히고 말고 그랬니? 너 왜 그래? 평소에는 안 그러더니. 오늘 네 태도가 많이 틀린 거 알아?
남: 너 지금 내 태도가 틀렸다고 그랬니? 너 말 다했어?
여: 아니, 내가 뭘 어쨌길래 신경질이야?
남: 아니, 태도가 틀려 먹었다고 하는데 신경질 안 낼 사람이 어디 있어?
여: 허, 기가 막혀. 내가 언제 너보고 틀려 먹었다고 그랬니? 평소하고 틀려졌다고 그랬지.
남: 그래, 금방도 틀렸다고 그랬잖아?
여: 틀렸다는 말이 아니라니까!
남: 그럼 말을 똑바로 해야지!
여: 내가 무슨 말을 잘못했는데?
남: 너 나보고 '틀려졌다'고 했지?
여: 그래.
남: 그럴 때는…….

— 보기 2 —

남: 그럴 때는 (   )고 해야지.

① 달라졌다　　② 그르쳤다　　③ 벗어났다
④ 거슬렸다　　⑤ 어긋났다

08 | 들르다 / 들리다

들르다 경유하다

VS

들리다 귀에 들리다 / 손에 들리다 / 위로 올려지다

매3力 강의

'거치다, 경유하다'의 의미는 '들르다'임.(들리다 ✕)

들르다	들리다
• 지나는 길에 잠깐 들어가 머무르다. ㉔ 휴게소에 **들르다**.	• '(귀로) 듣다'의 피동 ㉔ 천둥소리가 들리다. • '(손에) 들다'의 피동 ㉔ 선물을 들려 보냈다. • 위로 올려지다(피동) ㉔ 몸이 번쩍 들리다.

✔ 아침에 들은 새소리는 **들린** 것이고, 학교 가는 길에 들어간 편의점은 **들른** 곳임.

독서 훈련

1961년, 앙리 마티스의 작품 「보트(Le Bateau)」가 미국 뉴욕 현대 미술관에 47일간 전시되었다. 이때 무려 10만 명이 **들러** 이 그림을 보고 찬사를 보냈다고 하는데, 전시 기간 동안 줄곧 그림이 거꾸로 걸려 있었다고 한다.

압축 훈련

10만 명이 미술관에 **들러** 이 그림을 보고 찬사를 보내다.

문제 훈련

Q. '잠깐 서점에 (   ) 책부터 사 갖고 갈게.'에서 (   ) 안에 들어갈 말은?

① 들어   ② 들려   ③ 들러   ④ 들리어   ⑤ 들렀다가

---

09 | 맞추다 / 맞히다

맞추다 서로 맞대다

VS

맞히다 옳게 답하다

매3力 강의

맞추다 서로 맞대어 비교하다. 맞대어 붙이다.
맞히다 문제의 정답에 답하다. 명중하다.

맞추다	맞히다
• 나란히 놓고 비교하다. ㉔ 서로 답을 맞추어 보았다. • 어긋나지 않게 하다. ㉔ 평가 기준에 맞추다.	• 정답을 골라내다. 적중하다. ㉔ 45문제 중 44문제를 맞혔다. • 당하게 하다. ㉔ 바람을 맞히다. 주사를 맞히다.

✔ 답안지와 정답은 **맞추는**(○) 것이지, **마추는**(✕) 것이 아님.   ※ 안성맞춤 ○ 안성마춤 ✕

독서 훈련

6·25 전쟁 때, 유엔군의 인천상륙작전으로 후방에 고립된 북한군은 합천 해인사를 점령한 채 유격전을 펼치고 있었다. 이에 미군은 해인사를 폭격하라는 명령을 내렸다. 당시 전투기 조종사인 김영환 소령은 북한군들이 있는 지점을 정확하게 **맞힐** 수 있었지만 폭격하지 않았고, 그리하여 우리 민족의 보물인 팔만대장경을 지킬 수 있었다.

압축 훈련

북한군들이 있는 지점을 정확하게 **맞힐** 수 있었다.

문제 훈련

Q. 밑줄 친 말이 맞춤법에 맞으면 ○, 그렇지 않으면 ✕로 표시하시오.

(1) 옷에 **맞춰** 신발을 샀다. ──────── (   )
(2) 가구에 비를 **맞치면** 어떡하니? ──────── (   )
(3) 그 문제를 **맞히다니**, 넌 역시 천재야. ──────── (   )
(4) 현실에 **맞혀** 살아야 한다. ──────── (   )

10 | 매다 / 메다

매다 풀어지지않게하다
(줄로) 걸다

VS

메다 어깨에걸치다
목소리가안나오다

| 매3力 강의 | 누군가 목을 **매면** 슬퍼 울고, 감격하면 **목메어** 운다. |

매다	메다
• 끈(줄)이 풀어지지 않게 하다. 예 운동화 끈을 **매다**. • (줄로 물체를) 걸다. 예 나무에 그네를 **매다**.	• 어깨에 걸치다. 예 배낭을 **메다**. • 감정이 북받치다. 예 감격하여 목이 **메다**.

| 독서 훈련 | 『장자』에 우물 안 개구리에게 바다를 설명할 수 없고, 한여름에만 살다 죽는 곤충에게 얼음을 이해시킬 수 없다는 말이 나온다. 이와 마찬가지로 한 가지 생각에 **매여** 사는 사람을 설득하는 것은 쉽지 않다. 그는 자기 생각에만 갇혀 있기 때문이다. |

| 압축 훈련 | 한 가지 생각에 **매여** 사는 사람을 설득하는 것은 쉽지 않다. |

| 문제 훈련 | **Q.** 다음 { } 안의 말 중 맞춤법에 맞는 것에 ○로 표시하시오. |

> 직장에 { 매인 / 메인 } 몸이라 당장 떠나기는 어렵다.

감정이 복받치는 '(목)메다'
목메다 ○ 목메이다 ✕
목메어 ○ 목메여 ✕

11 | 바람 / 바램

바람 소망함

VS

바램 색이변함

| 매3力 강의 | **바람** 바라다(원하다, 소망하다).　　**바램** '바래다(색이 변하다)'의 명사형. |

바람	바램
소망함(바램 ✕) 예 우리의 **바람**은 통일!	색이 변함. 예 벽지가 오래 되어 누렇게 **바램**.

| ✓ | '소망'의 의미를 담고 있으면 '**바람, 바란다, 바라**'로 써야 함.
바램✕ 바랬다✕ 바래✕ |

| 독서 훈련 | 팔만대장경은 몽골군을 물리치고 나라를 지켜내고자 하는 간절한 **바람**에서 만든 것으로, 8만 장이 넘는 목판에 5천만 자가 넘는 글씨를 새겨 16년 만에 완성되었다. 이를 새긴 각수*는 한 글자 한 글자를 새길 때마다 세 번의 절을 올렸다고 하는데, 수많은 각수가 동원되었지만 마치 한 사람이 쓴 것 같고, 오자*와 탈자* 하나 없이 구양순체로 완벽하게 통일되었다고 한다. |

| 압축 훈련 | 팔만대장경은 몽골군을 물리치고 나라를 지켜내고자 하는 간절한 **바람**에서 만든 것 |

| 문제 훈련 | **Q.** 밑줄 친 말이 맞춤법에 어긋난 것은? |

> ① 다시 만나기를 <u>바라</u>.
> ② 빛<u>바랜</u> 흑백 사진 속의 인물
> ③ 합격하기를 간절히 <u>바랬는데</u>….
> ④ 그것은 우리 모두의 <u>바람</u>입니다.
> ⑤ 강요할 수는 없으나 함께하기를 <u>바랐다</u>.

각수(刻手)
조각하는 일을 직업으로 하는 사람.

오자(誤字)
잘못(오류) 쓴 글자.

탈자(脫字)
빠진(탈락) 글자.

199

Q1~11. 다음의 { }에서 맞춤법에 맞는 표기에 ○로 표시하시오.

1	동생에게 영어를 { 가르치면서 / 가르키면서 / 가리키면서 } 내 영어 실력이 많이 늘었다.
2	도시락을 놓고 왔는데 어머니께서 { 갔다 / 갖다 / 같다 } 주셨다.
3	100m 달리기에서 역대 최고 기록을 { 갱신 / 경신 }했다.
4	구름이 { 거치자 / 걷히자 } 푸른 하늘이 나타났다.
5	숙제를 다 마치려면 { 걷잡아도 / 겉잡아도 } 3시간은 걸릴 것 같다.
6	그 사태는 무관심이 { 나은 / 낫은 / 낳은 } 결과다.
7	토론을 거듭했지만 의견이 { 달라 / 틀려 } 결론을 내리지 못했다.
8	여섯 시경에 잠깐 { 들를 / 들릴 } 수 있을 것 같다.
9	카메라의 초점을 꽃에 { 맞춰 / 맞혀 } 사진을 찍었다.
10	신발 끈을 다시 { 맨 / 멘} 다음 배낭을 {매고 / 메고 } 산을 오르기 시작했다.
11	내 질문에 솔직하게 답해 주기를 { 바랐다 / 바랬다 }.

정답 1. 가르치면서 2. 갖다 3. 경신 4. 걷히자 5. 겉잡아도 6. 낳은 7. 달라 8. 들를 9. 맞춰 10. 맨, 메고 11. 바랐다
12. Ⓐ 13. Ⓒ 14. Ⓧ 15. ㉠ 16. ㉢ 17. ④ 18. 맞췄어? → 맞혔어?

200

Q12~16. 다음 속담에서 ☐ 안에 들어갈 알맞은 말을 <보기>에서 골라 기호로 쓰시오.

12. 앓던 이 빠진 것 ☐. ···> 걱정거리가 없어져 후련함.

13. 이웃이 사촌보다 ☐. ···> 자주 보는 사람이 도움을 주고받기도 쉬움.

14. 물만밥이 목이 ☐. ···> 밥을 물에 말아 먹어도 잘 넘어가지 않을 정도로 슬픔.

15. 한 자를 ☐ 주자면 천 자를 알아야 한다. ···> 남을 지도하려면 넓고 깊은 지식을 가져야 함.

16. 제 손도 안팎이 ☐. ···> 자기 손도 손바닥과 손등이 다르듯 남들끼리 마음이 다른 것은 당연함.

✓ 보기

| ㉠ 가르쳐 | ㉡ 갔다 | ㉢ 낫다 | ㉣ 다르다 | ㉤ 매다 |
| ㉥ 가르켜 | ㉦ 같다 | ㉧ 낳다 | ㉨ 틀리다 | ㉩ 메다 |

Q17. 다음에서 밑줄 친 말 중 맞춤법에 맞게 표기된 것은?

① 사진보다 실물이 더 <u>낳군</u>.
② 건강을 빨리 회복하기를 <u>바래</u>.
③ 전시된 작품을 하나씩 <u>가르키면서</u> 설명해 주었다.
④ 산불이 순식간에 바람을 타고 <u>걷잡을</u> 수 없이 번져 나갔다.
⑤ 목소리만 듣고 이 노래를 부른 가수가 누구인지 <u>알아맞춰</u> 봐.

Q18. 다음에서 맞춤법에 <u>어긋난</u> 부분을 찾아 바르게 고쳐 쓰시오.

나는 맞춤법 문제를 다 틀렸네. 너는 몇 문제나 맞췄어?

12 | 벌리다 / 벌이다

벌리다 open
VS
벌이다 start

매3力 강의

벌리다 열고, 펴고, 간격을 넓히는 것.
벌이다 펼쳐 놓고, 늘어놓고, 시작하는 것.

벌리다	벌이다
• '열고(open) 넓히다'의 뜻일 때 예 입을 벌리다.	• '시작하거나 펼쳐 놓다'의 뜻일 때 예 일을 벌이다. • '싸움(전쟁, 말다툼)을 하다'의 뜻일 때 예 논쟁을 벌이다.

✅ 점수 격차는 **벌리는** 것이고, 퀴즈 대결은 **벌이는** 것임.

독서 훈련

노자의 『도덕경』에, 발돋움하고 서 있으면 오래 서 있을 수가 없고, 다리를 벌리고 걸으면 오래 걸을 수가 없다고 했다. 더 멀리 보고 더 많이 가기 위해 경계해야 할 것은 욕심과 조급함인 것이다.

압축 훈련

다리를 벌리고 걷다.

문제 훈련

Q. 밑줄 친 말 중 맞춤법에 맞지 <u>않는</u> 것은?

① 입을 <u>벌리다</u>.　② 가게를 <u>벌리다</u>.　③ 말다툼을 <u>벌이다</u>.
④ 잔치를 <u>벌이다</u>.　⑤ 두 팔을 <u>벌리다</u>.

13 | 베다 / 배다

베다 자르다, 베개
VS
배다 그 외

매3力 강의

'자르다(동강을 내다), 상처가 나다'와 '베개를 받치다'는 '베다'이고, 나머지는 '배다'임.

베다	배다
• 자르다. 예 풀을 베다. • 상처가 나다. 예 손을 베다. (비다 ✕) • 베개를 베다.	• 물에 젖다. 예 땀이 옷에 배다. • 새끼를 품다. 예 개가 새끼를 배다. • 익숙해지다. 예 일이 손에 배다. • 빽빽하다. 반 성기다 예 그물코가 배다.

독서 훈련

링컨 대통령은 자신에게 나무 벨 시간으로 8시간이 주어지면 6시간은 도끼 날을 갈겠다고 했다. 같은 8시간이 주어졌을 때 날이 무딘 도끼로 8시간 동안 나무를 베는 것보다 잘 드는 도끼날로 2시간 동안 나무를 벨 때 훨씬 더 많은 나무를 벨 수 있을 것이다. 이 점을 공부에 적용하면 8시간 동안 무조건 열심히 공부하는 것보다 공부 계획을 먼저 세우고 복습 시간까지 확보한 다음 공부하면 2시간을 공부해도 더 효과적이다.

압축 훈련

나무를 베다.

문제 훈련

Q. 다음 {　} 안의 말 중 맞춤법에 맞는 표현에 ○로 표시하시오.

> 연필을 깎다가 손에 상처가 난 것은 손을 { 밴 / 벤 } 것이고, 10년째 하던 일이라 익숙한 것은 그 일이 몸에 { 밴 / 벤 } 것이다.

14 | 붙이다 / 부치다

붙이다 접착시키다
VS
부치다 그 외

매3力 강의 '떨어지지 않고 붙게 하다'의 의미에는 '붙이다'이고, 나머지는 '부치다'임.

붙이다('붙다'의 사동사)	부치다
• 우표·흥정·취미를 붙이다.	• 편지·논밭·빈대떡을 부치다.
• 책상을 벽에 붙이다.	• 회의에 부치다.

✔ '몸이나 식사 따위를 맡기다'의 의미는 '접착시키다'에 가깝지만 '부치다'로 씀.
예 삼촌 집에 숙식을 <u>부친다</u>.

독서 훈련 새집은 나뭇가지에 위태롭게 매달려 있지만 강한 바람에도 그대로 남아 있다. 흙과 나뭇가지들을 촘촘히 이어 붙이지 않은 채 엉성하게 만드는 것처럼 보이지만 새집이 태풍에도 끄떡없는 이유는 바람이 세차게 불 때 지었기 때문이라고 한다.

압축 훈련 흙과 나뭇가지들을 촘촘히 이어 **붙이다**.

문제 훈련 **Q.** 밑줄 친 말 중 맞춤법에 어긋난 것은?

① 힘에 <u>부치다</u>. ② 빈대떡을 <u>부치다</u>. ③ 별명을 <u>붙이다</u>.
④ 돈을 <u>붙이다</u>. ⑤ 감시원을 <u>붙이다</u>.

15 | 비키다 / 비끼다

비키다 피하다
VS
비끼다 그 외

매3力 강의 '피하다'의 의미가 있으면 '비키다'이고, 나머지는 '비끼다'임.

비키다	비끼다
• 무엇을 피하여 방향을 바꾸는 것. 예 자전거 길을 비켜 주다.	• 비스듬히 한쪽으로 놓이거나 비치어 나타나는 것. 예 하늘에 <u>비낀</u> 구름들 • 비스듬히 지나가는 것. 예 다행히 이번 태풍은 우리나라를 <u>비껴</u> 갔다.

독서 훈련 캄캄한 밤에 맹인 할아버지가 등불을 들고 걸어온다. 이를 본 사람이, 맹인은 등불이 있어도 못 볼 것이란 생각에 의아해하며 그 이유를 묻는다. 할아버지는 자신에게는 필요 없지만 다른 사람은 이 등불로 인해 자신을 비켜 갈 수 있을 것이라고 한다. 『탈무드』에 나오는 이 이야기는 남을 배려하는 마음을 새기게 한다.

압축 훈련 맹인 할아버지는 다른 사람이 자신을 **비켜** 갈 수 있도록 등불을 들었다.

수루
적의 동정을 살피기 위해 성 위에 만든 누각.

일성호가
한 곡조의 피리 소리.

문제 훈련 **Q.** 다음에서 밑줄 친 '옆에'와 바꿔 쓸 수 있는 말은? (비켜 / 비껴)

한산섬 달 밝은 밤에 수루*에 홀로 앉아
큰 칼 <u>옆에</u> 차고 깊은 시름 하는 차에
어디서 일성호가*는 남의 애를 끊나니.
– 이순신의 시조

203

16 | 시키다 / 식히다

시키다 명령하다

VS

식히다 ↔ 데우다

매3力 강의

시키다 ~하게 하다.　　　　　　**식히다** 뜨겁지 않게 하다.

시키다	식히다
지시하다. 주문하다. 예 설렁탕을 시켜 먹다.	뜨거운 기운이 없어지게 하다. 예 설렁탕을 식혀 먹다.

독서 훈련

노벨상 수상자를 많이 배출한 것으로 알려진 시카고 대학은 허친스 총장이 전개한 'The Great Book Program'(고전 100권 읽기 운동)으로도 유명하다. 일명 허친스 플랜(시카고 플랜)으로 불리는 이 운동은 대학 2학년을 마치기 전까지 학생들에게 100권의 고전을 읽게 시킨 것이다. 허친스 총장은 단순히 고전을 읽는 데만 그쳐서는 안 되고, 고전에서 자신의 롤모델을 발견하라고 강조했는데, 이 운동이 시카고 대학을 명문 대학으로 우뚝 설 수 있게 했다는 분석도 있다.

압축 훈련

시카고 대학의 허친스 플랜은 고전 100권을 읽게 **시킨** 것이다.

문제 훈련

Q. 다음 {　　} 안의 말 중 맞춤법에 맞는 표현에 ○로 표시하시오.

　전화로 자장면을 { 시켜 / 식혀 } 먹은 후, 더위도 { 시킬 / 식힐 } 겸 영화를 보러 갔다.

---

17 | 어떡해 / 어떻게

어떡해 How to do

VS

어떻게 how

매3力 강의

'어떻게 해'로 바꿔 쓸 수 있으면 '어떡해'임.

어떡해	어떻게
'어떻게 해'의 의미일 때 예 나 어떡해.	'어떤 방법으로'의 의미일 때 예 어떻게 할까?

독서 훈련

오일러 공식으로 유명한 스위스의 수학자 오일러는 20대에 오른쪽 눈이 보이지 않게 되었고, 이후 왼쪽 눈마저 완전히 시력을 잃게 된다. 그럼에도 불구하고 그는 『적분학의 원리』를 출간하는 등 수많은 업적을 남겼다. 두 눈을 모두 못 보는 상황에서 **어떻게** 이처럼 왕성한 활동을 할 수 있었을까? 그는 오른쪽 눈의 시력을 잃고 왼쪽 눈까지 시력을 잃게 될 것이라는 판정을 받은 후 두 눈을 감고 생활하는 연습을 했다고 한다.

압축 훈련

두 눈을 못 보는 상황에서 **어떻게** 왕성한 활동을 할 수 있었을까?

문제 훈련

Q. 밑줄 친 말이 맞춤법에 어긋난 것은?

① 좋은 걸 <u>어떻해</u>.
② 나 혼자 두고 가면 <u>어떡해요</u>.
③ <u>어떻게</u> 해서든지 데리고 와야 해.
④ 약속을 취소할까 하는데 <u>어떡하지</u>?
⑤ 그것을 <u>어떻게</u> 하면 가능하게 할까?

18 | 여위다 / 여의다

여위다 야위다

VS

여의다 이별하다

매3力 강의	여위다 홀쭉하다.	여의다 이별하다.
	여위다	**여의다**
	• 살이 빠져 야위다. 예) 여윈 얼굴	• 죽어서 이별하다. 예) 부모를 여의다. • 시집을 보내 이별하다. 예) 딸을 여의다.

독서 훈련	마쓰시다 고노스케는 몸이 여위어 허약해 보였고, 11세 때 부모를 여읜 탓에 초등학교밖에 다니지 못했지만, 일본을 대표하는 기업인이 되었다. 그는 자신의 성공 요인으로 몸이 약하니 항상 건강에 힘쓸 수밖에 없었고, 초등학교밖에 다니지 못했으므로 모든 사람을 스승으로 삼을 수밖에 없었으며, 가난하니 열심히 일하지 않을 수 없었다고 했다.

압축 훈련	몸이 **여위어** 허약해 보였고, 11세 때 부모를 **여읜** 탓에 초등학교밖에 다니지 못했다.

문제 훈련	**Q.** 다음 { } 안의 말 중 문맥을 고려할 때 맞춤법에 알맞은 말을 골라 ○로 표시하시오. '살찌다'의 반대말은 { 여위다 / 여의다 }이다.

19 | 이따가 / 있다가

이따가 시간의 경과

VS

있다가 존재, 소유

매3力 강의	'조금 지난 뒤에'로 바꿔 쓸 수 있으면 '이따가'임.	
	이따가	**있다가**
	• 잠시 뒤. 예) 이따가 갈게.	• 머무르다. 예) 조금 더 있다가 갈게. • 가지다. 예) 있다가 없어짐.

독서 훈련	영화 「인디아나 존스」의 주연 배우인 해리슨 포드가 골든 글로브 상을 받을 때의 일이다. 그는 수상 소감에서 짧은 것과 긴 것을 준비했다고 고백하면서 짧게 하겠다고 했다. "감사합니다."라고 한 것이 해리슨 포드가 준비한 짧은 수상 소감이다. 그러고 나서 조금 이따가 시간이 남으니 긴 것을 마저 하겠다면서 "대단히 감사합니다."라고 했다. 박수 세례를 받은 재치 있는 수상 소감이었다.

압축 훈련	조금 **이따가** "대단히 감사합니다."라고 했다.

문제 훈련	**Q.** 다음 { } 안의 말 중 문맥에 맞는 말에 ○로 표시하시오. (1) { 이따가 / 있다가 } 좀 보자. (2) 여태 여기 { 이따가 / 있다가 } 좀 전에 갔어. (3) 이 문제는 { 이따가 / 있다가 } 다시 논의하기로 해요.

205

20 | 일절 / 일체

일절 *never*
VS
일체 *all*

매3力 강의

부정하거나 금지할 때는 '일절'임.

일절	일체
'전혀, 절대로'의 뜻 예 술·담배 일절 금지	'모두, 전부'의 뜻 예 여행 경비 일체 제공

독서 훈련

성공한 사람은 '지금부터 당장!'이라고 하는 반면 실패한 사람은 '나중에!'라고 하는 습관의 차이를 보인다. 앞으로는 게임을 일절 하지 않겠다는 각오, 핸드폰은 하루에 한 번씩만 확인하겠다는 다짐은 '지금부터 당장!' 실천하자. 결심이 흐려질 때에는 「남과 같이 해서는 남 이상 될 수 없다」는 책 제목을 새기면서 말이다.

압축 훈련

앞으로는 게임을 **일절** 하지 않겠다.

문제 훈련

Q. 밑줄 친 말의 쓰임이 적절하지 <u>않은</u> 것은?

① 불량품은 일절 취급하지 않겠다.
② 우리는 그것에 대해 일절 모른다.
③ 그와 관련된 비밀은 일체 폭로되었다.
④ 그 일에 대해서는 일절 관여하지 마라.
⑤ 산에서는 취사 행위를 일체 금하고 있다.

21 | 잃다 / 잊다

잃다 *lose*
VS
잊다 *forget*

매3力 강의

잃다 분실하다.　　　　**잊다** 망각하다. 반 기억하다

잃다	잊다
가지고 있던 것을 놓쳐 가지지 않게 되다. 예 물건을 잃다.	기억하지 못하다. 예 생각을 잊다.

독서 훈련

'한단지보(邯鄲之步)'라는 말이 있다. 직역하면 '한단의 걸음'이다. 한단은 조나라의 서울로, 연나라 사람이 한단 사람의 걸음[步, 걸음 보]을 배우려다 원래의 걸음도 잊고 기어서 돌아왔다는 것에서 유래한다. 자신의 본분을 잊고 남의 흉내를 내다가 모두 다 잃는 경우에 쓰는 말이다.

압축 훈련

한단지보는 자신의 본분을 **잊고** 남의 흉내를 내다가 모두 다 **잃는** 경우에 쓰는 말이다.

문제 훈련

Q. 다음 중 '잃다'가 들어가기에 알맞은 것은?

① 용기를 (　　). 　② 약속을 (　　). 　③ 과거를 (　　).
④ 시름을 (　　). 　⑤ 숙제를 (　　).

22 | 좇다 / 쫓다

좇다 (+를) 추구할 때

VS

쫓다 (-를) 쫓아낼 때

매3力 강의	**좇다** 추구하다. 따르다.	**쫓다** 물리치다. 추적하다.

좇다	쫓다
적대감 없이 따를 때	내몰거나 뒤따라갈 때
예 의견·행복·기억·유행·시선을 좇다.	예 파리·잡념·도둑을 쫓다.

✔	목표는 **좇고**, 졸음은 **쫓아야** 한다.

독서 훈련	몹시 슬퍼서 창자가 끊어질 듯하다는 뜻을 지닌 '단장(斷腸, 끊을 단·창자 장)'은 새끼 원숭이를 잃은 어미 원숭이의 창자에서 유래했다고 한다. 중국 진나라 때 한 병사가 새끼 원숭이를 잡아왔는데, 어미 원숭이가 새끼 원숭이를 태운 배를 **좇아** 백 리를 넘게 **쫓아와**, 배 위에 뛰어든 후 죽고 만다. 병사들이 죽은 어미 원숭이의 배를 가르자, 창자가 토막토막 끊어져 있었다고 한다. 자식을 잃은 어미의 애끊는* 슬픔은 창자가 끊어질 정도였던 것이다.

압축 훈련	배를 **좇아** 백 리를 넘게 **쫓아오다**.

문제 훈련	**Q. 밑줄 친 말 중 맞춤법에 어긋난 것은?**

① 닭 **쫓던** 개 지붕 쳐다본다.
② 더위를 **쫓는** 방법을 찾았다.
③ 불안을 **쫓기** 위해 기도를 했다.
④ 할머니를 **쫓아** 방으로 들어왔다.
⑤ 선배들의 조언을 **좇으면** 실수를 줄일 수 있다.

애끊는
매우 슬퍼서 창자가 끊어질 듯한.
예 애끊는 정

23 | 한참 / 한창

한참 꽤 오랫동안

VS

한창 활기찰 때

매3力 강의	'활기차고 왕성하고 무르익다'의 의미를 담고 있으면 '한창'임.

한참	한창
오랜 시간이 지나는 동안. 예 한참 지난 일이다.	왕성하다. 무르익다. 예 봄이 한창이다.

독서 훈련	티라미수는 이탈리아어 '티라레(tirare, 끌어당기다, 잡아끌다)'에 '미(mi, 나를)'와 '수(su, 위로)'를 결합해 만든 말로, '나를 위로 끌어올리다'는 뜻을 나타낸다. 한참 동안 기분이 우울하다가도 티라미수를 먹으면 기분이 좋아진다고 하여 이탈리아 어머니들은 자녀들이 시험을 못 보고 오면 티라미수를 주며, "다이 수(Dai Su, 힘내)!"라고 말한다고 한다.

압축 훈련	한참 동안 기분이 우울하다가도 티라미수를 먹으면 기분이 좋아진다.

문제 훈련	**Q. ( ) 안에 '한참'이 들어가기에 알맞은 것은?**

① (   ) 후에야 깨달았다.   ② (   ) 유행할 때
③ 경기가 (   ) 진행 중이다.   ④ 공사가 (   )이다.
⑤ (   ) 고조된 분위기였다.

맞춤법 하나 더!
한창때 ○ 한참때 ✕

어휘	뜻 구분과 예시
가늠	헤아림. 짐작함. **예** 깊이를 가늠하다.
가름	나눔. 분류. 분리. 분할. **예** 승부는 가름이 났다.
갈음	다른 것으로 바꿈. 대신함. 갈다.[대체(代替)] **예** 새 책상으로 갈음하다.
게재	글, 그림 등을 신문이나 잡지에 실음.(계재 ✕) **예** 신문에 게재되다.　💡 '게시판, 게시하다'를 떠올릴 것!
개재	끼어듦. 끼여 있음. **예** 선입견이 개재되다.　💡 '개입하다'를 떠올릴 것!
결재	상사로부터 승인받는 것(sign). **예** 서류 결재
결제	대금을 지불하여 거래를 완료하는 것(settlement). **예** 현금 결제　💡 '경제'와 관련되니까 '결제'~
껍데기	(물체의 겉을 싸고 있는) 딱딱한 것. **예** 달걀 껍데기, 조개 껍데기
껍질	(물체의 겉을 싸고 있는) 딱딱하지 않은 것. **예** 돼지 껍질, 귤 껍질
누어	누다. 배설하다. **예** 강아지가 똥을 누었다.　💡 어미 '-아/-어'가 '-와/-워'로 바뀌
누워	눕다. **예** 자려고 침대에 누웠다.　는 것은 'ㅂ불규칙 활용'을 하는 용언 이라는 것을 떠올릴 것!
늘리다	크게(수) 하거나 많게(양) 하는 것. **예** 재산(사람, 사무실 등)을 늘리다.
늘이다	길게(길이) 하는 것. **예** 고무줄, 커튼 등을 늘이다.
다리다	구김살을 펴는 것. **예** 옷, 손수건 등을 다리다.　💡 '다리미'를 떠올릴 것!
달이다	끓이는 것. **예** 보약을 달이다.
달리다	모자라다. **예** 힘이 달리다. 기운이 달리다(딸리다 ✕).
딸리다	~에 속하다. ~에 붙어 있다. **예** 붙박이장이 딸린 방
돋구다	(안경의 도수를) 높이다. **예** 안경의 도수를 돋구다.
돋우다	끌어올리다. **예** 등잔불의 심지(식욕, 목청, 용기, 화 등)를 돋우다.
두껍다	두께가 보통의 정도보다 크다. **예** 책(옷, 이불 등)이 두껍다.
두텁다	믿음, 관계, 인정이 굳고 깊다. **예** 정(은혜, 친분, 우정 등)이 두텁다.
바치다	내놓다. **예** 웃어른께 바치다. 목숨을 바치다.
받치다	밑에서 괴다. 치밀다. **예** 책받침을 받치다. 감정이 받치다.
받히다	받는 것을 당하다('받다'의 피동사). **예** 기둥에 머리를 받혔다.
밭치다	구멍이 뚫린 물건 위에 올려 물기를 빼다. **예** 국수를 체에 밭치다.
반드시	꼭 틀림없이. **예** 약속은 반드시 지킬게.
반듯이	반듯하게(비뚤어지지 않게). **예** 허리가 아파 반듯이 앉지를 못한다.
부수다	깨뜨리다. **예** 망치로 돌을 잘게 부수다.
부시다	• 깨끗하게 씻다. **예** 그릇을 깨끗이 부시다. • 빛이나 색채가 강렬하다. **예** 햇빛에 눈이 부시다.
뻗치다	길게 이어지다. 펴다.('뻗다'를 강조할 때) **예** 태백산맥은 남북으로 길게 뻗쳐 있다.
뻗히다	(오므렸던 것이) 펴지다.('뻗다'의 피동사) **예** 팔이 저려서 잘 뻗히지 않는다.

어휘	뜻 구분과 예시
부딪치다 부딪히다	'강하게' 닿다.('부딪다'를 강조할 때) 예 뛰어가다 지나가는 사람과 부딪쳤다. 마주 닿음을 '당하다'.('부딪다'의 피동사) 예 지나가는 사람에게 부딪혔다.
빌다 빌리다	• 바라다. 호소하다. 예 소원을 빌다. 용서를 빌다. • 공짜로 얻다. 예 심 봉사가 밥을 빌러 다니다. 남의 물건이나 돈을 나중에 돌려주기로 하고 잠시 쓰다. 예 언니의 옷을 빌리다.
빗 빚 빛	머리카락을 빗는 데 쓰는 도구. 예 빗으로 머리를 빗다. 남에게서 꾼(빌린) 돈. 외상값. 예 빚을 갚다. 빚쟁이 전자기파. 빛깔. 예 밝은 빛을 비추다.
아니오 아니요	어떤 사실을 부정할 때. 예 그것은 사실이 아니오. 윗사람이 묻는 말에 부정하여 답할 때. 예 아니요, 제가 안 그랬어요.
안갚음 앙갚음	자식이 부모를 봉양하는 일. 유 '반포지효'(p.82)의 '반포' 예 안갚음을 해야 할 때 보복함. 예 내가 당한 수모를 앙갚음하다.
안치다 앉히다	(밥이나 떡을 하기 위해) 솥이나 시루 등에 넣다. 예 밥을 안치다. 앉게 하다.('앉다'의 사동사) 예 아이를 의자에 앉히다.
애 얘 얘기	'아이'의 준말. 예 애가 정말 예쁘다. '이 아이'의 준말. 예 얘가 내 동생이다. '이야기'의 준말. 예 재미있는 얘기를 들려주다.
엉기다 엉키다	뭉쳐서 굳어지다. 예 피가 엉기지 않고 계속 흐르다. 뒤얽히다. 예 엉킨 실타래를 풀다.
작렬 작열	[장녈] 포탄 따위가 터져서 쫙 퍼짐. 예 골(또는 홈런) 작렬. 뒤끝 작렬 [장녈] 이글이글 뜨겁게 타오름. 예 작열하는 태양 ☀ '열(기)'가 있으니까 '작열'~
작다 적다	부피, 넓이, 크기를 말할 때. 반 크다 예 키가 작다. 수(효), 양(분량), 정도를 말할 때. 반 많다 예 모인 사람이 적다.
저리다 절이다	몸이 아리고 아프다. 예 다리가 저리다. 김치 재료에 소금이 배어들게 하다. 예 배추를 절이다.
조리다 졸이다	양념에 배게 바짝 끓이다. 예 생선을 조리다. 멸치조림 초조해하다. 예 가슴을 졸이다.
주리다 줄이다	굶주리다. 먹지 못하다. 예 먹을 것이 없어 배를 주리다. 본디보다 작게, 적게, 약하게 하다.('줄다'의 사동사) 예 몸무게를 줄이다.
햇볕 햇빛	해의 볕(해가 내리쬐는 기운). 예 햇볕이 따스하다. 해의 빛. 예 햇빛에 눈이 부시다.
홀몸 홑몸	홀로 있는 몸. 배우자나 형제가 없는 사람. 예 남편을 여의고 홀몸이 되다. 아이를 배지 않은 몸. 예 홑몸이 아닌 언니는 잠이 많아졌다.

Q1~12. 다음의 { }에서 맞춤법에 맞는 표기에 ○로 표시하시오.

1	양측은 의견 차를 좁히지 못하고 입씨름만 { 벌리고 / 벌이고 } 있었다.
2	아침에 일찍 일어나는 습관이 몸에 { 배어 / 베어 / 배여 / 베여 } 일요일도 일찍 깼다.
3	직접 봉투에 우표를 { 부쳐 / 붙여 } 편지를 { 부치니 / 붙이니 } 뿌듯했다.
4	달리는 차들을 피해 길옆으로 { 비껴서 / 비켜서 / 빗겨서 } 걸었다.
5	남이 { 시켜서 / 식혀서 } 마지못해 한 일과 스스로 한 일은 결과부터 다르다.
6	{ 어떡해 / 어떻게 } 공부해야 할지 모른다고 걱정만 하고 있으면 { 어떡해 / 어떻게 }.
7	어려서 부모님을 { 여위고 / 여의고 } 할머니 댁에서 자랐다.
8	하루 종일 집에 { 이따가 / 있다가 } 어둑해진 저녁 무렵에 집에서 나왔다.
9	국립공원에서는 지정된 곳을 제외하고는 취사를 { 일절 / 일체 } 금하고 있다.
10	더위를 { 잃을 / 잊을 } 만큼 오싹하게 만드는 공포 영화를 추천해 주세요.
11	졸음을 { 좇기 / 쫓기 } 위해 베토벤의 교향곡 제6번 '전원'을 찾아 들었다.
12	{ 한참 / 한창 } 생각했으나 좋은 아이디어가 떠오르지 않았다.

정답 1. 벌이고   2. 배어   3. 붙여, 부치니   4. 비켜서   5. 시켜서   6. 어떻게, 어떡해   7. 여의고   8. 있다가   9. 일절   10. 잊을
11. 쫓기   12. 한참   13. ⓛ   14. ㉧   15. ㉣   16. ◎   17. ㉥   18. ③   19. ①

Q13~17. 다음 속담에서 [   ] 안에 들어갈 알맞은 말을 <보기>에서 골라 기호로 쓰시오.

13. [   ] 아니한 아이를 낳으라 한다. ···> 무리한 요구를 함.

14. 닭 [   ] 개 지붕 쳐다보듯. ···> 하던 일이 실패로 돌아가 맥이 빠짐.

15. [   ] 침 뱉기. ···> 남을 해치려고 하다가 오히려 자기가 해를 입게 됨.

16. 소 [   ] 외양간 고친다. ···> 이미 일이 잘못된 뒤에는 후회해도 소용이 없음.

17. 응달에도 [   ] 드는 날이 있다. ···> 아무리 어려워도 노력하면 언젠가는 좋은 날이 옴.

> ✓ **보 기**
>
> | ㉠ 누어서 | ㉡ 배지 | ㉢ 잊고 | ㉣ 좇던 | ㉤ 햇볕 |
> | ㉥ 누워서 | ㉦ 베지 | ㉧ 잃고 | ㉨ 쫓던 | ㉩ 햇빛 |

Q18. 다음에서 밑줄 친 말 중 맞춤법에 <u>어긋난</u> 것은?

① 자세한 이야기는 <u>이따가</u> 따로 만나서 하자.
② 김치찌개가 맛있어서 밥 한 공기를 더 <u>시켜</u> 먹었다.
③ 지금은 퇴근 시간이라 도로가 <u>한참</u> 붐빌 시각이다.
④ 고전 소설의 제목에는 중심인물의 이름을 <u>붙인</u> 경우가 많다.
⑤ 현실에 만족하지 못하고 미래의 행복만 <u>좇는</u> 것을 '파랑새 증후군'이라고 한다.

Q19. 제시된 낱말을 활용하여 문장을 만드는 과제를 수행하였다. <u>잘못</u> 해결한 것은?   2003학년도 수능

① ┌ 다리다: 약은 정성껏 <u>다려야</u> 한다.
   └ 달이다: 내일 입을 옷을 <u>달이고</u> 있었어.

② ┌ 안치다: 이제 밥만 <u>안치면</u> 되겠구나.
   └ 앉히다: 아이들을 어디에 <u>앉히면</u> 좋겠니?

③ ┌ 엉기다: 그릇에 기름이 <u>엉기어</u> 있군.
   └ 엉키다: 여행 계획이 <u>엉키어</u> 버렸군.

④ ┌ 이따가: 지금은 바쁘니까 <u>이따가</u> 만나자.
   └ 있다가: 조금만 누워 <u>있다가</u> 일어나마.

⑤ ┌ 저리다: 다리가 <u>저려서</u> 걷기가 힘들구나.
   └ 절이다: 배추를 <u>절이는</u> 방법을 배웠어.

01 | 그러므로 / 그럼으로(써)

그러므로 원인과 결과

VS

그럼으로(써) 수단, 방법

매3力 강의

그러므로 / -(으)므로	그럼으로써/(-ㅁ, -음)으로(써)
• 앞부분이 '원인'일 때 • '그러니까, 그렇기 때문에'로 바꿀 수 있을 때 예) 1. 그는 부지런하다. 그러므로 잘산다. 　　2. 미리 알려 주었으므로 오해하지 않았다.	• 앞부분이 '수단'일 때 • '그렇게 하는 것으로써'로 바꿀 수 있을 때 예) 1. 그는 열심히 공부한다. 그럼으로(써) 은 　　혜에 보답한다. 　　2. 신세를 갚음으로써 홀가분해졌다.

독서 훈련

넘어지면 3년 내에 죽는다고 알려진 '삼년고개'에서 넘어진 노인이 있었다. 노인은 3년밖에 못 살까봐 두려워하다가, 한 번 넘어지면 3년, 두 번 넘어지면 6년, 세 번 넘어지면 9년을 살 수 있다는 생각에 일부러 삼년고개에 가서 여러 번 넘어짐으로써 오래 살았다는 전설이 있다. '삼년고개'처럼 '작심삼일'도 3일마다 작심하면 굳은 결심을 오래도록 이어갈 수 있을 것이다.

압축 훈련 여러 번 넘어짐으로써 오래 살았다는 전설

문제 훈련 **Q.** 다음 밑줄 친 말 중 맞춤법에 맞지 않는 것은?

① 그가 나를 믿음으로써 나도 그를 믿는다.
② 웃음으로써 고객을 사로잡을 계획을 세웠다.
③ 어제 그 일을 끝냈으므로 이제 여유가 좀 생겼다.
④ 그 친구는 매사에 낙관적이므로 젊어 보이는 것이다.
⑤ 맞춤법을 익힘으로써 의사소통을 편하게 하고 싶었다.

02 | -대 / -데

-대 간접 경험

VS

-데 직접 경험

매3力 강의

-대	-데
• '-다고 해.'의 준말(들은 이야기를 전달) 예) 그가 오늘 도착했대. • 의문형으로 나타낼 때(놀라거나 못마땅해 함.) 예) 무슨 일이 그렇게 많대?	• 직접 경험한 일을 떠올려 말할 때 예) 그 영화 정말 무섭데. • 자기 느낌을 전달할 때(-더라) 예) 그 책 참 재미있었는데.

독서 훈련

'도루묵'은 물고기 이름인데, 임진왜란 당시 선조 임금이 피난 갔을 때 '묵'이라는 생선을 먹고 맛있다며 '은어'라는 이름을 지어 줬대. 그런데 궁궐로 돌아와 다시 그 고기를 먹어 보니 맛이 없어 도로 '묵'이라고 했대. '도루묵'은 여기서 유래한 거래.

압축 훈련 '은어'라는 이름을 지어 줬대. 나중에 맛이 없어 도로 '묵'이라고 했대.

문제 훈련 **Q.** 다음 { }에서 맞춤법 표기에 맞는 것에 ○로 표시하시오.

> 방금 회의가 { 끝났대 / 끝났데 }. 그런데 김 대리는 미리 회의실을 나왔는지 좀 전에 { 지나가대 / 지나가데 }.

03 | -던지 / -든지

-던지 과거

VS

-든지 선택

매3力 강의 과거의 의미가 담겨 있을 때에는 '-던지'이고, 나머지는 '-든지'임.

-던지	-든지
지난 일(과거)을 나타내는 경우 예 어찌나 춥던지 춥다는 소리가 절로 나왔다.	이것저것을 가리지 않는 경우 예 나한테 꼭 연락해. 싫든 좋든, 어딜 가든지.

독서 훈련 작가이자 성공적인 호텔 경영자였던 오리슨 스웨트 마든은 이 세상에는 세 종류의 사람이 있다고 했다. 무엇인가 하려고 하는 사람, 아무것도 하지 않으려고 하는 사람, 아무것도 할 수 없는 사람이 그것이다. 과거에 무슨 일을 했던지, 현재 무슨 일을 하고 있든지, 미래를 염두에 두자.

압축 훈련 과거에 무슨 일을 했던지, 현재 무슨 일을 하고 있든지

'-던지, -던'
과거 시제 선어말 어미 '-더-'가 결합된 것.

문제 훈련 **Q.** 오른쪽 사진에서 맞춤법에 어긋난 표현을 찾아 바르게 고쳐 쓰시오.

04 | -돼 / -되

-돼 -되어

VS

-되 그 외

매3力 강의 '-돼'는 '되어'의 준말.

-돼	-되

• '되어'로 바꿀 수 있을 때
  예 일이 잘돼 가고 있지요?
• 문장 끝에 올 때
  예 그렇게 해서는 안 돼. 이제 가도 돼?
	• '되어'라고 바꿀 수 없을 때
	  예 안 된다니까.
	  왜 안 되는데?
	  일을 그렇게 해서는 안 되지요.

독서 훈련 '안되는 사람은 뒤로 넘어져도 코가 깨진다.'는 속담이 있다. 운수가 나쁜 사람은 보통 사람에게는 생기지 않는 나쁜 일까지 생긴다는 뜻이다. 하지만 '된다'는 생각이, "다 잘될 거야."라는 생각이 성공으로 이끄는 첫 단추임을 기억할 필요가 있다. '돼.'와 '안 돼.'는 글자 하나 차이지만, 그 사고의 결과는 엄청난 것이다.

구분	○	×
되었다	됐다	됬다
되어요	돼요	되요
되지요	되죠	돼죠
(바람을) 쐬어라	쐐라	쐬라
(나사를) 죄어도	좨도	죄도
(이따) 뵈어요	봬요	뵈요
(명절 잘) 쇠어라	쇄라	쇠라

압축 훈련 안되는 사람은 뒤로 넘어져도 코가 깨진다. '돼.'와 '안 돼.'의 차이

문제 훈련 **Q.** 다음에서 맞춤법에 어긋난 말을 찾아 바르게 고쳐 쓰시오.

> "역시 나는 안 되."라고 생각해서는 절대 안 됩니다.

로서 자격

VS

로써 수단, 방법

	매3力 강의		

	로서	로써
매3力 강의	• 지위, 신분, 자격을 나타낼 때 • '~이다. 그래서로'로 바꿀 수 있을 때 예 학생으로서 그럴 수 없다.	• 수단, 방법, 도구를 나타낼 때 • '~을/를 가지고서'로 바꿀 수 있을 때 예 칼로써 과일을 깎는다.
독서 훈련	『논어』에서 공자는 '君君臣臣父父子子(군군신신부부자자)'라고 했다. 임금은 임금으로서, 신하는 신하로서, 부모는 부모로서, 자식은 자식으로서 마땅히 해야 할 일을 해야 한다는 것이다.	
압축 훈련	임금으로서, 신하로서, 부모로서, 자식으로서 마땅히 해야 할 일	
문제 훈련	**Q.** 다음 {　　}에서 맞춤법에 맞는 표현에 ○로 표시하시오. 　그는 논제에 찬성하는 { 측으로서 / 측으로써 } 반대 측의 반대 신문에 대해 { 통계로서 / 통계로써 } 답변하였다.	

안 안+단어

VS

않- -지+않-

	안	않-
매3力 강의	앞말이 '-지'로 끝날 때 '않'으로 씀.	
	• 뒤에 나오는 단어를 부정할 때 예 안 먹다. • 하나의 단어일 때 예 공부가 안된다.	• 앞에 나오는 단어를 부정할 때 예 먹지 않는다.
독서 훈련	『논어』에서 공자는, '나는 열다섯 살에 학문에 뜻을 두었고, 서른 살에는 스스로 설 수 있었으며, 마흔 살에는 미혹되지 않았고, 쉰 살에는 하늘의 운수를 알게 되었으며, 예순 살에는 듣는 대로 이해할 수 있었고, 일흔 살에는 마음이 하고자 하는 바를 따르되 법도를 넘지 않았다.'고 했다.	
압축 훈련	마흔 살에는 미혹되지 **않았고**, 일흔 살에는 법도를 넘지 **않았다.**	

나이를 이르는 말

15세	지학(志學)	40세	불혹(不惑)	61세	환갑(還甲)	81세	망구(望九, 90을 바라봄.)
20세	약관(弱冠)	50세	지천명(知天命)	62세	진갑(進甲)	91세	망백(望百, 100세를 바라봄.)
30세	이립(而立)	60세	이순(耳順)	70세	종심(從心) 고희(古稀)	99세	백수[白壽, 100(百)에서 1(一)이 모자람.]

문제 훈련　**Q.** 다음의 (　　) 안에 들어갈 말을 바르게 표기한 것은?

　'(　　) 조상 탓'이란 속담이 있다. 제 잘못을 남에게 돌리는 태도를 두고 하는 말이다.

① 안되면　② 안 되면　③ 안돼면　④ 않되면　⑤ 않돼면

07 | 에 / 의

에 동사를 수식

VS

의 명사를 수식

매3力 강의

에	의
동사를 수식할 때	명사를 수식할 때
예 언덕 위에 지은 집(동사 '짓다'를 수식)	예 언덕 위의 집(명사 '집'을 수식)

독서 훈련

옛날 {중국의 / 중국에 사는} 무역상이 마늘 두 자루를 가지고 터키로 갔다. 터키인들은 맵고 자극적인 마늘 맛에 반하여 황금 두 자루를 선물로 주었다. 이 소식을 들은 중국 상인들은 파를 가져가면 더 우대해 줄 것으로 생각하고 파를 잔뜩 싣고 터키로 갔다. 예상대로 터키인들은 마늘보다 파를 귀하게 여겨, 황금보다 더 좋다고 생각하는 마늘 두 자루를 내놓았다고 한다.

압축 훈련

{중국의 / 중국에 사는} 무역상이 터키로 갔다.

문제 훈련

Q. '봄{ 에 / 의 } 피는 꽃{에 / 의 } 향기'에서 {   } 안의 말 중 맞춤법에 맞는 것에 ○로 표시하시오.

08 | -오 / -요

-오 문장 끝에서

VS

-요 문장 중간에서 -세요

매3力 강의

-오	-요
• 문장을 끝맺을 때(마침표 앞)	• 문장 중간에서[쉼표/반점(,) 앞]
예 이리로 오시오.	예 이것은 책이요, 저것은 붓이다.
• 문장 끝에서 아주 높일 때(하십시오체)	• 문장 끝에서 격식을 덜 차리고 친밀감을
예 어서 오십시오.	드러낼 때(해요체) 예 어서 오세요.

독서 훈련

대한민국임시정부 주석을 지낸 김구 선생은 자서전 『백범 일지』에서, 하나님이 소원을 물으면 서슴지 않고, "내 소원은 대한 독립이오." 하고 답할 것이고, 그다음 소원은 무엇이냐고 하면, 또 "우리나라의 독립이오." 할 것이요, 또 물어도 "나의 소원은 우리나라 대한의 완전한 자주독립이오." 하고 대답할 것이라고 했다.

압축 훈련

"우리나라의 독립이오." 할 것이요, 또 물어도 "나의 소원은 우리나라 대한의 완전한 자주독립이오." 하고 대답할 것이다.

문제 훈련

Q. '안녕히 계십시요.'는 맞춤법에 어긋난 표현이다.   (○ , ×)

Q '이리 오세요.', '알아서 하세요.'는 틀린 표현인가요? '이리 오시오', '알아서 하시오.'라고 해야 하나요?

A 결론부터 말하면 '이리 오세요.'와 '알아서 하세요.'는 올바른 표현입니다. 대원칙은 문장을 끝맺을 때는 '-오'입니다.(예 어서 오십시오./안녕히 계십시오.) 단, 다음 ❶, ❷의 경우 문장 끝에 '-요'가 붙습니다.

❶ 그 자체로 완결성을 갖는 말 뒤 (이때 '요'는 높임을 나타내는 보조사임.)

읽어.	좋지.	할까?
읽어요	좋지요	할까요?

❷ '-세요'의 경우(이때 '-세요'는 '-시어요'의 준말임.)
  예 오세요. / 하세요.

09 | 왠- / 웬

왠- 왠지(왜인지)

VS

웬 그 외

매3力 강의 '왠지'만 '왠-'이고, 나머지는 '웬'임.

왠-	웬
• '왜인지'의 준말로, '까닭'을 나타낼 때 　예 왠지 서글프다.	• 어찌 된. 예 웬일이냐? • 어떠한. 예 웬 낯선 사람을 만났다.

독서 훈련 모죽이라는 대나무는 웬일인지 땅에 심은 뒤 5년까지는 아무리 정성을 들여도 성장하지 않다가 5년이 지나면서 죽순이 올라오기 시작해 하루에 7,80센티미터씩 자란다고 한다. 이에 학자들이 모죽 주변의 땅을 파 보니 뿌리가 사방으로 뻗어 있었다고 한다. 성장하지 않았던 5년 동안 모죽은 열심히 뿌리를 내리고 있었던 것이다. 열심히 공부해도 성적이 오르지 않는다는 생각이 들 때 모죽을 떠올리며 매일 꾸준히 공부하도록 하자.

압축 훈련 모죽이라는 대나무는 웬일인지 5년까지는 아무리 정성을 들여도 성장하지 않는다.

문제 훈련 **Q. 밑줄 친 말 중 맞춤법에 어긋난 것은?**

① 웬 떡이니?　　② 웬지 흐뭇했다.　　③ 웬걸.
④ 웬만큼 한다.　　⑤ 웬만하면 참는다.

---

10 | 율 / 률

율 모음 뒤
ㄴ 받침 뒤

VS

률 그 외

매3力 강의 받침이 없거나 ㄴ 받침 뒤에서는 '율'이고, 나머지는 '률'임.

율	률
• 받침이 없는 말 뒤 예 비율, 감소율 • ㄴ 받침 뒤 예 운율, 지원율	• ㄴ 받침을 제외한 받침이 있는 말 뒤 　예 경쟁률, 당첨률

✔ **열/렬**: '율/률'과 같음. ❶ 나열, 배열 ❷ 분열, 균열 ❸ 행렬, 격렬

독서 훈련 '0, 1, 1, 2, 3, 5, 8, 13, 21, 34, 55, 89'는 얼핏 보면 무질서하게 나열되어 있는 것 같다. 하지만 자세히 보면 세 번째에 있는 1은 앞의 두 수 0과 1을 더한 값이고, 2는 바로 앞의 두 수 1과 1을, 3은 1과 2를 더한 값이다. 이 수열은 이탈리아의 수학자 피보나치가 발견하여 피보나치 수열이라고 한다. 이 피보나치 수열은 꽃잎의 수에서도 발견할 수 있다. 백합의 꽃잎은 1장이고, 붓꽃은 3장, 무궁화와 채송화는 5장, 코스모스와 모란은 8장, …, 쑥부쟁이는 55 또는 89장으로 이루어져 있다.

압축 훈련 피보나치 수열은 얼핏 보면 무질서하게 나열되어 있는 것 같다.

열/렬
정열(情熱): 열정.
정렬(整列): 가지런히 함.
　※ 작열, 작렬(p.209 참조)

문제 훈련 **Q. 다음 중 맞춤법에 맞게 표기된 것은?**

① 분렬　　② 병열　　③ 점유률　　④ 실패율　　⑤ 합격율

11 | -장이 / -쟁이

-장이 전문가일 때

VS

-쟁이 그 외

매3力 강의	기술자인 경우에는 '-장이'이고, 나머지는 '-쟁이'임.

※ **장**인 정신을 가졌으니 **장**이~

-장이	-쟁이
전문적인 기술을 가진 사람. 예 미장이*, 유기장이, 대장장이	기술 전문가가 아니거나 낮잡아 이를 경우. 예 멋쟁이, 개구쟁이, 욕심쟁이, 관상쟁이

독서 훈련	글을 쓰는 것을 직업으로 하는 사람은 전문가라고 할 수 있는데 '글장이'라 하지 않고 '글쟁이'라고 한다. 글쟁이는 글 쓰는 사람이 스스로를 겸손하게 이르는 말이면서, 또 글 쓰는 사람을 낮잡아 이를 때 쓰기 때문이다.
압축 훈련	글쟁이는 글 쓰는 사람이 스스로를 겸손하게 이르는 말이면서, 또 글 쓰는 사람을 낮잡아 이를 때 쓴다.

미장이
건축 공사에서 흙, 회, 시멘트 등을 바르는 일을 직업으로 하는 사람.

문제 훈련	**Q.** 다음에서 맞춤법에 맞는 표현에 ○로 표시하시오.

(1) 점장이 / 점쟁이 　　　　(2) 월급장이 / 월급쟁이

12 | -히 / -이

-히 '-하다'가 붙을 때

VS

-이 '-하다'가 붙지 ✗
ㅅ, ㄱ 받침 뒤
첩어 뒤

매3力 강의	'-하다'로 바꿔 자연스러우면 '-히'임.

-히	-이
• '-하다'로 바꿔 자연스러울 때 　예 꾸준히, 꼼꼼히, 급히, 정확히 [예외] ❶ ㅅ, ㄱ 받침 뒤 　　　❷ 첩어* 뒤	• '-하다'로 바꾸면 어색할 때 예 헛되이 • ㅅ, ㄱ 받침 뒤 예 깨끗이, 뚜렷이, 깊숙이, 일찍이, 더욱이 [예외] 솔직히 • 첩어 뒤 예 낱낱이, 빽빽이

✓	분명히 [이]로 발음되는 것은 '-이', [히] 또는 [이]로 발음되는 것은 '-히'로 적음. 하지만 발음으로 구분하기 어려우므로 위 기준을 참고하여 익혀 둘 것.
독서 훈련	에디슨은 수천 번의 실패 끝에 전구를 발명했다고 한다. 인터뷰에서 그는 '실패한 것이 아니라 배운 것'이라고 했다는데, 실패를 배움으로 받아들이는 자세, 더욱이 포기하지 않고 끝까지 해내고야 마는 자세가 그를 발명왕으로 만든 것이다.
압축 훈련	실패를 배움으로 받아들이는 자세, **더욱이** 포기하지 않고 끝까지 해내고야 마는 자세가 에디슨을 발명왕으로 만든 것

첩어
한 단어를 반복적으로 결합한 말.

문제 훈련	**Q.** 다음 중 맞춤법에 어긋난 것은?

① 멀찍이　　② 실없이　　③ 어렴풋이　　④ 조용히　　⑤ 틈틈히

217

앞뒤 말을 살펴 써야 하는 어휘 플러스

-거니와 / -려니와

-거니와	-려니와
사실을 기정사실로 인정할 때	사실을 추측, 가정할 때
예 그는 공부도 잘하거니와 운동도 잘한다.	예 그는 성격도 좋으려니와 능력도 있겠지?

너머 / 넘어

너머	넘어
• '공간(저쪽)'의 의미일 때	• '움직임'(동작)의 의미가 들어갈 때
• [명사] 예 산 너머 마을이 고향이다.	• [동사] ('넘다'의 활용형) 예 산을 넘어 갔다.

💡 산 넘어 산(O), 산 너머 산(✕) → '산 저쪽에 있는 산'의 의미가 아니라, '산을 넘고 보니 또 산'이란 의미임.

만은 / 마는

만은	마는
• 앞말이 체언일 때 • '만(조사) + 은(조사)'의 형태임. 　예 너만은 믿었는데.	• 앞말이 용언일 때 　예 산이 높기는 하다마는 못 오를 정도는 아니다.

수- / 숫-

'수컷'을 이르는 말(접두사) → '수-'로 통일	'수' 다음의 첫말을 거센소리로 쓸 때 → '수-' + [ㅋ, ㅌ, ㅍ]
※ 단, '숫양, 숫염소, 숫쥐'는 '숫-'으로 씀.	[ㄱ]+[ㅎ]=[ㅋ]　　　[ㄷ]+[ㅎ]=[ㅌ]　　[ㅂ]+[ㅎ]=[ㅍ]
O 수꿩　수나사 수놈 수사돈 수소	O 수캉아지 수캐 수컷 수키와 | 수탉 수탕나귀 수톨쩌귀 수퇘지 | 수평아리
✕ 숫꿩(숫꿩) 숫나사 숫놈 숫사돈 숫소	✕ 숫강아지 숫개 숫것 숫기와 | 숫닭 숫당나귀 숫돌쩌귀 숫돼지 | 숫병아리

않는 / 않은

않는	않은
• 앞말이 동사이면서 현재 시제일 때 　예 밥을 먹지 않는 사람	• 앞말이 동사이면서 과거 시제일 때 　예 밥을 먹지 않은 사람 • 앞말이 형용사일 때　예 부끄럽지 않은 삶

에 / 에게: 부사격 조사

에	에게
앞말이 무정 명사*일 때	앞말이 유정 명사*일 때
예 우리는 역사 왜곡 문제를 일본에 항의했다.	예 우리는 반장에게 건의 사항을 전달했다.

💡 무정 명사: 감정이 없는(無, 없을 무) 대상을 나타내는 **명사**(식물이나 무생물).
　 유정 명사: 감정을 지닌(소유) 대상을 나타내는 **명사**(사람이나 동물).

에 / 에서: 부사격 조사

에	에서
도착점일 때	출발점일 때
예 우리 집에 도착했다.	예 집에서 학교로 출발했다.

위- / 윗- / 웃-

위-	윗-	웃-
된소리나 거센소리가 올 때	'아래, 위'의 대립이 있으면서 예사소리가 올 때	'아래, 위'의 대립이 없는 말이 올 때
예 위쪽, 위층	예 윗니, 윗목, 윗사람(웃사람 ✕)	예 웃어른, 웃돈, 웃옷(외투)

이(가) / 께서 / 에서: 주격 조사

이 / 가	께서	에서
• 앞말에 받침이 있을 때 예 동생이	• 높임의 대상일 때	• 무정물* 또는 단체일 때
• 앞말에 받침이 없을 때 예 아우가	예 선생님께서	예 우리 학급에서 의견을 냈다

💡 무정물: 감정이 없는(無, 없을 무) 물건(식물, 광물 등).

체 / 채 / -째

체	채	-째
그럴듯하게 거짓으로 꾸밈.	상태의 지속	그대로, 전부
예 아는 체하다.	예 산 채로 잡다.	예 통째 삶다.
※ '척'으로 바꿀 수 있음.		

💡 '체, 채'는 앞말과 띄어 쓰고, '-째'는 붙여 씀. [예외] 본체만체하다

	✅ 띄어쓰기	☺ 붙여쓰기
같이	[부사] '함께'로 바꿀 수 있을 때 예 우리는 어제 같이 지냈다. [부사] 앞말에 '와/과'가 있을 때 예 이와 같이/다음과 같이 쓰시오.	[조사] '~처럼'으로 바꿀 수 있을 때 예 이같이/어제같이 기분 좋은 날 [조사] '~때(시간)'을 강조할 때 예 매일같이 지각하다.

	✅ 띄어쓰기	☺ 붙여쓰기
-ㄴ데	[명사] '곳(장소), 경우(에)'로 바꿀 수 있을 때 예 높은 데서 놀지 마라. 소망을 이루는 데 도움이 된다. 머리 아픈 데 먹는 약 맞나요?	[어미] '~다. 그런데'의 의미일 때 예 숙제는 했는데 마음에 안 든다. 말은 잘하는데 글은 잘 못 쓴다. 선물을 샀는데 소용이 없어졌다.

	✅ 띄어쓰기	☺ 붙여쓰기
-ㄴ지	[의존 명사] 시간의 경과를 나타낼 때 예 여행을 떠난 지 오래되었다. 여기 온 지가 일주일이 넘었다.	[어미] 의문이 들고 궁금할 때 예 어디에 쓰는 물건인지 몰랐다. 밥은 챙겨 먹고 다니는지 걱정이다.

	✅ 띄어쓰기	☺ 붙여쓰기
대로 만큼 뿐	[의존 명사] 용언(동사, 형용사) 뒤에 올 때 예 본 대로 말해 줘. 노력한 만큼 성적이 오른다. 소문으로만 들었을 뿐이다.	[조사] 체언(명사, 대명사, 수사) 뒤에 올 때 예 나는 나대로 일단 해 볼게. 집을 대궐만큼 크게 지었다. 믿을 것은 오직 실력뿐이다.

	✅ 띄어쓰기	☺ 붙여쓰기
들	[의존 명사] 두 개 이상을 나열할 때 예 자동차·버스·트럭 들이 즐비했다.	[접미사] 단어 뒤에 붙어 복수를 나타낼 때 예 차들이 즐비했다.

✅ '등, 등등, 등지…'는 앞말과 띄어 씀. 예 책상·걸상 등, 부산·광주 등지

	✅ 띄어쓰기	🚫 붙여쓰기
듯(이)	[의존 명사] 어미*(-ㄴ, -은/는, -ㄹ) 뒤에 올 경우 예 미친 듯이, 비가 올 듯, 할 듯 말 듯	[연결 어미] 어간* 뒤에 바로 올 경우 예 물밀듯이, 비 오듯, 떡 먹듯이, 바늘 가는 데 실 가듯이

> ✅ **어간:** 용언이 활용할 때 변하지 않는 고정된 부분. 예 '먹다'의 '먹-'
> **어미:** 어간 뒤에 붙어서 변화하는 부분. 예 '먹다'의 '-다'

	✅ 띄어쓰기	🚫 붙여쓰기
만	[의존 명사] 시간을 나타낼 때 예 십 년 만에 [의존 명사] 타당한 이유가 있을 때 예 화 낼 만도 하다. [관형사] 일정 기간이 꽉 찼을 때 예 만 19세	[조사] 한정할 때 예 웃기만 했다. [조사] 강조의 뜻일 때 예 받아야만 한다. [조사] '하다, 못하다'와 함께 쓰일 때 예 동생만 못하다.

	✅ 띄어쓰기	🚫 붙여쓰기
못하다 못 하다	[부사] 뒷말을 부정할 때 예 못 잊다. 못 보다 **예외** 못나다, 못되다, 못마땅하다, 못살다, 못생기다, 참다못해, 마지못해	[보조 형용사] '-지' 뒤에 올 때 예 하지 못했다 [형 용 사] 비교의 의미일 때 예 아우만 못한 형

> ✅ '안, 아니'의 띄어쓰기도 '못'과 마찬가지임.
> • [형용사] **못되다**: 성질이 나쁘다. 예 못된 송아지 엉덩이에 뿔이 난다.
> • [부　사] **못 되다**: '되다'를 부정하는 말. 예 한 시간도 못 되어 도착했다.

	✅ 띄어쓰기	🚫 붙여쓰기
밖에	[명사] '바깥' 또는 '외(外)'와 바꿀 수 있을 때 예 조금 이따 밖에 나와 봐. 거기에 너 밖에 누가 있었니?	[조사] 뒤에 부정하는 말이 올 때 예 이제 조금밖에 안 남았다. 그를 챙겨 줄 사람은 너밖에 없다.

	✅ 띄어쓰기	🚫 붙여쓰기
보다	[동사] '눈으로 보다(see)'의 뜻일 때 예 서점에 가서 책을 보다. [부사] '한층 더'의 뜻일 때 예 누구든 보다 나은 삶을 갈망한다.	[조　　사] 비교할 때 예 어제보다 나은 오늘 [용언의 어간] 'see'의 뜻을 지닌 합성어일 때 예 바라보다, 들여다보다, 뒤돌아보다

221

Q1~12. 다음의 { }에서 문맥에 맞는 말에 ○로 표시하시오.

1 시험 기간이라 형이 공부하고 { 있으므로 / 있음으로 } 조용히 해야 한다.

2 일기 예보를 들었는데, 올해 겨울은 예년보다 { 춥대 / 춥데 }.

3 노트북을 들고 다니며 { 어디서던지 / 어디서든지 } 자유롭게 일하는 그는 디지털 노마드라 할 수 있다.

4 "이만하면 { 됐다 / 됬다 }."와 "이 정도로는 { 안 돼 / 안 되 }."의 차이

5 부모님과의 여행, { 자식으로서 / 자식으로써 } 행복한 시간이었다.

6 울창한 숲과 더위를 잊게 하는 시원한 동굴까지, 감탄하지 { 안을 / 않을 } 수 없었다.

7 { 봄에 / 봄의 } 피는 { 라일락꽃에 / 라일락꽃의 } 향기를 좋아하는 친구가 있었다.

8 식당 앞에서 발견한 "어서 { 오세오 / 오세요 }."와 "안녕히 {계십시오 / 계십시요 }."

9 { 왠지 / 웬지 } 결과가 좋을 것 같은 예감이 든다.

10 { 합격률 / 합격율 }이 높은 운전면허시험장이 존재한다는 통계가 있다.

11 { 무엇이던지 / 무엇이든지 } 만들 수 있는 찰흙은 { 요술장이 / 요술쟁이 }다.

12 가슴속 { 깊숙이 / 깊숙히 } 담아 둔 꿈을 이룰 기회가 왔다.

정답 1. 있으므로 2. 춥대 3. 어디서든지 4. 됐다, 안 돼 5. 자식으로서 6. 않을 7. 봄에, 라일락꽃의 8. 오세요, 계십시오
9. 왠지 10. 합격률 11. 무엇이든지, 요술쟁이 12. 깊숙이 13. ⓒ 14. ⓑ 15. ⓔ 16. ㉥ 17. ㉮ 18. ② 19. ⑤

Q13~17. 다음 속담 또는 관용구에서 [ ] 안에 들어갈 알맞은 말을 <보기>에서 골라 기호로 쓰시오.

13. 미꾸라지 용 [ ]. ┅> 보잘것없던 사람이 크게 됨.

14. [ ] 떡. ┅> 마음에 들어도 이용하거나 차지할 수 없음.

15. 손 [ ] 대고 코 풀기. ┅> 힘 안 들이고 쉽게 일을 처리함.

16. 흰 것은 [ ] 검은 것은 글씨라. ┅> 무식하여 글을 알아보지 못함.

17. [ ] 먹는 밥이 목이 멘다. ┅> 급하게 하면 잘못하고 실패하게 됨.

✓ 보 기

| ㉠ 그림에 | ㉡ 급이 | ㉢ 됬다 | ㉣ 안 | ㉤ 종이오 |
| ㉥ 그림의 | ㉦ 급히 | ㉧ 됐다 | ㉨ 않 | ㉩ 종이요 |

Q18. 다음에서 밑줄 친 말 중 맞춤법에 어긋난 것은?

① 공터에 웬 낯선 사람들이 모여 있다.
② 산 윗쪽에서 찬바람이 쌩쌩 불어왔다.
③ 큰 화재가 나서 집이 송두리째 타 버렸다.
④ 나도 일찍이 그런 일은 경험해 보지 못했다.
⑤ 대장간에서 일하는 사람을 대장장이라고 한다.

Q19. 다음 ㄱ~ㅁ 중 '-던(지) / -든(지)'의 쓰임이 적절한 것은?

ㄱ. 하던 말던 선택은 네가!	ㄴ. 얕았든 물이 갑자기 깊어졌다.
ㄷ. 무엇이던지 꼭 성취하길.	ㄹ. 합격 소식에 얼마나 기뻤든지.
ㅁ. 젖 먹던 힘까지 내 달렸다.	

① ㄱ ② ㄴ ③ ㄷ ④ ㄹ ⑤ ㅁ

Q1~10. 다음 밑줄 친 말이 맞춤법에 맞으면 ○, 맞지 않으면 ×로 표시하시오.

1. 올 여름은 가뭄이 심해서 수확이 **시원찮을** 것 같다고 한다.

2. 외출하기 전에는 가스 밸브를 **잠궜는지** 반드시 확인해야 한다.

3. 그는 농사일을 돕느라 검게 **그을은** 얼굴로 우리 앞에 나타났다.

4. 신조어 '만반잘부'는 '만나서 **반가와**. 잘 부탁해.'를 줄인 말이다.

5. 운동을 하고 났더니 배가 고파서 자장면을 **곱배기로** 시켜 먹었다.

6. 사진을 선명하게 찍기 위해서는 카메라의 **초점**을 잘 맞춰야 한다.

7. 제주도에 간 김에 이중섭 미술관에 **들러** 그의 대표작 「소」를 감상했다.

8. 언론의 **역활**은 단순히 사건을 정확하게 보도하는 데 그쳐서는 안 된다.

9. 세계에서 가장 높은 **쌍동이** 빌딩은 말레이시아의 페트로나스 트윈 타워이다.

10. 악역이지만 **미워할래야** 미워할 수 없는 등장인물 덕분에 시간 가는 줄 몰랐다.

Q11~15. 다음의 { }에서 문맥에 맞는 표기에 ○로 표시하시오.

11. 강릉을 { 거쳐 / 걷혀 } 울릉도로 가는 길을 택했다.

12. 고향에 가려면 버스를 타고 { 한참 / 한창 } 가야 한다.

13. 나도 네가 응원하는 축구팀이 결승전에 오르기를 { 바라 / 바래 }.

14. 힘들 때 들으면 { 왠지 / 웬지 } 모르게 마음이 편안해지는 음악이 있다.

15. 가장 후회되는 일을 조사한 결과 "공부 좀 { 할걸 / 할껄 }."이라고 한 사람이 많았다.

Q16. 다음 사진에서 ☐로 표시한 말 중 맞춤법에 맞는 것은?

①

②

③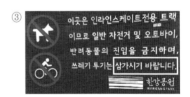

④

⑤

✔ 16문항 중 13~16문항을 맞혔으면 헷갈리는 어휘만 다시 보고, 12문항 이하를 맞혔으면 전체 어휘를 다시 보기!

정답 1. ○ 2. × 3. × 4. × 5. × 6. ○ 7. ○ 8. × 9. × 10. × 11. 거쳐 12. 한참 13. 바라 14. 왠지 15. 할걸
16. ③

실생활과 시험에 다 통하는

매3力 플러스

① 국어 시험이 좋아하는	• 빈출 고유어
	• 빈출 속담
	• 외래어 표기법
② 어휘力의 열쇠가 되는	• 한자의 이해
③ 놓치기 쉬운	• 새로 추가된 표준어

정

하늘

지 성 감 천

극 동

지성이면 감천!

지극한 정성에는
하늘(天, 하늘 천)도 감동합니다.

매3력으로 시나브로 쌓이는
어휘력과 독서력, 국어력까지 챙깁니다.

빈출 고유어	매3力 풀이	예시문
가위눌리다	• 자다가 무서운 꿈을 꾸어 답답함을 느끼다.	• 공포 영화를 보면 꿈에 가위눌릴 때가 있다.
계면쩍다	• 멋쩍다. 쑥스럽고 어색하고 부끄럽다. ㋧ 겸연쩍다　💡 멋적다(✗), 계면쩍대(✗)	• 그는 나와 시선이 마주치자 계면쩍은지 살짝 웃었다.
고명	• 음식의 모양과 맛을 더하기 위해 음식 위에 뿌리거나 얹는 것.	• 떡국에 달걀지단과 김 가루를 고명으로 얹었다.
곰살궂다	• 부드럽다. 친절하다. 싹싹하다. 다정하다. 살갑다.　㋧ 곰살맞다. 곰살갑다 💡 곰살곱다(✗)	• 삼촌은 무뚝뚝하여 우리에게 곰살궂게 군 적이 없다.
곱씹다	• 곰곰이 되풀이하여 의미를 새기다. • 거듭하여 씹다. ㋧ 되씹다, 되새기다　※ 곱: 배(2배), 거듭됨.	• 곱씹어 보니 이해가 되었다. • 곱씹어 가며 먹었더니 소화가 잘 되더라.
괴괴하다	• 쓸쓸하다. 고요하다. • 이상야릇하다.	• 쥐죽은 듯 괴괴하여 무서웠다. • 고대 유물은 언제 봐도 괴괴했다.
굼뜨다	• 느리다. 둔하다.　⟁ 재빠르다	• 동작이 굼떠 제시간에 일을 끝내지 못했다.
근천스럽다	• 보잘것없고 초라한 데가 있다. ㋧ 근천맞다　💡 근천: 궁함. 가난함.	• 그는 늘 차림새가 근천스러워서 집이 가난할 거라고 생각하는 이가 많다.
길섶	• 길옆. 길가. 길의 양쪽 가장자리.	• 지나가다 길섶에 있는 들꽃을 보았다.
깁다	• (떨어지거나 해진 곳을) 꿰매다. 💡 짜깁기(○), 짜집기(✗)	• 소매가 해져서 기웠다.
깜냥	• (해낼 만한) 능력. 수준.	• 내 깜냥껏 했습니다.
너스레	• 수다스럽게 떠벌려 늘어놓는 말. • 너설개 ✗, 너슬개 ✗	• 멋쩍은 행동을 했다고 생각했는지 갑자기 너스레를 떨었다.
대중하다	• 어림하다. 짐작하다. 어림짐작하다. 대강 어림잡아 헤아리다.	• 매출량을 대중해 보니 작년보다 많을 것 같다.
데면데면하다	• 친밀감이 없다. 무뚝뚝하다. • 조심성이 없다. 꼼꼼하지 않다.	• 서로 친하지 않아 데면데면했다. • 데면데면하여 실수를 자주 한다.

빈출 고유어	매3力 풀이	예시문
뒷갈망	• 뒷감당(일의 마무리를 맡아 처리함).	• 뒷갈망을 못할 것 같으면 아예 일을 벌이지 않는 것이 좋다.
뒷배	• 뒷받침. 뒤에서 받쳐(보살펴) 줌.	• 내가 신입 사원일 때 뒷배를 봐 주는 선배 덕분에 든든했다.
들씌우다	• 덮어씌움. 억지로 떠넘김. ☀ 들씌다(✗)	• 지나가던 차가 흙탕물을 들씌웠다. • 그에게 모든 책임을 들씌웠다.
만무방	• (예의와 염치가 없는) 막된 사람. 뻔뻔한 사람.	• 소설 「만무방」에서 응칠은 성실한 농사꾼이 었으나 열심히 일해도 남는 것이 없자, 노름과 절도를 일삼는 만무방이 된다.
모로	• 옆으로. 비껴서. 대각선으로.	• 모로 가도 서울만 가면 된다. • 모로 누워 잠을 잤다.
무람없이	• 버릇없이. 조심 없이. 예의 없이.	• 할머니께 무람없이 굴다가 아버지께 꾸지 람을 들었다.
미욱하다	• 미련하다. 어리석다. ㉴ 매욱하다	• 내가 미욱한 탓에 걷잡을 수 없는 상황이 되었다.
볼썽	• 남에게 보이는 모습. ☀ ❶ 볼쌍(✗) ❷ 주로 '없다. 아니다'와 함께 부정적인 뜻으 로 쓰임. ❸ 볼썽없다, 볼썽사납다: 보기에 좋지 않다.	• 볼썽없는 행동에 모두 눈살을 찌푸렸다.
바야흐로	• 이제 한창. 지금 바로. 이제 막. ㉴ 한창. 곧 ☀ 바야으로(✗)	• 바야흐로 가을이다. • 바야흐로 눈이 내리고 있었다.

Check !

요리에서 재료를 가공하는 방법을 표현하는 고유어

• 다지다: 여러 번 칼질하여 잘게 만들다.
  ㉾ 고기를 다져 넣어 만두소를 만들다.

• 빻다: 물기가 없는 것을 짓찧어서 가루로 만들다.
  ㉾ 고추를 빻아 고춧가루로 만들다.

• 썰다: 칼로 재료를 잘라 토막 나게 하다.
  ㉾ 무를 알맞은 크기로 썰어 깍두기를 만들다.

• 찢다: 잡아당겨 갈라지게 하다.
  ㉾ 더덕을 먹기 좋게 찢어 양념을 하다.

빈출 고유어	매3力 풀이	예시문
바투	• 꽤 가깝게. • 아주 짧게(촉박하게).	• 어머니는 아들에게 바투 다가갔다. • 결혼 날짜를 너무 바투 잡았다.
배다	• 촘촘하다. 빽빽하다. ⑲ 성기다	• 간격이 너무 배지 않게 섰다.
변죽(을) 울리다	• 변두리만(핵심 ✕) 울리다. • 직접 말하지 않고 둘러서 말하다. 💡 변죽: 그릇이나 과녁 등의 가장자리.	• 변죽만 울리지 말고, 있는 그대로 말해 줘.
보릿고개	• 햇보리(당해에 처음 난 보리)가 나올 때까지의 넘기 힘든 고개. • 춘궁기(봄철 궁핍한 시기).	• 과거 보릿고개 때에는 지난해 추수한 곡식을 다 먹고 없어 풀뿌리로 죽을 쑤어 먹었다고 한다.
볼멘소리	• 볼을 가득 메운 듯 불만이나 짜증 섞인 말투.	• 설거지 당번을 정했는데도 동생은 볼멘소리로 투덜댔다.
사위스럽다	• 불길한 느낌이 들다. 꺼림칙하다*. • 미신적이고 불길한 느낌으로 인해 어쩐지 마음에 꺼림칙한 면이 있다. 💡 꺼림직하다(O), 께름직하다(O), 께름칙하다(O)	• 왠지 사위스러운 느낌이 들어 약속을 취소했다.
선웃음	• 억지로 웃음. 능청스럽게 웃음. 💡 선-: '서툰. 충분치 않은'의 뜻을 더함.	• 그녀는 부탁할 일이 있을 때면 선웃음을 치며 말을 걸어왔다.
숫제	• 순박하고 진실하게. • 차라리. 아예 전적으로.	• 이제는 숫제 건전한 일만 하려고 한다. • 일을 중간에 포기할 것이면 숫제 안 하는 것이 낫다.
슬겁다	• 살갑다. 너그럽고 미덥다.	• 그는 마음 씀씀이가 슬거워서 친구들이 많다.
슬몃슬몃	• 슬며시(눈에 띄지 않게). • 천천히 은밀하게 자꾸 일어나는 모양. 💡 슬밋슬밋(✕)	• 슬몃슬몃 뒤로 물러서다. • 소문이 슬몃슬몃 들려왔다.
시나브로	• 모르는 사이에 조금씩. 차츰차츰.	• 시나브로 날이 저물었다.
쌩이질	• 바쁜데 쓸데없는 일로 귀찮게 하는 짓.	• 일하느라 정신없는데, 쌩이질을 해 짜증 냈다.
오지랖(이) 넓다	• 아무 일에나 끼어들고 간섭하다. 💡 오지랖: 겉옷의 앞자락. 오지랍(✕)	• 오지랖 넓게 온갖 일에 참견하는 사람이 있다.

빈출 고유어	매3力 풀이	예시문
우두망찰하다	• 어찌할 바를 몰라 우두커니 바라보다.	• 갑자기 닥친 불행에 <u>우두망찰할</u> 뿐이었다.
의뭉스럽다	• 엉큼하다. 음흉하다. • 겉으로는 어수룩해 보이지만 속으로는 엉큼한 데가 있다. 💡 으뭉스럽다(✗)	• 그에게 고민을 터놓으려다가 <u>의뭉스러운</u> 표정에 놀라 그만두었다.
젠체하다	• 잘난 체하다. 🜃 거만, 교만 🜁 겸양	• 그는 <u>젠체하는</u> 성향이 있어 주변에 친구들이 없다.
짐짓	• 일부러. • 과연(정말로).	• 답을 알지만 <u>짐짓</u> 모르는 체했다. • 실제로 가서 보니, <u>짐짓</u> 멋진 풍광이었다.
체면치레	• 체면이 서도록 일부러 꾸미는 것. 🜃 허식 💡 치레: 겉으로만 꾸미는 것. 📍 겉치레, 인사치레	• 속으로는 화가 났지만 <u>체면치레</u>를 하느라 참았다.
해거름	• 해가 넘어갈 무렵. 저녁 무렵.	• 차가 너무 막혀 <u>해거름</u>에야 겨우 도착했다.
화수분	• 재물이 계속 나오는 보물단지. 💡 화소분(✗), 화수분단지(✗)	• 소설 「화수분」의 주인공 <u>화수분</u>은 지독한 가난으로 인해 죽는다. 반어적(p.141) 이름인 것이다.

Check !   단위를 나타내는 고유어

개비   가늘고 짤막하게 쪼갠 토막을 세는 단위. 📍 담배 두 <u>개비</u>, 성냥개비, 장작개비   💡 가피(✗), 개피(✗), 가치(✗), 까치(✗)

근
  ❶ 고기나 한약재의 무게를 재는 단위. 📍 소고기 한 <u>근</u>(=600그램)
  ❷ 채소나 과일의 무게를 재는 단위. 📍 미나리 한 <u>근</u>(=375그램)   💡 관: 한 관=3.75kg(한 근의 10배)

두름   물고기를 짚으로 한 줄에 열 마리씩 두 줄로 엮은 것을 세는 단위. 📍 굴비 한 <u>두름</u>(=20마리)

바리   마소(말과 소)의 등에 실은 짐을 세는 단위. 📍 나무 한 <u>바리</u>

사리   국수, 실 등을 둥글게 감은 뭉치를 세는 단위. 📍 국수 한 <u>사리</u>   💡 사래(✗)

쌈   바늘 24개를 묶어 세는 단위. 📍 바늘 한 <u>쌈</u>(=24개)

손
  ❶ 크고 작은 것을 합해 두 개씩을 세는 단위. 📍 조기 한 <u>손</u>(=2마리)
  ❷ 한 줌 분량을 세는 단위. 📍 미나리(또는 파) 한 <u>손</u>

자루   ❶ 필기도구를 세는 단위. 📍 연필 세 <u>자루</u>   ❷ 물건을 담은 자루를 세는 단위. 🜃 포대, 부대 📍 쌀 세 <u>자루</u>

접   채소나 과일 100개를 묶어 세는 단위. 📍 마늘 한 <u>접</u>(=100개)

축   오징어 20마리를 묶어 세는 단위. 📍 오징어 한 <u>축</u>(=20마리)

쾌   북어 20마리를 묶어 세는 단위. 📍 북어 한 <u>쾌</u>(=20마리)

톨   밤이나 곡식의 낱알을 세는 단위. 📍 밤 한 <u>톨</u>(=1알)

빈출 속담	매3力 풀이	상황 예시
감나무 밑에 누워서 홍시 떨어지기를 바란다.	아무 노력도 하지 않으면서 결과가 좋기를 바람.	공부는 하지 않고 성적이 오르기를 기대하는 경우
같은 값이면 다홍치마	값이 같거나 들이는 노력이 같으면 더 좋은 것을 선택함. ㉤ 동가홍상(同價紅裳)	이왕이면 맛도 있고 보기에도 먹음직스러운 것을 원할 경우
개구리 올챙이 적 생각 못 한다.	과거 어려웠던 시절은 생각지 않고 처음부터 잘난 듯이 뽐냄.	어려웠던 시절 도움을 준 친구를 외면할 경우
고기는 씹어야 맛이요, 말은 해야 맛이라.	하고 싶은 말이나 할 말은 시원하게 다해야 함.	할 말을 참고 마음만 끙끙거리고 있을 경우
고래 싸움에 새우 등 터진다.	강자들 싸움에 아무 상관도 없는 약자가 피해를 입음.	대형 마트의 할인 경쟁으로 동네 슈퍼가 문을 닫는 경우
구슬이 서 말이라도 꿰어야 보배(라).	아무리 좋은 것이라도 쓸모 있게 만들어 놓아야 값어치가 있음. ㉤ 부뚜막의 소금도 집어넣어야 짜다.	책은 많이 사 놓았는데 읽지 않는 경우
귀신이 곡할 노릇	(귀신조차도) 도무지 알 수 없는 일이 발생함.	방금 전까지 있었던 물건이 아무리 찾아도 없을 경우
귀에 걸면 귀걸이 코에 걸면 코걸이	원칙이 없이 보는 관점에 따라 해석함. ㉤ 이현령비현령	같은 일을 두고 이렇게도 해석하고 저렇게도 해석할 경우
기지도 못하면서 뛰려 한다.	쉽고 간단한 일도 못하면서 어렵고 큰일을 하려고 함. ㉤ 걷기도 전에 뛰려고 한다.	기본편을 건너뛰고 심화편을 보는 경우
꿩 먹고 알 먹는다.	한 가지 일로 두 가지 이상의 이익을 얻음. ㉤ 일석이조, 일거양득, 도랑 치고 가재 잡는다.	가족 여행을 갔는데 역사 공부까지 한 경우

Check !

말의 중요성을 강조하는 속담

- 말 한마디에 천 냥 빚도 갚는다. ···≫ 말을 잘해야 함.
- 말이 많으면 쓸 말이 적다. ···≫ 쓸데없는 말은 삼가야 함.
- 발 없는 말이 천 리 간다. ···≫ 말조심! ㉤ 낮말은 새가 듣고 밤말은 쥐가 듣는다.
- 살은 쏘고 주워도 말은 하고 못 줍는다. ···≫ 신중하게 말하기!
  ㉤ 쌀은 쏟고 주워도 말은 하고 못 줍는다.
- 오는 말이 고와야 가는 말이 곱다. ···≫ 예의를 지키자!
  ㉤ 오는 정이 있어야 가는 정이 있다.
- 혀 아래 도끼 들었다. ···≫ 말조심! 말을 잘못하면 재앙을 당하게 됨.

빈출 속담	매3力 풀이	상황 예시
누이 좋고 매부 좋다. 🔸 매부: 누이의 남편.	양쪽 모두에게 이롭고 좋음.	농산물 직거래로 판매자와 구매자가 모두 만족하는 경우
느릿느릿 걸어도 황소걸음	행동이 더디고 속도는 느려도 끊임없이 노력함(믿음직스러움).	빨리 성과를 내려고 하는 사람에게 느려도 묵묵히 자기 할 일을 하라고 권할 경우
다 된 죽에 코 풀기	거의 다 된 일을 망쳐 버림. 🌀 잘되는 밥 가마에 재를 넣는다.	접수 기간을 놓쳐 시험에 응시하지 못한 경우
닭 쫓던 개 지붕 쳐다보듯	애쓰던 일이 실패로 돌아감. 또는 남보다 뒤떨어져 어찌할 도리가 없음.	밤새워 공부했는데, 공부한 데서 출제되지 않아 허탈한 경우
돌다리도 두들겨 보고 건너라.	돌다리는 나무다리와 달리 튼튼하지만, 그래도 주의해야 함. 🌀 아는 길도 물어 가랬다. 얕은 내도 깊게 건너라.	한 번 가 본 길이라고 다시 확인하지 않고 그냥 갔다가 헤맨 경우
똥 묻은 개가 겨 묻은 개 나무란다.	자기는 더 큰 흉이 있는데도 남의 작은 흉을 봄. 🌀 겨랑잎이 솔잎더러 바스락거린다고 한다. 적반하장(p.99)	자기는 맨날 지각하면서 한 번 지각한 친구를 흉보는 경우
먼 사촌보다 가까운 이웃이 낫다.	멀리 떨어져 있는 일가보다 가까이 사는 이웃 사람이 더 도움 됨.	혼자 있을 때 갑자기 아파 당황했는데, 옆집에 사는 분이 병원에 데려다 준 경우
모로 가도 서울만 가면 된다.	수단과 방법이 어떠하든 목적만 이루면 됨.	과정보다 결과를 중시하는 경우
믿는 도끼에 발등 찍힌다.	잘될 것이라고 생각했던 일이 실패함. 또는 믿었던 사람에게 배신을 당함.	꼼꼼한 친구가 챙겨 올 줄 알고 준비를 안 했다가 낭패 본 경우
벼 이삭은 익을수록 고개를 숙인다.	교양이 있고 수양을 쌓은 사람일수록 겸손함.	금메달 수상자가 자신이 잘해서 상을 받은 것이 아니라고 말할 경우

Check !

어리석음을 비판할 때 쓰이는 속담

- 낫 놓고 기역 자도 모른다. ⟶ 기역 자 모양으로 생긴 낫을 보고도 기역(ㄱ) 자를 모를 정도로 아주 무식함.

- 등잔 밑이 어둡다. ⟶ 가까이에 있는 것을 도리어 알지 못함. 🔹 등하불명(燈下不明)

- 섶을 지고 불로 들어가려 한다. ⟶ 불이 잘 붙은 땔나무를 지고 불 속으로 뛰어드는 위험을 자초함. 🔸 섶: 땔나무.

- 소 잃고 외양간 고친다. ⟶ 일이 잘못된 뒤에는 후회해도 소용이 없음. 🔹 망우보뢰(亡牛補牢)

- 우물 안 개구리. ⟶ 바깥세상이 넓은 줄은 모르고 자기만 잘난 줄 아는, 식견이 좁은 사람. 🔹 정저지와(井底之蛙)

빈출 속담	매3力 풀이	상황 예시
병 주고 약 준다.	남을 해치고 나서 구원하는 체함. 교활함. 음흉함.	친구 앞에서 내 흉을 봐 놓고선 돌아서서는 나를 이해해 주는 척하는 경우
사공이 많으면 배가 산으로 간다.	여러 사람이 자기주장만 내세우면 일이 제대로 되기 어려움.	주도적으로 이끄는 사람이 없어 결국에는 엉뚱한 결론을 내게 되는 경우
산 입에 거미줄 치랴.	산 사람의 입에는 거미줄을 치지 않음. 윤 사람이 굶어 죽으란 법은 없다.	갑자기 직장을 잃고 걱정하는 사람에게 먹고 살 것은 생기기 마련임을 강조할 경우
송충이가 갈잎을 먹으면 죽는다.	솔잎만 먹고 사는 송충이가 갈잎을 먹게 되면 죽음. 윤 송충이는 솔잎을 먹어야 한다.	공부만 해 온 사람이 갑자기 사업을 벌이려고 할 경우
쇠귀에 경 읽기	소의 귀에 대고 경전을 읽어 줌. 윤 우이독경(牛耳讀經), 마이동풍(馬耳東風)	알아듣게 열심히 알려 주었는데도 효과가 없는 경우
아랫돌 빼서 윗돌 고고 윗돌 빼서 아랫돌 괴기	아랫돌을 윗돌로, 윗돌을 아랫돌로 이리저리 둘러맞추어 일함. 윤 하석상대(下石上臺), 임시변통, 언 발에 오줌 누기, 미봉책	빌린 돈을 벌어서 갚을 생각은 않고 계속 빌려서 돌려 막는 경우
양반은 얼어 죽어도 겻불은 안 쬔다.	다급한 상황에서도 체면 깎이는 일은 하지 않음. 윤 양반은 물에 빠져도 개헤엄은 안 한다.	내일 당장 땟거리가 없어도 체면만 내세우고 아무 일도 하지 않는 경우
어물전 망신은 꼴뚜기가 시킨다. 👆 어물전: 어물(생선)을 파는 가게.	작고 못생긴 꼴뚜기 때문에 모든 생선이 못생긴 것처럼 망신을 당함. 윤 과일 망신은 모과가 시킨다.	해외 연수를 간 사람이 품위 없는 행동으로 국제적 망신을 당한 경우
없는 놈이 찬밥 더운밥을 가리랴.	가진 것이 아무것도 없는 사람은 찬밥이든 더운밥이든 가릴 겨를이 없음.	평소에는 거들떠보지도 않았지만 형편이 어려워 이것저것 가리지 않고 일하는 경우

Check !

친구와 관련된 속담
☞ 친구와 관련된
한자 성어는 p.103

- 가재는 게 편. ⟶ 같은 처지의 사람끼리 잘 어울리고 감싸줌. 윤 초록동색(草綠同色)
- 먹을 가까이하면 검어진다. ⟶ 나쁜 사람과 가까이 지내면, 그에게 물들어 나쁜 사람이 되기 쉬움. 환경이 중요! 윤 근묵자흑(近墨者黑), 근주자적(近朱者赤)
- 물이 너무 맑으면 고기가 아니 모인다. ⟶ 지나치게 결백하면 남이 가까이하기 어려움. 지나침을 경계함.
- 바늘 가는 데 실 간다. ⟶ 바늘과 실처럼 항상 뒤따라다니는, 긴밀한 친구 관계.
- 새도 가지를 가려서 앉는다. ⟶ 친구를 사귀거나 직장을 선택할 때 신중할 것!
- 친구 따라 강남 간다. ⟶ 친구에게 끌려서 하고 싶지 않은 일을 덩달아 하게 됨.
윤 부화뇌동(p.82)

빈출 속담	매3力 풀이	상황 예시
외손뼉이 못 울고, 한 다리로 가지 못한다.	한쪽 손바닥으로는 손뼉을 칠 수 없어 소리가 안 나고, 다리 하나로는 걸을 수 없음. ⓤ 고장난명(孤掌難鳴)	좋은 결과를 낸 것이 혼자 힘으로 된 것이 아니고, 싸움 원인도 상대방에만 있는 것이 아닌 경우
우선 먹기는 곶감이 달다.	앞일은 생각하지도 않고 당장 좋은 것만 취함.	당장 수입을 늘리기 위해 손해를 보면서 낮은 가격에 물건을 파는 경우
울며 겨자 먹기	매워 울면서도 어쩔 수 없이 겨자를 먹음. 하기 싫은 일을 억지로 함. ⓤ 억지 춘향	마음에 내키지 않지만 마지못해 약속 장소로 나가는 경우
윗물이 맑아야 아랫물이 맑다.	윗사람이 잘해야 아랫사람도 잘하게 됨.	후배들을 위해 선배들이 먼저 모범을 보여야 하는 경우
제 버릇 개 줄까.	제 버릇 개 못 줌. 한번 저지른 나쁜 버릇은 쉽게 고쳐지지 않음.	뉘우쳤다고 한 도둑이 다시 다른 사람의 물건을 훔친 경우
첫술에 배부르랴.	무슨 일이든 단번에 만족할 수는 없음.	작심하고 열심히 공부했는데 성적이 생각만큼 오르지 않은 경우
콩 심은 데 콩 나고 팥 심은 데 팥 난다.	원인에 따라 결과가 생김. ⓤ 아니 땐 굴뚝에 연기 날까. 종두득두(p.93)	열심히 공부한 결과 성적이 많이 오른 경우
핑계 없는 무덤이 없다.	무슨 일이든지 핑계를 만들어 낼 수 있음.	잘못을 하고서도 이리저리 변명을 하는 경우
하늘이 무너져도 솟아날 구멍이 있다.	아무리 어려운 상황이 닥쳐도 벗어날 방법이 있음.	내일이 시험인데 학교에 교과서를 두고 와 막막했으나 친구가 복사해 준 경우
하룻강아지 범 무서운 줄 모른다.	어린 사람이 철없이 함부로 덤빔. 겁 없음. 어리석음. ⓤ 당랑거철(螳螂拒轍)	형이 당하는 것을 보고 어린 동생이 형의 선배들에게 함부로 덤비는 경우
혹 떼러 갔다 혹 붙여 온다.	이익을 얻으려다 오히려 손해를 봄.	숙제를 줄여 달라고 부탁하러 갔다가 더 많은 숙제를 받아온 경우

Check !

노력을 강조하는 속담

☞ 노력을 강조하는 한자 성어는 p.91

- 공든 탑이 무너지랴. ⋯≫ 공든 탑은 무너지지 않음. 공들여 한 일은 결과가 헛되지 않음.
- 구르는 돌은 이끼가 안 낀다. ⋯≫ 꾸준히 노력하면 계속 발전함. ⓤ 흐르는 물은 썩지 않는다.
- 무쇠도 갈면 바늘 된다. ⋯≫ 꾸준히 노력하면 어떤 어려운 일이라도 이룰 수 있음.
- 산에 가야 범을 잡지. ⋯≫ 노력을 해야 목적을 이룰 수 있음. ⓤ 산엘 가야 꿩을 잡고 바다엘 가야 고기를 잡는다.
- 열 번 찍어 아니 넘어가는 나무 없다. ⋯≫ 아무리 뜻이 굳은 사람도 여러 번 시도하면 마음이 변하게 됨.
- 지성이면 감천. ⋯≫ 지극한 정성에는 하늘(天, 하늘 천)도 감동하여 일이 순조롭게 풀림.
- 티끌 모아 태산. ⋯≫ 아무리 작은 것이라도 조금씩 쌓이면 큰 덩어리가 됨.

국어 시험이 좋아하는 외래어 표기법

1. 리더십 O, 리더쉽 ✗

| 원칙 | 국어에서 현재 사용하는 14개의 자음과 10개의 모음만 사용한다.

- 자음(14개): ㄱ, ㄴ, ㄷ, ㄹ, ㅁ, ㅂ, ㅅ, ㅇ, ㅈ, ㅊ, ㅋ, ㅌ, ㅍ, ㅎ
- 모음(10개): ㅏ, ㅑ, ㅓ, ㅕ, ㅗ, ㅛ, ㅜ, ㅠ, ㅡ, ㅣ

→ 국어에 없는 외국어 소리 [ð, ʃ, ʒ, ts, dz, tʃ, dʒ, θ, ŋ]를 적기 위해 별도의 문자를 만들지 않음.
※ leadership[líːdərʃip]에서 [ʃ]의 표기는 6번 참조

외래어 표기		자음					모음	
국제음성기호	ð	ʃ	ʒ	θ	ŋ		ʌ	ɔ
한글	모음 앞	ㄷ	시	ㅈ	ㅅ	ㅇ		
	자음 앞 또는 어말*	ㄷ	슈, 시	지	ㅅ	ㅇ	ㅓ	ㅗ

*어말: 단어의 끝

2. 파이팅 O, 화이팅 ✗

| 원칙 | 외래어의 1음운은 1기호로 적는다.
→ 'fighting'에서, 'f'(1음운)는 'ㅍ'(1기호)으로 적음.

O	파일	판타지	패밀리	프라이팬	캠프파이어
✗	화일	환타지	훼밀리	후라이팬	캠프화이어

3. 커피숍 O, 커피숖 ✗

| 원칙 | 받침에는 7개의 자음만 쓴다.
ㄱ, ㄴ, ㄹ, ㅁ, ㅂ, ㅅ, ㅇ
→ '숖'의 받침 'ㅍ'은 7개의 자음에 포함 ✗

O	워크숍	라켓	슈퍼마켓	테이프	케이크
✗	워크숖(샵)	라켇	슈퍼마켙	테잎	케잌

4. 카페 O, 까페 ✗

┌→ ㄲ, ㄸ, ㅃ, ㅆ, ㅉ
| 원칙 | 파열음 표기에는 된소리를 쓰지 않는다.
ㅂ, ㅃ, ㅍ, ㄷ, ㄸ, ㅌ, ㄱ, ㄲ, ㅋ
→ '까페'에서 '까'의 'ㄲ'은 된소리임.

O	파리	테제베	돈가스	가스(gas)	콩트
✗	빠리	떼제베	돈까스	까스(gas)	꽁트

5. 티켓 O, 티케트 ✗

| 원칙 | [p], [t], [k]는 ❶ 짧은 모음 다음: 받침으로 적음.
❷ 긴 모음 뒤: '으'를 붙임.

→ 'ticket'의 [t]는 짧은 모음(e) 다음에 있으므로 받침(ㅅ)으로 적음.

	❶ 짧은 모음 뒤		❷ 긴 모음 뒤	
O	도넛	타깃	팀워크	플루트
✗	도너츠	타게트	팀웤(웍)	플룻

※ 'cut'은 쓰임에 따라 달리 표기함.
- 컷(영화의 한 장면, 삽화 등) · 커트(미용, 탁구 등)

6. 플래시 O, 플래쉬 ✗

| 원칙 | [ʃ] 발음에서,
❶ 어말, 모음 앞: 시 ❷ 자음 앞: 슈
→ 'flash[flæʃ]'의 [ʃ]는 어말에 있으므로 '시'로 적음.

❶ 어말, 모음 앞	❷ 자음 앞
브러시 O, 브러쉬 ✗	슈림프 O, 쉬림프 ✗

7. 뉴스 O, 뉴우스 ✗

| 원칙 | 장모음의 장음은 따로 표기하지 않는다.
→ '뉴우스'의 '우'는 장모음(ː)을 표기한 것

O	팀	스팀	루트	오사카	그리스
✗	티임	스티임	루우트	오오사카	그리이스

※ 준말이 바른 표기가 아닌 경우

O	레크리에이션	스테인리스	알코올	앙코르	전자레인지	팀워크
✗	레크레이션	스텐레스	알콜	앵콜	전자렌지	팀웤(웍)

8. 스케줄 O, 스케쥴 ✗

| 원칙 | '쟈, 져, 쥬'는 '자, 저, 주'로,
'챠, 쳐, 츄'는 '차, 처, 추'로 적는다.
→ '스케쥴'의 '쥬'는 '주'로 적음.

O	장르	텔레비전	주스	차트	제스처	추리닝
✗	쟝르	텔레비젼	쥬스	챠트	제스쳐	츄리닝

9. 카메라 O, 캐머러 ✗

| 원칙 | 이미 굳어진 외래어는 관용을 존중하되, 그 범위와 용례는 따로 정한다.

■ 잘못 쓰기 쉬운 외래어 표기

○	×	○	×	○	×	○	×
가스(gas)	까스	메시지	메세지	장르	쟝르	콤플렉스	컴플렉스
가톨릭	카톨릭	미스터리	미스테리	재킷	자켓	콩트	꽁트
그리스	그리이스	바비큐	바베큐	전자레인지	전자렌지	크리스천	크리스찬
난센스	넌센스	배지	뱃지	제스처	제스쳐	크리스털	크리스탈
내레이션	나레이션	배터리	밧데리	주스	쥬스	클라이맥스	클라이막스
내비게이션	네비게이션	부르주아	부르조아	차트	챠트	클리닉	크리닉
노스탤지어	노스탈지어	브러시	브러쉬	초콜릿	초콜렛	킬로	키로
뉴스	뉴우스	비스킷	비스켓	추로스	추러스, 츄러스	타깃	타겟
다이내믹	다이나믹	샌들	샌달	추리닝	츄리닝	타월	타올
다이아몬드	다이어몬드	섀시	샷시	카세트	카셋트	탤런트	탈렌트
다이얼	다이알	선글라스	선글래스	카탈로그	카타로그	테이프	테잎
데생	뎃생	센터	센타	카페	까페	테제베	떼제베
데이터	데이타	센티멘털	센티멘탈	카펫	카페트	텔레비전	텔레비젼
도넛	도너츠	소시지	소세지	칼라(옷깃)	칼러, 카라	토털	토탈
돈가스	돈까스	숍(shop)	샵	칼럼	컬럼	톱(Top)	탑
드라이클리닝	드라이크리닝	슈퍼마켓	슈퍼마켙	캐러멜	카라멜	티켓	티케트(켙)
라디오	레이디오	스케줄	스케쥴	캐비닛	캐비넷	팀	티임
라이터	라이타	스탠더드	스탠다드	캘린더	카렌다	팀워크	팀웤
라켓	라케트(켓트)	스테인리스	스테인레스	캠프파이어	캠프화이어	파리	빠리
랍스터	랍스타	스팀	스타임	커닝	컨닝	파이팅	화이팅
러닝셔츠	런닝셔츠	스펀지	스폰지	커리어(직업)	캐리어	파일	화일
레미콘	레미컨	스페셜	스페샬	커버	카바	판타지	환타지
레슨	렛슨	심포지엄	심포지움	커튼	커텐	패러독스	파라독스
레크리에이션	레크레이션	아웃렛	아울렛	커피숍	커피숖	패밀리	훼밀리
레퍼토리	레파토리	악센트	액센트	컨디션	콘디션	팸플릿	팜플렛
렌터카	렌트카	알코올	알콜	컨소시엄	콘소시엄	페스티벌	페스티발
렌털	렌탈	앙코르	앵콜	컨테이너	콘테이너	프라이팬	후라이팬
로션	로숀	액세서리	악세서리	컨트리	컨츄리	프러포즈	프로포즈
로열티	로알티	액셀러레이터	악세레이타	컬러(빛깔)	칼라	플라스틱	플래스틱
로켓	로케트	앰뷸런스	앰블란스	컬렉션	콜렉션	플래시	플래쉬
로터리	로타리	에메랄드	에머랄드	케이크	케잌	플래카드	플랭카드
루트	루우트	엘리베이터	엘레베이터	케첩	케챱	플루트	플룻
마니아	매니아	오리지널	오리지날	콘테스트	컨테스트	필름	필림
마사지	맛사지	워크숍	워크샵(숖)	콘텐츠	컨텐츠	할리우드	헐리우드

		뜻	예시
강	强	❶ 강하다 ❷ 강제하다	❶ 강약(强弱): 강하고 약함. ❷ 강매(强賣): 강제로 판매함.
	降	❶ 내리다 ❷ 항복하다 ⋯〉'항복하다'의 의미일 때는 '항'으로 읽음.	❶ 하강(下降): 아래쪽으로 내림. ❷ 항복(降伏/降服): 상대에게 굴복함.
공	空	❶ 비다 ❷ 헛되다	❶ 공석(空席): 빈 좌석. 빈자리. ❷ 공상(空想): 헛된(공허한) 생각(상념).
	公	❶ 공평하다 ❷ 공적(公的)인 것 ⋯〉국가나 사회에 두루 관계되는 것	❶ 공정(公正): 공평하고 정의로움. ❷ 공익(公益): 여러 사람(공공)의 이익.
	功	• 공, 공로	• 공명(功名): 공을 세워 이름(성명을 드러냄. • 공적(功績): 쌓은(누적) 공로.
과	過	❶ 지나다, 지나치다(머무르지 않다.) ❷ 지나치다(정도가 심하다.) ❸ 초과하다 ❹ 잘못	❶ 통과(通過): 어떤 곳을 통하여 지나감. ❷ 과소비(過消費): 지나치게(과잉) 소비함. ❸ 과반수(過半數): 반을 초과한 수. ❹ 과오(過誤): 잘못(과실, 오류).
대	代	• 대신하다	• 대체(代替): 대신하여 바꿈(교체).
	對	❶ 마주 대하다 ❷ 짝, 상대	❶ 대면(對面): 서로 얼굴을 마주 대함. ❷ 대응(對應): 서로 짝이 됨.
미	未	• 아니다 ⋯〉뒤에 오는 말의 의미를 부정함.	❶ 미비(未備): 준비하지 못함. ❷ 미숙: 성숙하지 못함. 익숙하지 않음.
	微	• 작다	• 미미(微微)하다: 보잘것없이 아주 작다.
불	不	• 아니다 ⋯〉뒤에 'ㄷ, ㅈ'으로 시작하는 말이 오면 '부'로 읽음.	❶ 불가능(不可能): 가능하지 않음. ❷ 부재(不在): 존재하지 않음.
비	非	• 아니다 ⋯〉'불(不)-, 무(無)-'와 같이 뒤에 오는 말의 의미를 부정함.	❶ 비대칭(非對稱): 대칭이 아님. ❷ 비합리적(非合理的): 합리적이지 않은 (것).

		뜻	예시
산	産	❶ 낳다 ❷ 생산하다	❶ 다산(多産): 많이(다수) 낳음(출산). ❷ 원산지(原産地): 원래 생산해 낸 지역.
	算	• 계산(하다)	❶ 오산(誤算): 잘못(오류) 계산함. ❷ 추산(推算): 추정하여 계산함.
선	善	❶ 착하다 ❷ 훌륭하다	❶ 선의(善意): 착한 마음. 좋은 뜻. ❷ 선정(善政): 잘(훌륭하게) 다스리는 정치.
	選	• 뽑다, 고르다	• 선정(選定): 선택하여 정함.
애	愛	• 사랑	• 애증(愛憎): 사랑(애정)과 미움(증오).
	哀	• 슬픔	• 비애(悲哀): 슬픔(비통. 애통).
이	利	❶ 이롭다 ❷ 날카롭다	❶ 이익(利益): 이롭고 보탬이 되는 것(유익). ❷ 예리(銳利)하다: 관찰(판단)이 정확하고 날카롭다.
	易	❶ 쉽다 ❷ 교환하다 ⋯> '교환하다'의 의미일 때에는 '역'으로 읽음.	❶ 평이(平易): 까다롭지 않고 쉽다. ❷ 교역(交易): 물건을 사고팔고 하며 서로 교환함.
재	在	• 있다	• 부재(不在): 존재하지 않음.
	再	• 두 번, 거듭	• 재확인(再確認): 다시(재차) 확인함.
종	終	• 마치다, 끝내다	• 종료(終了): 일을 끝마침(종결. 완료).
	從	• 좇다, 따르다	• 맹종(盲從): 맹목적으로 복종함.
천	天	❶ 하늘, 자연 ❷ 타고난 것	❶ 천혜(天惠): 하늘이 베푼 은혜. 자연의 은혜. ❷ 천성(天性): 타고난 성품.

표준어	추가된 표준어	뜻과 쓰임
간질이다	간지럽히다	• 간지럽게 함.
개개다	개기다	• 개개다: 성가시게 달라붙어 손해를 끼침. • 개기다: 명령(지시)을 따르지 않고 반항함.
거치적거리다	걸리적거리다	• 거추장스러움. 성가심. 거슬림. 방해됨.
-고 싶다	-고프다	• -고프다: '-고 싶다'가 줄어든 말. 예) 보고 싶다(보고프다)
고운대	토란대	• 토란의 줄기.
괴발개발	개발새발	• 괴발개발: 고양이의 발과 개의 발. • 개발새발: 개의 발과 새의 발. → 글씨를 되는대로 아무렇게나 써 놓은 모양을 이름.
까다롭다	까탈스럽다	• 규정이 엄격함. • 성격이 원만하지 않음.
꾀다	꼬시다	• 꾀다: 그럴듯한 말이나 행동으로 남을 속이거나 부추겨서 자기 생각대로 끎. • 꼬시다: '꾀다'를 속되게 이르는 말.
구안괘사	구안와사	• 입과 눈이 한쪽으로 틀어지는 병.
굽실	굽신	• 고개나 허리를 깊숙이 구부리는 모양. • 남의 비위를 맞추느라고 비굴하게 행동하는 모양.
-기에	-길래	• 원인이나 근거를 나타내는 말. 예) 얼마나 아프기에(아프길래) 병원까지 갔을까.
끼적거리다	끄적거리다	• 아무렇게나 자꾸, 마구 쓰거나 그림.
남우세스럽다	남사스럽다	• 남에게 놀림과 비웃음을 받을 듯함.
냄새	내음	• '내음'은 향기로운 냄새만을 나타냄.
노라네 동그라네 조그마네	노랗네 동그랗네 조그맣네	• 'ㅎ' 불규칙 용언(노랗다, 동그랗다, 조그맣다 등)이 어미 '-네'와 결합할 때, 어간 끝의 'ㅎ' 이 탈락하기도 하고 탈락하지 않기도 함. • '그렇다, 뿌옇다, 어떻다, 커다랗다' 등도 마찬가지임.
눈두덩	눈두덩이	• 눈언저리의 두두룩한 곳.
두루뭉술하다	두리뭉실하다	• 분명하지 않음. 모나지 않음. 튀지 않음.
딴죽	딴지	• 딴죽: 이미 동의하거나 약속한 일에 대해 딴전을 부림. • 딴지: 훼방을 놓음.
마을	마실	• 마실: '마을'의 방언이었으나 '이웃에 놀러 가는 일'의 의미에 한하여 표준어로 인정함.
만날	맨날	• 매일같이, 계속해서. 예) 공부는 만날(맨날) 해야 효과적이다.
먹을거리	먹거리	• 먹을거리: 사람이 먹을 수 있는 음식 재료들. • 먹거리: 사람이 먹는 것을 통틀어 이름.
메우다	메꾸다	• 비어 있는 곳이 채워지거나, 뚫려 있는 곳이 막힘.
목물	등물	• 바닥에 엎드려서 허리에서부터 목까지를 물로 씻는 일.
묏자리	못자리	• 사람의 무덤(묘)을 쓸 만한 자리.
복사뼈	복숭아뼈	• 발목 부근에 둥글게 툭 튀어나온 뼈.
삐치다	삐지다	• 마음이 토라짐.

표준어	추가된 표준어	뜻과 쓰임
섬뜩	섬찟	• 갑자기 소름이 끼치도록 무섭고 끔찍한 느낌이 드는 모양.
세간	세간살이	• 집안 살림에 쓰는 온갖 물건.
속병	속앓이	• 속병: ① 몸속의 병을 통틀어 이르는 말. ② 위장병을 일상적으로 이르는 말. ③ 화가 나거나 속이 상해 생긴 마음의 병. • 속앓이: ① 속이 아픈 병(또는 속에 병이 생겨 아파하는 일). ② 겉으로 드러내지 못하고 속으로 걱정하거나 괴로워하는 일.
손자	손주	• 손주: 손자(자녀의 아들)와 손녀(자녀의 딸)를 아울러 이름.
쌉싸래하다	쌉싸름하다	• 조금 쓴 맛이 있는 듯함.
실몽당이	실뭉치	• 실몽당이: 실을 풀기 좋게 공 모양으로 감은 뭉치. • 실뭉치: 실을 한데 뭉치거나 감은 덩이.
야멸치다	야멸차다	• 자기만 생각하고 남의 사정을 돌볼 마음이 없음. • 태도가 차고 야무짐.
어수룩하다	어리숙하다	• 어수룩하다: 순박함(순진함)의 뜻이 강함. • 어리숙하다: 어리석음의 뜻이 강함.
에는	엘랑 / 에설랑 / 고설랑	• 주로 시간이나 장소를 나타내는 체언 뒤에 붙어, 그때나 그곳을 특별히 지정하여 가리킴을 나타냄. 예 서울엘랑 가지 마라. / 교실에설랑 떠들지 마라. / 나를 앞에 앉혀놓고설랑 자기 얘기만 하더라.
연방	연신	• 연방: 연속성을 강조함. 잇따라. 연발. 연달아. • 연신: 반복성을 강조함. 잇따라. 자꾸. 반복해서.
예쁘다	이쁘다	• '이쁘장스럽다, 이쁘장스레, 이쁘장하다'도 표준어로 인정함.
잎사귀	잎새	• 넓적한 잎. ※ '잎새'는 주로 문학적 표현에 쓰임.
자장면	짜장면	• 중국요리의 하나. 예 자장면(짜장면) 곱빼기
주책없다	주책이다	• 일정한 줏대가 없이 이랬다저랬다 함.
찌뿌듯하다	찌뿌둥하다	• 몸이 무겁고 거북함.
차지다	찰지다	• 반죽이나 밥, 떡 따위가 끈기가 많음.
치근거리다	추근거리다	• 자꾸 귀찮게 굶.
푸르다	푸르르다	• 푸르르다: '푸르다'를 강조하여 이르는 말.
태껸	택견	• 전통 무예의 한 가지.
토담	흙담	• 흙으로 쌓은 담.
품세	품새	• 태권도에서, 공격과 방어의 기본 기술을 연결한 연속 동작.
허섭스레기	허접쓰레기	• 좋은 것을 골라내고 남은 허름한 물건 ※ 허섭쓰레기(✗)
허접스럽다	허접하다	• 허름하고 질이 낮고 잡스러운 느낌이 있음.

▶ 뜻이 수정된 '너무'

수정 전	일정한 정도나 한계에 지나치게. → 부정적인 뜻으로 쓰임. 예 너무 어렵다. 너무 위험하다 등
수정 후	일정한 정도나 한계를 훨씬 넘어선 상태로. → 부정적인 뜻뿐만 아니라 긍정적인 뜻으로도 사용됨. 예 너무 어렵다. 너무 위험하다. 너무 좋다. 너무 예쁘다. 너무 반갑다 등

끝내기 복습

책을 덮기 전, 최대한 빠른 시간 내에 다음과 같이 복습한다.

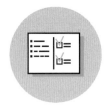

체크하고 메모해 둔 내용
다시 보기

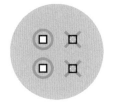

'매일 복습'과 '주간 복습'에서
틀린 문제 다시 익히기

'차례'에서 의미와 쓰임이
명확하게 떠오르지 않는 어휘
다시 챙겨 보기

'독서 훈련'만
처음부터 끝까지 읽기

한 달 후 다시 봐야 할 내용
메모해 두기

'끝내기 복습'까지 마친 후에도
한 달 뒤 위와 같은 방법으로 한 번 더 챙겨 보고,
『매3력』을 사전처럼 활용하면 어휘력이 더욱 탄탄해질 것이다.

복습하는 과정에서 모르는 내용이 있거나 궁금한 점이 있을 땐
'안인숙 매3국어클리닉' Daum 카페에 질문하면 된다.

안인숙
매3국어클리닉

cafe.daum.net/anin95

매3국어 시리즈

예비 고등학생, 고 1·2 (국어가 약한 고3) (국어 공부 추천 학습 과정)

국어 [화법과 작문] 대비 『매3화법과작문』은 비문학 독해와 시간 훈련에 유용하고, [언어와 매체] 선택 시에도 도움이 되므로 예비 고등학생이 미리 봐 두면 좋음.

예비 매3비   예비 매3문   매3력   매3어휘   매3화법과작문

고 2·3 (국어 공부 추천 학습 과정)

선택 과목

매3비   매3문   매3어휘   매3화법과작문   매3언어와매체 (문법)

비문학이 특히 약한 학생 (추천 학습 과정)

중학 매3비   예비 매3비   매3비   매3비 II   매3력   매3어휘

어휘력 강화 과정

문학이 약하거나 문학 개념어(고전 어휘 포함)를 제대로 익히고자 하는 학생 (추천 학습 과정)

화법과 작문 (시간 훈련 추천)

(문법) 언어와 매체 (개념 정복 추천)

예비 매3문   매3문   매3어휘   매3화법과작문   매3언어와매체 (문법)

어휘/개념어